交通运输部交通强国建设推荐教材
交通运输部综合交通运输理论系列教材
交通运输科技丛书

# 综合交通运输理论干部学习培训教材

《综合交通运输理论干部学习培训教材》编委会 编

人民交通出版社股份有限公司

北 京

图书在版编目(CIP)数据

综合交通运输理论干部学习培训教材/《综合交通运输理论干部学习培训教材》编委会编. — 北京:人民交通出版社股份有限公司,2022.10
ISBN 978-7-114-18214-3

Ⅰ.①综… Ⅱ.①综… Ⅲ.①综合运输—干部培训—教材 Ⅳ.①U1

中国版本图书馆 CIP 数据核字(2022)第 166782 号

Zonghe Jiaotong Yunshu Lilun Ganbu Xuexi Peixun Jiaocai

书　　名:综合交通运输理论干部学习培训教材
著　作　者:《综合交通运输理论干部学习培训教材》编委会
责任编辑:李　晴　杨　思
责任校对:赵媛媛　魏佳宁
责任印制:刘高彤
出版发行:人民交通出版社股份有限公司
地　　址:(100011)北京市朝阳区安定门外外馆斜街 3 号
网　　址:http://www.ccpcl.com.cn
销售电话:(010)59757973
总　经　销:人民交通出版社股份有限公司发行部
经　　销:各地新华书店
印　　刷:北京盛通印刷股份有限公司
开　　本:720×960　1/16
印　　张:23.5
字　　数:276 千
版　　次:2022 年 10 月　第 1 版
印　　次:2022 年 10 月　第 1 次印刷
书　　号:ISBN 978-7-114-18214-3
定　　价:80.00 元

(有印刷、装订质量问题的图书,由本公司负责调换)

# 交通运输部综合交通运输理论系列教材
# 编审委员会

主　　任：杨传堂　李小鹏

副 主 任：戴东昌　赵冲久　徐成光

常务委员：李天碧　李国平　刘鹏飞　李良生　岑晏青
　　　　　黄　如　方守恩　王稼琼　石宝林　孙玉清
　　　　　易振国　朱伽林

委　　员：舒　驰　张大为　时　骏　林　强　张星臣
　　　　　金　石　顾祥林　闫学东　王小勇　刘　韬
　　　　　胡　昊　吴超仲　杨　丹　丁水汀　唐庆如
　　　　　于　剑　金敬东　王先进　刘占山　李　斌
　　　　　张　杰

# 《综合交通运输理论干部学习培训教材》
## 编委会

主　任：易振国(交通运输部管理干部学院)

副主任：张柱庭(交通运输部管理干部学院)

成　员：(按姓氏笔画排序)
　　　　于　霞(大连海事大学)
　　　　马衍军(交通运输部规划研究院)
　　　　王　伟(交通运输部科学研究院)
　　　　王　洧(同济大学)
　　　　王　祺(交通运输部科技司)
　　　　王　巍(交通运输部科学研究院)
　　　　王艳辉(北京交通大学)
　　　　王振宇(交通运输部政策研究室)
　　　　王海星(北京交通大学)
　　　　田春林(交通运输部科学研究院)
　　　　史砚磊(交通运输部科学研究院)
　　　　朱苍晖(交通运输部规划研究院)
　　　　孙相军(交通运输部规划研究院)
　　　　李　可(交通运输部规划研究院)
　　　　李日伟(同济大学)
　　　　李兴华(同济大学)
　　　　李鹏林(交通运输部规划研究院)
　　　　杨　东(交通运输部科学研究院)
　　　　杨雪英(交通运输部科学研究院)
　　　　肖贵平(北京交通大学)
　　　　汪　健(交通运输部科学研究院)

汪水银(交通运输部科技司)
宋晓东(东南大学)
张　杰(交通运输部政策研究室)
张一鹏(交通运输部公路科学研究院)
张晓光(同济大学)
陈　晖(交通运输部公路科学研究院)
陈　峻(东南大学)
陈　硕(交通运输部科学研究院)
武　平(交通运输部科学研究院)
姚恩建(北京交通大学)
唐鹏程(同济大学)
涂　然(东南大学)
龚露阳(交通运输部科学研究院)
梁鸣璋(交通运输部规划研究院)
梁雪峰(交通运输部人事教育司)
彭剑坤(东南大学)
葛灵志(交通运输部科学研究院)
蒋　斌(交通运输部规划研究院)
韩舒怡(交通运输部规划研究院)
蔡　垚(交通运输部政策研究室)
熊　文(东南大学)

**秘书组：** 孙　玺(人民交通出版社股份有限公司)
韩国兴(交通运输部管理干部学院)

# 序

在党的坚强领导下，我国交通运输事业走过了沧桑巨变的历程，与经济社会发展的关系经历了从"整体滞后"到"瓶颈制约"，再到"总体缓解""基本适应"的转变，从根本上改变了基础薄弱、整体落后的面貌，大踏步赶上了时代前进的步伐，创造了"当惊世界殊"的奇迹。我国已成为名副其实的交通大国，正在加快向交通强国迈进。

党中央、国务院高度重视综合交通运输体系建设，习近平总书记多次作出重要指示，为现代综合交通运输体系发展指明了方向、提供了根本遵循。习近平总书记强调，综合交通运输进入了新的发展阶段，在体制机制、方式方法、工作措施上都要勇于创新、敢于创新、善于创新，各种运输方式都要融合发展，提高效率和质量，支撑经济发展和民生不断改善；要做立体的规划，整体设计综合交通运输；要加快形成安全、便捷、高效、绿色、经济的综合交通体系。习近平总书记系列重要指示，充分体现了我们党对新形势下综合交通运输发展规律的深刻把握，进一步丰富和发展了综合交通运输理论体系，为构建现代综合交通运输体系、加快建设交通强国提供了理论和实践指引。

理论来源于实践。从本质上讲，综合交通运输是现代交通运输发展的一种科学理念和实践活动。新中国成立初期，我国交通基础设施薄弱，综合交通运输理论研究处于起步阶段。1956年，

《一九五六——一九六七年科学技术发展远景规划纲要(修正草案)》首次提出现代运输和综合发展的概念,并启动了交通项目建设和运输生产组织等生产性研究。改革开放后,各种运输方式都得到了较快发展,交通基础设施网络初步形成,综合交通运输理论在探索中不断拓展,建设全国统一的综合交通运输网络体系逐渐成为共识。1996年,国务院领导同志提出"我国交通的发展应该以铁路为骨干,公路为基础,充分利用内河、沿海和远洋运输的资源,积极发展航空事业,形成各具不同功能、远近结合、四通八达、全国统一的综合交通运输网络体系"。进入新世纪,交通运输管理体制改革进一步深化,国家组建交通运输部,要求统筹规划铁路、公路、水路、民航以及邮政行业发展,促进了综合交通运输理论研究更加注重不同运输方式协同治理、交通基础设施网络高效衔接和一体化运输服务。党的十八大以来,我国交通运输事业发展取得历史性成就、发生历史性变革。党的十九大作出了建设交通强国的战略部署,习近平总书记发出了加快建设交通强国的动员令。党中央、国务院相继印发《交通强国建设纲要》《国家综合立体交通网规划纲要》,现代综合交通运输体系建设进入加速推进、发挥整体效能的重要时期。为适应新形势新任务,综合交通运输理论更加突出安全、便捷、高效、绿色、经济的价值取向,更加注重大部门治理、经济外部性和全球视野,更加注重探索建立完整系统的理论体系。

  理论指导并推动实践。回顾新中国成立七十多年来我国交通运输发展历程,综合交通运输理论不断丰富和拓展,推动交通运输事业爬坡过坎、一路向前,走出了一条有中国特色的现代综合交通运输体系发展道路。立足新发展阶段,我们必须完整、准确、全面贯彻新发展理念,构建新发展格局,这要求我们持续深入开展综合交通运输理论研究,更好指导综合交通运输一体化发展,着力打造一流设施、一流技术、一流管理、一流服务,加快建设人民满意、保障有力、世界前列的交通强国。

交通运输部高度重视综合交通运输理论研究,面向交通运输专业本科生、研究生和行业管理人员,分别组织编写了《综合交通运输导论》《综合交通运输学》《综合交通运输理论干部学习培训教材》等系列教材,旨在帮助交通运输相关专业学生和行业干部职工坚持系统思维,深刻认识和全面理解交通运输,进而成为综合交通运输事业发展的实践者和推动者。系列教材将结合综合交通运输发展实践和理论研究,及时进行修订完善,确保始终用最新的科学理念和理论方法来教育培养交通运输专业学生和行业干部职工,为加快建设交通强国、全面建设社会主义现代化国家提供智力和人才支撑。

**交通运输部综合交通运输理论系列教材编审委员会**
**2021 年 8 月 25 日**

# 目 录

绪 论 ………………………………………………… 1

**第一章 建设现代综合交通运输体系** ………… 6
  第一节 现代综合交通运输体系的相关理论 …………… 6
  第二节 我国综合交通运输体系的发展现状 …………… 11
  第三节 建设现代综合交通运输体系的主要目标 ……… 22

**第二章 建设布局完善、立体互联的基础设施体系** ……………………………… 26
  第一节 综合交通基础设施体系的相关理论 …………… 26
  第二节 我国综合交通基础设施体系的发展现状 ……… 38
  第三节 建设布局完善、立体互联的基础设施体系的重点任务 ……………………………… 46

## 第三章　构筑多层级、一体化的综合交通枢纽体系 ………… 59
第一节　综合交通枢纽体系的相关理论 ……………… 59
第二节　我国综合交通枢纽体系的发展现状 ………… 76
第三节　构筑多层级、一体化的综合交通枢纽体系的重点任务 ……………………………………… 89

## 第四章　研发先进适用、完备可控的交通装备 …… 109
第一节　现代载运工具和特种装备的相关理论 ……… 109
第二节　我国现代载运工具和特种装备的发展现状 …… 121
第三节　研发先进适用、完备可控的交通装备的重点任务 ……………………………………… 131

## 第五章　建设便捷舒适、经济高效的运输服务体系 ……………………………………… 147
第一节　运输服务体系的相关理论 …………………… 147
第二节　我国运输服务体系的发展现状 ……………… 157
第三节　建设便捷舒适、经济高效的运输服务体系的重点任务 ……………………………………… 165

**第六章 建设完善可靠的交通运输安全保障体系和反应快速的应急管理体系** …………… 177

第一节 交通运输安全保障和应急管理的相关理论 …………… 177

第二节 我国交通运输安全保障体系和应急管理体系的发展现状 …………… 190

第三节 建设完善可靠的交通运输安全保障体系和反应快速的应急管理体系的重点任务 …… 196

**第七章 建设现代综合交通运输体系的支撑保障** …………… 210

第一节 推进现代综合交通运输体系的治理现代化 …………… 210

第二节 建设现代综合交通运输体系的法治保障 …………… 215

第三节 建设现代综合交通运输体系的行政管理体制保障 …………… 225

第四节 建设现代综合交通运输体系的科技保障 …………… 233

第五节 建设现代综合交通运输体系的资金保障 …………… 242

第六节 建设现代综合交通运输体系的
　　　　标准化保障 ·················· 249
第七节 建设现代综合交通运输体系的
　　　　人才支撑保障 ················ 262

**附　录** ································· 269
《交通强国建设纲要》 ················ 269
《国家综合立体交通网规划纲要》 ········ 281
《"十四五"现代综合交通运输体系发展规划》 ····· 308

**阅读材料** ······························· 356

**后　记** ································· 358

# 绪　论

2021年10月14日，国家主席习近平以视频方式出席第二届联合国全球可持续交通大会开幕式并发表题为《与世界相交　与时代相通　在可持续发展道路上阔步前行》的主旨讲话。习近平指出，新中国成立以来，几代人逢山开路、遇水架桥，建成了交通大国，正在加快建设交通强国。我们坚持交通先行，建成了全球最大的高速铁路网、高速公路网、世界级港口群，航空航海通达全球，综合交通网突破600万公里。我们坚持创新引领，高铁、大飞机等装备制造实现重大突破，新能源汽车占全球总量一半以上，港珠澳大桥、北京大兴国际机场等超大型交通工程建成投运，交通成为中国现代化的开路先锋。❶

---

❶ 引自《人民日报》刊登的《习近平出席第二届联合国全球可持续交通大会开幕式并发表主旨讲话》。

加快建设交通强国，当好中国现代化的开路先锋，核心任务就是建设现代综合交通运输体系。党中央、国务院高度重视综合交通运输体系建设，习近平总书记多次作出重要指示，为现代综合交通运输体系发展指明了方向、提供了根本遵循。构建现代综合交通运输体系，必须坚决贯彻落实习近平总书记关于交通运输发展的重要指示精神，牢牢把握当好中国现代化的开路先锋这一新使命、新定位，聚力攻坚，不负重托，为实现中华民族伟大复兴的中国梦不懈奋斗！

**第一，建设现代综合交通运输体系，必须深刻把握现代化开路先锋的历史使命。**我们党始终高度重视发展综合交通运输事业，注重发挥交通运输在经济社会发展和国家现代化建设中的先行引领作用。1948年，毛泽东同志在谈到恢复和发展工业生产、农业生产时就指出，"首先是解决交通运输和修理铁路、公路、河道的问题"。1954年，周恩来同志在第一届全国人民代表大会上作《政府工作报告》，明确提出"如果我们不建设起强大的现代化的工业、现代化的农业、现代化的交通运输业和现代化的国防，我们就不能摆脱落后和贫困，我们的革命就不能达到目的"。1986年，邓小平同志在视察天津时指出，"日本人说搞现代化要从交通、通信上入手，我看有道理"。在全面建设社会主义现代化国家的开局之年，习近平同志提出"交通成为中国现代化的开路先锋"，这是对全体交通人的巨大鼓舞和鞭策。建设现代综合交通运输体系，必须不忘初心、牢记使命，矢志不渝、奋斗不息，在新的赶考之路上考出好成绩。❶

---

❶ 本段中的党和国家领导人讲话引自《求是》刊登的中共交通运输部党组署名文章《努力当好中国现代化的开路先锋》。

**第二，建设现代综合交通运输体系，必须深刻把握现代化开路先锋的战略定位**。交通成为中国现代化的开路先锋的重要论断，反映了我们党对交通运输发展规律的新认识，把交通在现代化建设全局中的地位提到了前所未有的新高度。在全面建设社会主义现代化国家的新征程上，各行各业都要实现现代化。当好中国现代化的开路先锋，就是要求交通运输率先实现现代化，为国家现代化建设提供更加有力的支撑、更加坚强的保障、更加有益的探索。这就要求我们在行动上冲锋在前、在能力上适度超前、在发展上率先突破、在作用上先行引领，为构建新发展格局、推动高质量发展、全面建设社会主义现代化国家打头阵、闯新路、立新功。建设现代综合交通运输体系，必须胸怀"国之大者"，找准战略定位，在服务大局中抓住机遇、加快发展。

**第三，建设现代综合交通运输体系，必须深刻把握现代化开路先锋的时代要求**。中国要实现的现代化，是人口规模巨大的现代化，是全体人民共同富裕的现代化，是物质文明和精神文明相协调的现代化，是人与自然和谐共生的现代化，是走和平发展道路的现代化。当好中国现代化的开路先锋，必须顺应世界现代化发展潮流，符合我国现代化发展特征，加快实现交通运输现代化，着力建设规模巨大、保障有力的交通运输系统，提供普惠优质、人民满意的交通运输服务，拥有软硬兼备、世界前列的交通运输实力，形成绿色低碳、创新引领的交通运输方式，构建交通天下、互联互通的交通运输网络，实质就是要加快建设人民满意、保障有力、世界前列的交通强国。

**第四，建设现代综合交通运输体系，必须深刻把握现代化开路先锋的核心任务**。交通运输现代化是一个不断动态向前演化的长期历史过程，其核心任务是构建现代综合交通运输体系。必须紧紧围绕党中央、国务院印发的《交通强国建设纲要》《国家综合立体交通网规划纲要》，认真贯彻落实《"十四五"现代综合交通运输体系发展规划》，咬定青山不放松，持续用力、接续奋斗，力争到"十四五"末，部分优势领域率先实现交通运输现代化；到 2035 年，基本建成交通强国，基本形成现代化综合交通运输体系，支撑国家现代化建设能力显著增强；到本世纪中叶，全面建成现代化高质量国家综合立体交通网，实现"人享其行、物优其流"，全面建成交通强国，为全面建成社会主义现代化强国当好先行。当前和今后一个时期，要着力落实好中央财经委员会第八次会议和第十一次会议精神，围绕构建现代流通体系，加快建设综合运输体系；围绕构建现代化基础设施体系，加快建设综合立体交通网。

**第五，建设现代综合交通运输体系，必须深刻把握现代化开路先锋的重要价值追求。** 习近平指出，要"加快形成安全、便捷、高效、绿色、经济的综合交通体系"❶。这是对交通运输现代化发展方向的深刻把握，为加快构建现代综合交通运输体系提供了科学指引。安全是交通运输的永恒主题，是综合交通运输发展的本质要求和基本前提。便捷是交通运输不断满足人民群众出行需要的内在要求，必须不断提高综合交通供给能力和质量。高效是对提高综合交通供给效率的要求，要充分发挥各种运输方式的比较优势和组合效率。绿色是促进交通与自然和谐共生的要求，要加强节能减排和生态环境保护。经济是对交通运输投入产出比率的要求，也是综合交通运输保持竞争力的优势所在。

---

❶ 引自《人民日报》刊登的《习近平北京考察工作：在建设首善之区上不断取得新成绩》。

**第六，建设现代综合交通运输体系，必须深刻把握现代化开路先锋蕴含的精神力量。**"开路先锋"既是战略定位，也是精神要求，深刻阐释了交通精神的核心要义。"开路"是对以"两路"精神、青藏铁路精神、港珠澳大桥建设者奋斗精神、"中国民航英雄机组"精神、邮政快递"小蜜蜂"精神等为代表的交通精神丰富内涵的提炼升华；"先锋"是中国共产党是中国工人阶级的先锋队，同时是中国人民和中华民族的先锋队的鲜明体现。熔铸于党的精神谱系中的交通精神，实质就是一种逢山开路、遇水架桥的精神，一种开拓创新、艰苦奋斗的精神，一种甘为路石、服务奉献的精神，一种敢为人先、勇攀高峰的精神。构建现代综合交通运输体系是一场攻坚战和持久战，必须大力弘扬以"开路先锋"精神为魂的交通精神，艰苦奋斗、攻坚克难、勇当先锋，为加快建设交通强国、努力成为中国现代化的开路先锋不懈奋斗！

# 第一章 建设现代综合交通运输体系

## 第一节 现代综合交通运输体系的相关理论

### 一、综合交通运输体系的提出背景

20世纪50年代中期,我国从苏联引入了综合交通运输发展的概念。1956年,中共中央同意了国务院科学规划委员会党组《关于征求〈一九五六——一九六七年科学技术发展远景规划纲要(修正草案)〉意见的报告》。这一报告指出,全国运输系统必须在与我国资源条件和国家经济发展的总体要求相互配合的情况下予以综合发展。这标志着我国开始了综合交通运输体系相关研究工作。我国早期的综合交通运输理论着重强调交通运输是一个合理分工、优势互补的体系,强调有计划、按比例建设集约高效的基础设施系统。

改革开放后,经济社会快速发展,交通基础设施薄弱、制约国民经济发展的矛盾十分突出,计划经济模式和基本依靠铁路的方式已经无法适应快速增长的运输需求,我国开始加大其他运输方式的发展力度。1987年,党的十三大报告提出把加快发展综合运输体系作为今后相当长时期内调整和改造产业结构的基本方向之一。《1988年国务院政府工作报告》强调了积极发展综合运输的要求。此后,我国不断探索推进综合交通运输体系建设,并在发展政策、运输网络建设规划、煤炭铁水联运、港口集疏运系统建设等方面取得了许多重要成果。

20世纪90年代,我国公路、水路、民航运输得到较快发展,国家更加注重各种运输方式共同发展、合理配置,可持续发展理念得到了重视。1991年,《中华人民共和国国民经济和社会发展十年规划和第八个五年计划纲要》正式提出要搞好综合运输体系的建设,以增加铁路运力为重点,同时积极发挥公路、水路、空运、管道等多种运输方式的优势,并使各种运输方式衔接配套。此后,国家"九五"规划到最新的"十四五"规划,均对推进综合交通运输体系建设作了重要部署。

进入21世纪,国家更加注重各种运输方式功能组合、合理配置和发挥比较优势,更加强调运输服务一体化,更加注重贯彻落实科学发展观,综合交通运输体系的理论得到进一步丰富和完善。当前,政府部门和理论界已经把对综合交通运输体系基本概念及其内涵的认识与交通运输行业贯彻落实习近平新时代中国特色社会主义思想紧密地联系起来,视野更宽阔,思路更系统,不仅强调基础设施的集约高效,也强调市场竞争作用和运输高效,同时更关注现代科技尤其是信息化技术的应用和资源节约、环境保护的要求。

## 二、综合交通运输体系的基本概念

不同历史时期、不同国家和地区、不同专家学者对综合交通运输体系相关概念的定义及理论研究的关注点不尽相同，至今未形成公认的概念定义和理论成果。国外对于综合交通运输的定义更多强调衔接，是一种"狭义"的理解，是一种"小综合"，基本把综合交通运输等同于多式联运；国内对于综合交通运输更多是一种"广义"的理解，是一种"大综合"，并提出了"综合交通运输体系"的概念。随着经济全球化进程的加快以及各国经济、社会和交通发展环境与发展理念的趋同，人们对综合交通运输体系的认识正在逐步趋近。

当前，行业普遍认同的综合交通运输体系的定义如下：**综合交通运输体系是指各种运输方式根据国家发展战略和交通需求，发挥市场机制作用，按照各自技术经济特征和比较优势共同构建形成的布局合理、功能完善、衔接顺畅、技术先进、安全可靠、有效满足客货运输需求的安全、便捷、高效、绿色、经济的交通运输有机整体。**

从概念上看，综合交通运输体系有三个层面的要求。第一个层面是构建和发展的综合交通运输体系要与国家经济社会发展的战略方向相一致，为国家经济社会发展战略的有效贯彻实施提供有力支持和保障，有效满足经济社会发展需要和客货运输需求。第二个层面是要根据各种运输方式的技术经济特征和社会对资源消耗、建造成本、运行成本的可承担能力等约束条件，充分发挥各种运输方式的比较优势，按照功能组合、优势互补、结构优化、技术先进、合理竞争、资源节约的原则进行网络化布局和组合协调发展。第三个层面是要建设完善的综合交通运输系统，各种运输方式一体化紧密衔接，运行安全、便捷、高效、绿色、经济。

## 三、建设现代综合交通运输体系的指导思想

建设交通强国是以习近平同志为核心的党中央立足国情、着眼全局、面向未来作出的重大战略决策，是建设现代化经济体系的先行领域，是全面建成社会主义现代化强国的重要支撑，是新时代做好交通工作的总抓手。党的十八大以来，习近平总书记高度重视交通运输工作，作出一系列重要指示。建设现代综合交通运输体系，在发展定位上，强调交通成为中国现代化的开路先锋；在发展战略上，强调加快建设交通强国；在发展目的上，强调建设人民满意交通；在发展理念上，强调完整、准确、全面贯彻新发展理念，形成安全、便捷、高效、绿色、经济的现代综合交通运输体系；在发展目标上，强调打造一流设施、一流服务、一流管理、一流技术，实现人享其行、物优其流；在发展主题主线上，强调深化供给侧结构性改革，推动交通运输高质量发展，着力补齐基础设施短板、降低物流成本、调整运输结构、促进各种运输方式融合发展、提升服务水平，加快形成统一开放的交通运输市场，有效支撑国家重大战略实施；在发展合作上，强调与世界相交、与时代相通，坚持交通天下，推进全球交通合作；在

发展动力上，强调坚持创新引领；在发展方式上，强调加快形成绿色低碳交通运输方式。

## 四、综合交通运输体系的主要构成

综合交通运输体系的主要构成可按不同方法进行划分。按运输方式，可划分为铁路、公路、水路、航空和管道运输。按交通资源特点，可划分为基础设施、交通装备、运输服务和支持保障四大部分。我国综合交通运输体系的主要构成如图 1-1 所示。

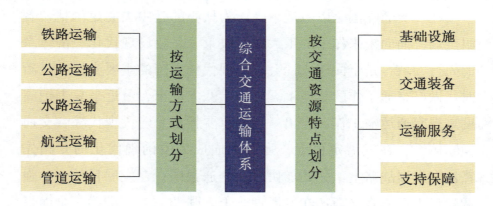

图 1-1  我国综合交通运输体系的主要构成

**基础设施**主要指各种运输方式的运输线路、枢纽站场以及相关的通信设施、运输辅助设施等。运输线路即由人工建造的基础设施，如铁路、公路、运河、管道，也有天然或在天然基础上改造的线路，如航空线路、内河水运及海运的航路。

**交通装备**主要指载运工具、装载装备、工程机械、救援装备等。

**运输服务**主要指利用运输工具将货物或者旅客送达目的地，

使其空间位置得到转移的业务活动。按运输方式，可分为陆路运输服务、水路运输服务、航空运输服务和管道运输服务等。提供运输服务的组织机构包括政府机构、运输企业、协会等。

**支持保障**主要指保障综合交通运输体系运行所需的现代化治理体系，包括法治保障体系、行政管理体制保障体系、科技保障体系、资金保障体系、标准化保障体系、人才支撑保障体系等方面内容。

## 第二节 我国综合交通运输体系的发展现状

### 一、我国综合交通运输体系的发展历程

#### （一）新中国成立至改革开放之前

新中国成立至改革开放之前，我国致力于解决交通运输"有没有"的问题，建设发展了新中国交通运输体系。

新中国成立之前，交通运输面貌十分落后。新中国成立后，我国政府明确提出首先要创造一些基本条件恢复交通运输。经过三年的国民经济恢复期，被破坏的交通运输设施设备得以修复，水陆空运输得到恢复。1953年起，国家开始有计划地进行交通运输建设。在第一个、第二个五年计划和国民经济调整期间（1953—1965年），国家投资向交通运输倾斜，改造和新建了一批铁路、公路、港口码头、民用机场，提高了西部和边远地区的交通运输基础设施覆盖程度，疏浚了主要航道，新开辟了国际、国内水路和空中航线，扩大了邮政网络，增加了运输装备数量。

1966—1976 年，交通运输设施和装备规模、运输线路继续增加，特别是针对沿海主要港口压船、压港、压货日趋严重的局面，国家加快了港口基础设施建设。

### (二) 改革开放至党的十八大之前

改革开放至党的十八大之前，我国致力于解决交通运输"够不够"的问题，推动了交通运输快速发展。

1978 年，改革开放掀开了我国经济社会发展的新篇章，交通运输步入了快速发展阶段。我国政府把交通运输放在优先发展的位置，加大政策扶持力度，在放开交通运输市场、建立社会化融资机制方面进行了开创性探索，积极扭转交通运输不适应经济社会发展的被动局面。1984 年，交通部提出"有河大家走船，有路大家走车"，开始全面开放交通运输市场。之后，又提出"各部门、各行业、各地区一起干，国营、集体、个人以及各种运输工具一起上"，极大促进了交通运输发展。铁路实行经济承包责任制；公路、水运工程建设项目开始实行招投标制度；提高养路费征收标准、开征车辆购置附加费以及"贷款修路、收费还贷"等扶持公路发展的三项政策出台；港口率先对外开放，开征港口建设费，海运业最早实现"走出去"；民航走上了企业化发展道路，航空运输市场开始形成；国家实施邮政管理体制改革，成立了中国速递服务公司，恢复办理邮政储蓄业务；加大了交通运输建设投资力度，吸引社会资本参与基础设施建设。

1992 年，我国确立了建立社会主义市场经济体制的改革目标。交通运输领域不断加大改革开放力度，各种交通运输方式实现快速发展。国家开展铁路建设大会战，1997 年起，铁路进行了连续六次大提速，大秦铁路、京九铁路、青藏铁路、京沪高铁等相继开通运营。为应对1997年亚洲金融危机和2008年全球金融危机，我国实施积极的财政政策，公路建设投资进入"快车道"，高速公路建设大规模兴起。2003年，交通部提出了"修好农村路，服务城镇化，让农民兄弟走上油路和水泥路"目标，掀起了农村公路建设新高潮。港口管理体制改革持续深化，港口建设不断加快。民航机场建设费和基础设施建设基金、铁路建设基金、内河航运建设基金先后设立。邮政实行邮电分营和邮政政企分开，向信息流、资金流和物流"三流合一"的现代邮政业方向发展。城乡客运、城市公共交通、交通运输安全应急救助等领域建设不断加强。

在此期间，我国坚持规划引领。1981年，国家干线公路网划定。1992年，公路和水运领域开始实施公路主骨架、水运主通道、港站主枢纽和支持保障系统"三主一支持"规划。2002年以来，我国制定实施了《中长期铁路网规划》《国家高速公路网规划》《农村公路建设规划》《全国沿海港口布局规划》《全国内河航道与港口布局规划》等一系列规划。落实西部大开发等国家区域发展战略，先后制定实施了系列规划纲要，全面加强了西部地区交通基础设施建设。2007年，国家发展和改革委员会印发《综合交通网中长期发展规划》，明确提出了建设现代化综合交通网。

与此同时，我国不断深化交通管理体制改革。1998年，启动水上安全监管体制改革，实行"一水一监、一港一监"的管理体制。2008年，国家组建交通运输部，交通运输大部门体制改革迈出实质性步伐，为加快形成综合交通运输体系提供了体制保障。

### (三) 党的十八大以来

党的十八大以来，我国致力于解决交通运输"好不好"的问题，加快推动交通运输高质量发展，建成了名副其实的交通大国，正在向交通强国迈进。

这一时期，我国进入了加快建设现代化综合交通运输体系的新阶段，铁路、公路、水运、民航、邮政行业统筹规划、协调发展。交通运输领域以新发展理念为指导，深化供给侧结构性改革，加大投资力度，完善交通基础设施网络，推进多种运输方式有效衔接，加快构建安全、便捷、高效、绿色、经济的现代化综合交通运输体系。国家充分发挥交通运输在区域经济发展中的先导作用，在实施京津冀协同发展、长江经济带发展、粤港澳大湾区建设、长三角一体化发展、黄河流域生态保护和高质量发展、成渝地区双城经济圈等重大国家战略和重大决策部署中，把交通运输作为先行领域进行重点部署。

在此期间，我国大力推动"四好农村路"（即建好、管好、护好、运营好农村公路）建设；推动建立现代物流服务体系，促进物流业降本增效，发展多式联运、甩挂运输、无车承运等先进组织方式；加快推进旅客联程联运发展，提高城际、城市、城乡客运服务水平；着力增强交通运输发展新动能，推动交通运输新型基础设施建设，推动网络预约出租汽车、互联网租赁自行车等新业态健康发展；积极推进交通运输生态文明建设，交通基础设施、运输装备、运输组织的绿色发展水平全面提升；大力建设平安交通，交通运输安全发展水平不断提高；综合交通运输体制机制逐步完善，"放管服"改革、综合行政执法改革、财政事权与支出责任划分改革等持续深化，交通运输法治政府部门建设深入推进；构建全方位、多层次、多渠道的交通运输对外开放和国际合作格局，加强与共建"一带一路"国家的合作，积极推动交通基础设施互联互通和运输便利化，积极参与交通运输全球治理，认真履行各项国际义务。

国家先后出台《国家公路网规划（2013年—2030年）》《物流业发展中长期规划（2014—2020年）》《"十三五"现代综合交通运输体系发展规划》等规划，制定印发了关于促进铁路、普通公路、海运业、民航业、快递业等健康发展的意见，推动交通运输高质量发展。2017年，党的十九大提出建设交通强国。2019年和2021年，中共中央、国务院先后印发《交通强国建设纲要》和《国家综合立体交通网规划纲要》，提出"到2035年，基本建成交通强国""到本世纪中叶，全面建成人民满意、保障有力、世界前列的交通强国"的奋斗目标，我国开启了加快建设交通强国的新征程。

我国综合交通运输体系的发展历程如图1-2所示。

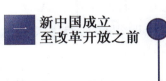

一　新中国成立至改革开放之前　　致力于解决交通运输"有没有"的问题，建设发展了新中国交通运输体系

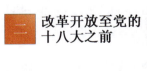

二　改革开放至党的十八大之前　　致力于解决交通运输"够不够"的问题，推动了交通运输快速发展

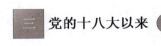

三　党的十八大以来　　致力于解决交通运输"好不好"的问题，加快推动交通运输高质量发展，建成了名副其实的交通大国，正在向交通强国迈进

图1-2　我国综合交通运输体系的发展历程

## 二、我国综合交通运输体系建设取得的成就

### （一）综合交通基础设施网络日益完善，为经济社会发展提供有力支撑

交通基础设施日趋完善，基本形成了以"十纵十横"综合运输大通道为主骨架、内畅外通的综合立体交通网络。高速铁路里程、高速公路里程、内河航道通航里程、城市轨道交通运营里程、沿海港口万吨级及以上泊位数、颁证运输机场、邮路和快递服务网络长度居世界前列。高速铁路对百万人口以上城市覆盖率超过95%，高速公路对20万人口以上城市覆盖率超过98%，民用运输机场已覆盖92%的地级市。综合交通枢纽布局逐步完善，各种运输方式衔接效率不断提升，交通运输进入了各种方式交汇融合、统筹发展的新阶段。依托京沪、京广、沿海、沿江等综合运输大通道及长三角、珠三角、环渤海等港口群和长江沿线港口形成的经济带、城市群成为我国经济最具活力、人口最为密集的区域。

党的十八大以来我国交通基础设施建设取得的成就如图1-3所示。

### （二）交通技术装备水平明显提高，为交通运输行业快速发展提供保障

高速铁路、既有线提速、高原铁路、高寒铁路、重载铁路等技术均达到世界先进水平，特大桥隧、离岸深水港、巨型河口航道整治及大型机场工程等建造技术迈入世界先进或领先行列，一大批具有自主知识产权的技术创新成果广泛应用，成为靓丽的"中国交通名片"。大型客机C919、大型水陆两栖飞机AG600试

飞成功，支线客机 ARJ21 载客运营。自动驾驶技术快速发展，轨道交通装备系列产品整体技术达到国际先进水平，主流船型实现全系列研发制造，港口机械装备制造技术等达到世界领先水平。

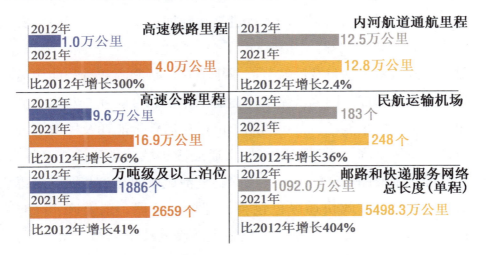

图 1-3 党的十八大以来我国交通基础设施建设取得的成就

**（三）交通运输服务水平不断提升，持续增进民生福祉**

我国已成为世界上运输最繁忙的国家之一，铁路、公路、水路、民航客货周转量，港口货物吞吐量，邮政快递业务量等指标居世界前列。旅客出行服务更加便捷舒适，出行服务体系更加完善，多层次、差异化的公共交通服务体系加快形成，旅客运输专业化、个性化服务品质不断提升。货运服务更加高效，多式联运等高效运输组织模式创新发展，综合运输效率不断提高，交通运输对国家经济社会发展的支撑显著增强。交通运输服务智慧化水平不断提高，第五代移动通信（5G）、大数据、人工智能等新兴技术与交通运输服务加快融合，交通运输新业态健康发展，为人民群众提供了更加多样化、个性化的服务。

**（四）绿色交通发展成效显著，为实现人与自然和谐共生作出贡献**

交通运输行业牢固树立和贯彻落实绿色发展理念，大力发展绿色交通。运输结构调整深入推进，运输通道、枢纽、装备等资源集约利用效果明显。国家建设了一批绿色铁路、公路、港口、航道、邮政示范项目及民航节能减排项目，新能源和清洁能源运输工具不断增加。国家铁路单位运输工作量综合能耗、营运车辆单位运输周转量能耗、营运船舶单位运输周转量能耗及民航吨公里油耗持续下降。通过坚决打好交通运输领域污染防治攻坚战，长江经济带船舶和港口污染突出问题整治成效明显。开展渤海碧海行动计划，邮政快递绿色包装治理持续开展。荒漠区、高寒区、围填海区域交通运输基础设施生态修复技术不断探索创新，环境友好程度不断提升。绿色交通建设为持续改善生态环境质量、建设美丽中国提供了有效支撑。

**（五）交通运输安全生产和应急能力不断提高，增强人民群众安全感**

交通运输行业始终把安全放在首要位置，统筹发展和安全，全力推进平安交通建设。交通运输安全水平实现大幅提升，铁路、民航客运总体安全水平居世界前列，公路、水运工程安全生产监督管理成效明显，重特大事故得到有效遏制，事故总量明显下降，人民群众享受到了更安全、更优质、更可靠的交通运输服务。交通应急保障能力显著提升，能够科学高效应对新冠肺炎疫情等突发公共卫生事件，及时防范化解交通重大安全风险，有效应对处置各类灾害事故，海上搜救和重大海上溢油应急处置能力不断加强。平安交通建设为经济社会发展和群众出行提供了安全运输保障。

**（六）交通运输国际交流合作持续深化，服务构建人类命运共同体**

交通基础设施互联互通深入推进，交通运输持续发挥对于推进全球联通、促进共同繁荣的基础性、先导性作用。我国与共建"一带一路"国家的交通互联互通持续加强，"六廊六路多国多港"互联互通架构基本形成，促进了跨区域资源要素的有序流动和优化配置。国家积极推进国际运输便利化，促进政策、规则、标准"三位一体"联通，推动我国与沿线国家合作更加紧密、往来更加便利、利益更加融合。国际交流与合作不断加强，我国与相关国家深入开展交通领域交流合作，推动形成了市场合作互利共赢、成果经验互鉴共享的开放新格局。国家积极推动全球交通治理体系变革，坚定支持多边主义，积极参与国际组织事务和交通运输全球气候治理，努力为全球交通治理提供了中国智慧、中国方案。

## 三、我国综合交通运输体系建设面临的新要求

**（一）立足新发展阶段，要求交通运输满足全面建设社会主义现代化国家的时代要求**

党的十九届五中全会提出，"十四五"时期是我国全面建成小康社会、实现第一个百年奋斗目标之后，趁势而上开启全面建设社会主义现代化国家新征程、向第二个百年奋斗目标进军的第一个五年。改革开放特别是党的十八大以来，在以习近平同志为核心的党中央坚强领导下，我国交通运输发展取得了举世瞩目的

成就，基础设施网络规模位居世界前列，运输服务保障能力不断提升，建成了名副其实的交通大国，为全面建成小康社会，实现第一个百年奋斗目标提供了坚实支撑。向第二个百年奋斗目标进军的新发展阶段，更需要交通运输发挥好支撑保障和开路先锋作用。目前，与支撑全面建设社会主义现代化国家的时代要求相比，我国综合交通网络仍需完善，结构有待优化，统筹融合亟待加强，区域差异仍然明显，供给短缺与局部过剩问题并存。

当前和今后一个时期，我国发展仍然处于重要战略机遇期。我国已进入高质量发展阶段，在《交通强国建设纲要》《国家综合立体交通网规划纲要》等的指引下，交通运输行业正在经历由量向质、由"铺摊子"向"上台阶"、由"粗放经营"向"精耕细作"的转变。未来，交通运输行业要加快推进国家综合立体交通网及主骨架规划建设，推进实现国际国内互联互通、全国主要城市立体畅达、县级节点有效覆盖，有力支撑"全国123出行交通圈"（都市区1小时通勤、城市群2小时通达、全国主要城市3小时覆盖）和"全球123快货物流圈"（国内1天送达、周边国家2天送达、全球主要城市3天送达），为全面建设社会主义现代化国家提供坚实支撑和有力保障。

**（二）贯彻新发展理念，要求交通运输满足人民日益增长的美好生活需要**

当前，我国交通运输正在从高速增长阶段转向高质量发展阶段，人民群众出行模式和货物流通方式正在发生深刻变化，高品质、多样化、个性化的旅客出行需求不断增强，高价值、小批量、时效强的货物运输需求快速攀升。站在发展新起点上，必须顺应新发展阶段的新要求，更加精准地贯彻新发展理念，聚焦建设交通强国的目标，打造一流设施、一流技术、一流管理、一流服务，不断提升运输服务的效率、品质和经济性，推进交通运输供给从"走得了"向"走得好"转变，加快实现"人享其行、物优其流"，推动交通运输高质量发展。目前，我国运输服务仍存在质量不优、效率不高、多样化多层次服务供给不足、运输成本居高不下等问题，"最后一公里"和枢纽集疏运体系制约仍然明显，与人民日益增长的美好生活需要相比，仍存在一定差距。

未来，交通运输行业要把新发展理念贯穿国家综合立体交通网建设的全过程和各领域，更加突出创新的核心地位，注重交通运输创新驱动和智慧发展；更加突出统筹协调，注重各种运输方式融合发展和城乡区域交通运输协调发展；更加注重突出绿色发展，注重国土空间开发和生态环境保护；更加突出高水平对外开放，注重对外互联互通和国际供应链开放、安全、稳定；更加突出共享发展，注重建设人民满意交通。

### （三）构建新发展格局，要求交通运输满足促进国民经济良性循环的现实要求

我国正在加快构建以国内大循环为主体、国内国际双循环相互促进的新发展格局。交通运输贯通生产、分配、流通、消费全过程，是畅通经济循环的重要环节，在构建新发展格局中具有重要地位和作用。目前，我国综合型客货运枢纽建设仍需加快，枢纽一体化衔接水平和转换效率仍待提高，综合交通运输管理体制机制有待健全完善，制约要素自由流动的体制机制障碍依然存在。

未来，交通运输行业要充分发挥国家综合立体交通网在服务国民经济、扩大循环规模、提高循环效率、增强循环动能、降低循环成本、保障循环安全方面的重要作用，推动交通运输成为现

代产业体系协调发展的坚实支撑、内外经济循环相互促进的重要纽带、产业链供应链安全稳定的保障基石，服务构建新发展格局。

## 第三节 建设现代综合交通运输体系的主要目标

### 一、建成人民满意、保障有力、世界前列的交通强国

《交通强国建设纲要》提出"建成人民满意、保障有力、世界前列的交通强国"，明确了建设现代综合交通运输体系的基本内涵。

#### （一）"人民满意"的基本内涵

"人民满意"就是要坚持以人民为中心的发展思想，建设人民满意交通，真正做到人民交通为人民、人民交通靠人民、人民交通由人民共享、人民交通让人民满意。这是交通强国建设的根本宗旨。要把人民利益始终摆在至高无上的地位，坚持安全发展，强调安全生产是民生大事，坚持服务为本，始终牢记服务人民，坚持共享发展，不断提高交通运输基本公共服务均等化水平，显著提升交通运输的效率、品质和经济性，切实增强人民群众的获得感、幸福感、安全感，使交通发展成果更公平地惠及全体人民，使交通发展在促进共同富裕中发挥更多的作用。

#### （二）"保障有力"的基本内涵

"保障有力"就是要为国家重大战略实施、现代化经济体系构建和社会主义现代化强国建设提供有力支撑。这是交通强国建

设的基本定位。要充分发挥好交通基础性、先导性、战略性和服务性作用，服务区域协调发展战略，推动京津冀、长三角、粤港澳大湾区、成渝地区双城经济圈等区域交通协调发展；要全面提升交通服务水平，服务打好防范化解重大风险、污染防治攻坚战；要以"四好农村路"建设为重要载体，促进交通运输公共服务均等化，服务乡村振兴；要加强"一带一路"交通基础设施互联互通，构建互联互通、面向全球的交通网络，深化国际运输市场合作，服务扩大开放融合。

### （三）"世界前列"的基本内涵

"世界前列"就是要全面实现交通现代化，使交通综合实力进入世界前列。这是交通强国建设的必然要求。要具有世界眼光，对标国际一流水平。不仅要在基础设施、装备技术、运输服务等"硬实力"上位居世界前列，更要在智慧、绿色、安全、治理、人才、文化等"软实力"方面位列前茅。

## 二、打造一流设施、一流技术、一流管理、一流服务

《交通强国建设纲要》提出"打造一流设施、一流技术、一流管理、一流服务"。建设现代综合交通运输体系，必须坚定不移推动交通运输高质量发展。

### （一）打造一流设施

构建现代化高质量国家综合立体交通网是加快建设交通强国的重要基础。要重点打造"三张交通网"：发达的快速网，以高速铁路、高速公路、民用航空等为主体，突出服务品质高、运行

速度快等特点；**完善的干线网**，以普速铁路、普通国道、港口、航道、油气管道等为主体，具有运行效率高、服务能力强等特点；**广泛的基础网**，以普通省道、农村公路、支线铁路、支线航道等为主体，通用航空为补充，具有覆盖空间大、通达程度深、惠及面广等特点。同时，要顺应信息革命发展潮流，推进数据资源赋能交通发展，加速交通基础设施网与运输服务网、信息网、能源网融合发展，构建泛在先进的交通信息基础设施。

### （二）打造一流技术

科技创新是交通强国建设的第一动力。交通技术装备的发展呈现智能化、绿色化、高速化、重载化等趋势，要不断提升交通科技创新和应用水平。要加强新型载运工具和特种装备研发，推进装备技术升级，实现交通装备先进适用、完备可控；要瞄准新一代信息技术、人工智能、智能制造、新材料、新能源等世界科技前沿，加强交通领域前瞻性、颠覆性技术研究；要推动大数据、互联网、人工智能、区块链、超级计算等新技术与交通行业深度融合，不断提高行业全要素生产率。

### （三）打造一流管理

推进行业治理体系和治理能力现代化，是加快建设交通强国的重要内容和制度保障。当前，我国交通运输治理取得明显成效，但在推进行业治理体系和治理能力现代化方面还有很长的路要走。要贯彻落实党的十九届四中全会精神，深入推进交通治理体系和治理能力现代化，形成协同高效、良法善治、共同参与的良好局面，以治理现代化支撑交通运输现代化。同时，要深化行业改革，优化营商环境，扩大社会参与，培育交通文明，以交通文明促进交通治理现代化。

### (四) 打造一流服务

运输服务是交通运输供给的最终产品。进入新时代，必须聚焦社会主要矛盾变化，大力提高运输服务的品质、效率和经济性，实现运输服务便捷舒适、经济高效。落实到发展实践上，就是要打造"两个交通圈"，即"全国123出行交通圈"和"全球123快货物流圈"。通过"两个交通圈"建设，提供更高品质、更高水平的服务，不断增强人民群众的获得感、幸福感和安全感。同时，要不断深化交通运输与旅游融合发展，大力发展"互联网+"高效物流，建立并完善通达全球的寄递服务体系，积极发展无人机（车）递送等现代物流，努力打造引领世界潮流的交通运输服务新业态新模式。

# 第二章 建设布局完善、立体互联的基础设施体系

## 第一节 综合交通基础设施体系的相关理论

### 一、综合交通基础设施层次划分的相关理论

#### （一）全国综合交通基础设施的层次划分

层次性是交通基础设施网络的重要属性特征。对全国综合交通基础设施的层次划分进行研究，是建设布局完善、立体互联的基础设施的重要前提。全国综合交通基础设施由铁路、公路、水路、民航、管道等运输方式的基础设施构成。各运输方式基础设施的构成及层次划分具体如下。

1. 铁路基础设施的构成及层次划分

铁路基础设施主要包括线网设施和枢纽。从管理主体角度

看，铁路线网可以分为国家铁路、地方铁路、专用铁路和铁路专用线。国家铁路是指由国务院铁路主管部门管理的铁路。地方铁路是指由地方人民政府管理的铁路。专用铁路是指由企业或者其他单位管理，专为本企业或者本单位内部提供运输服务的铁路。铁路专用线是指由企业或者其他单位管理的与国家铁路或者其他铁路线路接轨的岔线。从功能层次角度看，铁路线网可以分为高速铁路、普速铁路。高速铁路主要是指服务于跨区间旅客快速交流的高速客运专线铁路，由"八纵八横"高速铁路主通道、高速铁路区域连接线和部分城际铁路（时速200公里及以上）组成。普速铁路主要包括服务于区域间和区域内客货运输的普速干线铁路、促进脱贫攻坚和国土开发的普速铁路，以及服务港口及物流园区、资源富集区等的集疏运铁路。铁路枢纽主要包括铁路客运枢纽和铁路货运枢纽。

### 2. 公路基础设施的构成及层次划分

公路基础设施主要包括线网设施和运输场站。线网设施从功能角度可以分为主干线公路、干线公路、集散公路和连接公路；从技术等级角度可以分为高速公路、一级公路、二级公路、三级公路、四级公路、等外公路；从行政管理角度可以分为国道、省道、县道、乡道、村道。其中，国道包含国家高速公路和普通国道，国家高速公路网和普通国道网共同构成了我国的国家公路网。公路运输场站包括汽车客运站和公路货运站。其中，汽车客运站分为等级车站、便捷车站和招呼站。公路货运站从业务功能角度可以分为综合型、运输型、仓储型和信息型公路货运站。

### 3. 水运基础设施的构成及层次划分

水运基础设施主要包括港口和航道设施。港口一般分为沿海港口和内河港口。从功能层次角度看，全国港口可以分为主要港口、地区性重要港口和一般港口。航道一般包括内河航道和沿海航道。从功能层次角度看，全国内河航道可以分为高等级航道和其他等级航道。其中，高等级航道是可通航千吨级船舶的三级及以上航道，个别地区的航道受条件限制为可通航500吨级船舶的四级航道，是全国内河航道的核心和主干。从技术等级角度看，内河航道可以分为等级航道和等外级航道，等级航道包括一至七级航道。沿海航道是指在内海、领海中经建设、养护可以供船舶通航的通道。

### 4. 民航基础设施的构成及层次划分

民航基础设施主要是指民用机场设施。民用机场包括运输机场和通用机场。

民用运输机场从功能角度可以分为国际航空枢纽（含国际航空货运枢纽）、区域航空枢纽和非枢纽机场。国际航空枢纽是指航空作业规模大且国际航线作业规模占比较高的机场。这类机场主要满足国家对外开放的战略要求，服务国际客货运输的功能较为突出，通常占据较好的地理区位，具有完善的地面设施、发达的航线网络，是全球航空网络的重要节点。区域航空枢纽是指具有较大业务规模、国内航线覆盖广泛并具有一定国际航线功能的机场，能够满足一定区域范围内的国内航空运输需求，具有较强的空地、空空中转功能。非枢纽机场是指除枢纽机场以外，具有一定业务规模或业务规模较小，满足本地航空出行需求的机场，在全国民用运输机场网络中起毛细血管或末梢作用。

通用机场是使用民用航空器从事公共航空运输以外民用航空活动的机场，根据是否对公众开放分为 A 类和 B 类。其中，A 类通用机场根据航空器搭载的乘客数量不同分为 A1、A2 和 A3 三级。

**5. 管道基础设施的构成及层次划分**

根据《中华人民共和国石油天然气管道保护法》《石油天然气管道保护条例》等，管道基础设施由输送石油（包括原油、成品油）、天然气（含煤层气）的管道及其附属设施构成。

## （二）国家综合立体交通网主骨架的层次划分

《国家综合立体交通网规划纲要》提出了"加快建设高效率国家综合立体交通网主骨架"的要求。国家综合立体交通网主骨架由国家综合立体交通网中最为关键的线网构成，是我国区域间、城市群间、省际以及连通国际运输的主动脉，是支撑国土空间开发保护的主轴线，也是各种运输方式资源配置效率最高、运输强度最大的骨干网络。

国家综合立体交通网主骨架理论是对传统综合运输通道理论的继承与发展。综合运输通道的概念产生于 20 世纪 60 年代。美国交通工程专家对综合运输通道的解释为"在湖、河流、溪谷、山脉等自然资源分布，社会经济活动模式及政治等因素的影响下而形成的客货流密集地带，通常由多种运输方式提供服务"。国内有文献将综合运输通道定义为"综合交通网上，在跨地区客货流集中的方向，由两种或两种以上运输方式组成的承担大量客货运输任务的运输走廊"。

综合运输通道的概念在我国以往几轮综合交通运输体系规划中发挥了重要作用。《国家综合立体交通网规划纲要》之所以提出"主轴""走廊""通道"等创新性概念，主要是为了适应新时代新阶段精细化高质量发展的需要。随着我国经济进入高质量发展阶段，国土空间规划日益向精细化方向发展，特别是基础设施经历大规模建设后，进入了优化存量高效利用、扩大优质增量供给的阶段。传统综合运输通道中，每条通道甚至同一通道的不同路段都可能存在需求供给量级上的差异。例如，黑河至港澳运输通道，虽然同属一条综合运输通道，但其中的黑河经齐齐哈尔、通辽、沈阳到北京段，与北京经石家庄、郑州、武汉、长沙、广州到香港（澳门）段，无论在通道复杂程度、荷载程度上，还是在重要程度上，都有明显差异。在新阶段新形势新要求下，对这些综合运输通道进行适当的功能层次划分显得非常必要。

为强化国家综合立体交通网主骨架对构建新发展格局、城乡区域协调发展、国土空间开发保护、推进新型城镇化、发展现代产业体系的支撑作用，按照国家对"19＋2"城市群发展的功能定位，依据国家区域发展战略和国土空间开发保护格局，结合未来交通运输发展和空间分布特点，我国将重点区域按照交通运输需求量级划分为三类。其中，京津冀、长三角、粤港澳大湾区和成渝4个地区为"极"，长江中游、山东半岛、海峡西岸、中原地区、哈长、辽中南、北部湾和关中平原8个地区为"组群"，呼包鄂榆、黔中、滇中、山西中部、天山北坡、兰西、宁夏沿黄、拉萨和喀什9个地区为"组团"。

在此基础上，借鉴路段重要度等基本概念，综合考虑各综合运输通道的重要程度、承载的客货运输量等各类因素，我将综合运输通道划分为三个层次。

第一个层次，主要服务于"极"与"极"之间的交通联系，服务的经济、人口最为密集，承担的交通运输量最为繁重，战略地位最为突出，复合程度最高（由两条及以上传统综合运输通道复合而成），通道构成最为复杂，为区别于一般性综合运输通道，称为"交通主轴"。未来一段时期，要加快构建6条主轴，加强京津冀、长三角、粤港澳大湾区、成渝4极之间联系，建设综合性、多通道、立体化、大容量、快速化的交通主轴，拓展4极辐射空间和交通资源配置能力，打造我国综合立体交通协同发展和国内国际交通衔接转换的关键平台，充分发挥交通主轴对促进全国区域发展南北互动、东西交融的重要作用。

第二个层次，主要服务于"极"对"组群"和"组团"的辐射作用，服务的经济、人口较为密集，承担的交通运输量较大，战略地位较为突出，复合程度较高，称为"交通走廊"。未来一段时期，要加快构建7条走廊，强化京津冀、长三角、粤港澳大湾区、成渝4极的辐射作用，加强极与组群和组团之间联系，建设京哈、京藏、大陆桥、西部陆海、沪昆、成渝昆、广昆等多方式、多通道、便捷化的交通走廊，优化完善多中心、网络化的主骨架结构。

第三个层次，主要服务于主轴与走廊之间的衔接及"组群"与"组团"之间、"组团"与"组团"之间的交通联系，服务的经济、人口及承担的交通运输量相对较少，复合程度较低，称为"交通通道"。未来一段时期，要加快构建8条通道，强化主轴与走廊之间的衔接协调，加强组群与组团之间、组团与组团之间联系，加强资源产业集聚地、重要口岸的连接覆盖，建设绥满、京延、沿边、福银、二湛、川藏、湘桂、厦蓉等交通通道，促进内外连通、通边达海，扩大中西部和东北地区网络覆盖。

## 二、综合交通基础设施空间布局的相关理论

### （一）传统理论

#### 1. 古典区位理论

古典区位理论主要有杜能的农业区位理论、韦伯的工业区位理论、廖什的市场区位理论、胡佛的区位理论等。这些理论从不同角度分析了交通对农业生产力、工业生产力的分布及对市场边界的影响。

依据19世纪的运输技术条件，杜能提出易腐货物和质量大、价值相对低、不易运输的产品应该靠近市场生产，而不易腐坏和单位质量价值较高、较易运输的产品则可远离市场生产，从而形成"杜能环"。运输条件决定生产力布局，运输条件改变，则生产力布局也要发生改变。

韦伯工业区位理论的核心是通过分析运输费用、劳动力费用和生产集聚力三个因素的相互作用，找出生产成本最低的点作为工业企业的理想区位。其中，运费对基本区位起着决定作用。当考虑劳动力费用时，被运费决定的工业区位就发生第一次"变形"，即选择生产地点时有可能放弃运费最低的地点而移向劳动力费用较低的位置，条件是在劳动力上节省的费用大于在原料和产品上追加的运费。当考虑集聚因素的作用时，被运费和劳动力费用决定的工业区位会发生第二次"变形"，即如果一个地点由于集聚所节约的费用大于因偏离运费和劳动力费用最低的位置而需追加的费用，则在该地点组织生产就是合理的。

廖什市场区位理论认为应从总体均衡的角度揭示整个系统的

配置问题。廖什等认为生产者的目标应该是谋求最大利润,而最小吨公里、最低成本的区位往往不一定能保证最大利润。因此,应对成本、收入和利润加以综合考虑,选择市场范围最大的区位。

胡佛对韦伯工业区位理论中的运费计算方法作了重大改进。他指出,运费并不与距离严格成正比,因为运费包括终点费用和运行费用两部分,前者并不随距离增加而增加,所以单位运费是递远递减的,总运费是一条增长逐渐放缓的曲线而不是直线。在此基础上,他提出了运费最小区位分析方法,将情况分为三种:原料在加工中损失量较多的,生产力宜布局在原料产地;原料在加工中增重的,生产力宜布局在消费市场;在需要两种运输方式换装转运的情况下,应在转运集散地点尤其是在港口发展工业。

古典区位理论分析了运输系统对经济系统的重要影响,其许多思想对当今的生产力布局和运输布局依然有重要的指导作用。巴顿在分析了许多工厂的选址案例后得出结论:交通因素依然在众多的影响因素中名列前茅。至今,古典区位理论对于交通规划仍发挥着不可忽视的作用。

### 2. 区域经济学理论

区域经济学理论源于区位理论,但在研究内容、研究方法上有了重大突破。区域经济学将整个区域的生产、交换、价格和贸易融为一体,分析区域总体所面临的各种现实社会经济问题,注重人本身的发展和人与自然的协调,注重区域发展各阶段的经济空间分布和结构变化过程。区域经济学理论主要有增长极理论、点-轴开发理论、网状开发理论、圈层结构理论等。

增长极理论认为区域经济的发展主要依靠条件较好的少数地

区和少数产业带动，应把少数区位条件好的地区和少数条件好的产业培育成经济增长极，通过增长极的极化和扩散效应，影响和带动周边地区经济发展。增长极的极化效应主要表现为资金、人才、技术等生产要素向极点集聚；扩散效应主要表现为生产要素向外围转移。在发展的初级阶段，极化效应是主要的，当增长极发展到一定规模后，极化效应削弱，扩散效应加强，逐渐占据主导地位。

点-轴开发理论是增长极理论的延伸，从区域经济发展不平衡规律出发，可研究欠发达地区的发展问题。该理论十分重视"点"（即增长极）和"轴"（即交通干线）的作用，认为随着重要交通干线如铁路、公路、航线的建立，连接地区的人流和物流迅速增加，生产和运输成本降低，可形成有利的区位条件和投资环境。产业和人口向交通干线集聚，使交通干线连接地区成为经济增长点，沿线成为经济增长轴。增长点和增长轴是区域经济增长的"发动机"，是带动区域经济增长的"领头羊"。该理论十分注重地区发展的区位条件，强调交通条件对经济增长的作用。点-轴开发是一种地带开发，它对地区经济发展的推动作用要大于单纯的增长极开发。

网状开发理论是点-轴开发理论的拓展，认为在经济发展到一定水平时，一个地区形成增长极（即各类中心城镇）和增长轴（即交通干线）后，增长极和增长轴的影响范围不断扩大，在较大的区域内会形成商品、资金、技术、信息、劳动力等生产要素的流动网及交通、通信网。在此基础上，网状开发理论强调加强增长极与整个区域生产要素交流的广度和密度，促进地区经济一体化，特别是城乡一体化；同时，通过网络的外延，加强与区外其他区域经济网络的联系，在更大的空间范围内将更多的生产要素进行合理配置，促进经济全面发展。

圈层结构理论认为城市在区域经济发展中起主导作用，城市对区域经济的促进作用与空间距离成反比，区域经济应以城市为中心，以圈层状的空间分布为特点逐步向外发展。该理论把城市圈层分为内圈层、中间圈层和外圈层，各圈层有其各自的特征：内圈层即中心城区，人口和建筑密度都较高，地价较贵，以第三产业为主；中间圈层即中心城区向乡村过渡的地带，居民点密度低，建筑密度小，以第二产业为主，并积极发展地郊农业；外圈层即城市影响区，第一产业在经济中占绝对优势，是城市的水资源保护区、动力供应基地、假日休闲旅游之地。圈层结构理论已被广泛地应用于不同类型、不同性质、不同层次的空间规划实践，在日本已成为国土综合规划的重要指导思想，并发展成为大城市经济圈构造理论。

### 3. 交通区位理论

交通区位理论是从交通系统的本体特性，即运输需求产生的结构性原因和运输网络的结构性特性出发，利用系统论观点分析交通系统特征的主贡献因素，依据主贡献因素特征进行交通规划。交通区位理论从空间经济学角度为综合交通网的供给分析提供了重要视角。

交通网由交通线路及交通节点集合组成，运用交通区位论进行路网规划的重点是将未来社会对交通的需求反映到交通区位线的区划中去。

交通系统特征的主贡献因素是地理因素、社会经济因素和科技因素。地理因素主要是指地球表面山文、水文的特点及城市的分布，主要决定路网地理几何特征参数（网络地理联系特性或网络格局特性）。在时间维度上，地理因素如山文、水文是以地质史的尺度去测度的，城市区位的变化是以人类文明史的尺度去测度的，它们所决定的交通网络格局的稳定性非常高。社会经济因素主要决定路网结构特征参数（运输方式特性和线路等级特性）。社会经济因素中，产业结构是最主要的，其变化需要数十年的跨度，所以其对交通运输方式、线路重要程度和绵密程度等的影响一般也持续几十年以上的时间。科技因素主要是指技术方面的进步，主要决定路网技术特征参数（路网的效率和质量特性）。由科技因素决定的交通网络的效率和质量特性变化是最为迅速的。也就是说，在长期稳定的交通网络格局内，以各种运输方式发展变化为特征的综合交通网络结构变更，承载着科技进步推动的网络效率与质量的快速变化。

在研究复杂的经济事物时，必须突出其本体性或内源性，即分析复杂事物的本质特征。本质特征支配着现象的发生和状态的锁定，根据本体论的支配原理，我们可以揭示复杂事物的本质。而只有揭示了问题的本质，才能使问题简单化，这也正是科学所追求的目标。根据本质特征划定的交通网络格局的原理线称为交通区位线。交通区位理论的主要作用就是从交通系统的本质特征出发，寻找主要交通节点及交通线路的空间分布规律，从而找出规划范围内的交通区位线。

## （二）创新与发展——基于三位一体最优的综合交通规划理论

构建现代综合交通运输体系要以发展需求为导向，以"实现系统效率、服务水平、资源利用三位一体的系统最优化"为目标，以交通运输结构优化调整为主攻方向，以一体化融合为本质要求，以安全绿色发展为约束，以改革创新开放为内生动力，以统筹协调为重要方法，充分发挥各种运输方式的比较优势和组合效率。综合交通运输体系规划建设是一项系统工程，需要统筹兼顾多方面的目标要求。从经济角度看，要注重综合交通运输体系的系统效率，以更少的交通资源投入满足国民经济运行需求。从民生角度看，要注重综合交通运输体系的服务水平，提供安全、便捷、高效、经济的运输服务。从生态文明角度看，要注重综合交通运输体系的资源利用水平，合理控制环境和用地消耗等外部成本。与此同时，综合交通运输体系的系统效率、服务水平、资源利用水平单一目标提升存在边际效益，特别是在综合交通运输体系达到相当规模体量后，系统效率、服务水平、资源利用水平目标间会呈现出对立统一关系。这就要求综合交通运输体系规划建设必须坚持系统观念，做到统筹谋划、整体设计，实现综合交通运输体系系统效率、服务水平、资源利用水平"三位一体、一体最优、动态平衡"，即综合交通运输体系"三位一体"系统最优化。

一是坚持"三位一体"。构建综合交通运输体系应统筹提高系统效率、提升服务水平、减少资源利用，任何一方面均不可偏废。其中，提高系统效率是从政府角度出发，用最小的交通运输资源投入保障交通运输系统的有效供给。提升服务水平是从交通运输使用者角度出发，有效满足人民群众的出行需求。集约节约资源是从全社会角度出发，控制交通运输发展的外部成本。

二是坚持"一体最优"。应通过科学分配交通资源，统筹优化调整综合交通运输体系的系统效率、服务水平、资源利用水平，实现三个目标值合理增长，确保系统效率、服务水平、资源利用水平构成的目标体系处于或接近理论最优平衡状态，避免过度偏离理论最优平衡状态而造成综合交通运输体系结构性失衡或产生明显短板。

三是坚持"动态平衡"。目标体系的理论最优平衡状态是由发展需求决定的，当经济社会发展阶段以及派生的客货运输需求发生变化时，理论最优平衡状态也将随之改变。此时，应通过及时调整交通资源分配，使目标体系重新处于或接近新的理论最优平衡状态，使综合交通运输体系达到新的供需平衡。

## 第二节  我国综合交通基础设施体系的发展现状

### 一、我国综合交通基础设施体系建设取得的成就

改革开放以来，我国综合交通运输发展取得了历史性成就，用几十年时间走过了发达国家上百年的发展历程，我国已经成为名副其实的交通大国。一是综合交通基础设施网络不断完善。高速铁路营业里程、高速公路通车里程、港口万吨级及以上泊位数等均居世界第一。铁路客运周转量和货运量、公路客货运量及周转量、水路货运量及周转量位居世界第一，交通运输服务能力持续提升，有力支撑了国民经济持续快速发展。二是有力促进了国土空间开发保护和区域协调发展。高铁"四纵四横"、国家高速公路"71118"、内河航道"两横一纵两网十八线"主网络体系基本形成，贯通了全部 19 个国家级城市群和主要产业带、都市圈，极大缩短了时空距离。三是国际互联互通不断加强。港口、

机场国际航线及中欧班列连通世界主要地区。2021年,世界十大集装箱港口我国占据6席,民航国际定期航班开行279条,年旅客吞吐量超千万人次机场已达29个,中欧班列连通23个国家的180个城市,为我国深度参与全球贸易、全方位对外开放提供了有力支撑。

### (一)铁路运输

党的十八大以来,我国以高速铁路、西部铁路建设为重点,陆续投产建成了一大批新建铁路项目,路网规模实现快速增长。根据《2021年交通运输行业发展统计公报》,截至2021年底,我国铁路营业里程已达到15万公里(图2-1),较2012年增长了53.7%,路网密度达到156.7公里/万平方公里。

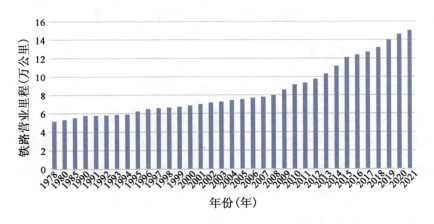

图2-1 1978—2021年我国铁路营业里程

目前,我国已拥有世界上最发达的高铁网络。根据《2021年交通运输行业发展统计公报》和国家铁路局公开数据,截至2021年底,我国高速铁路营业里程已达到4万公里(图2-2)。在"四纵四横"主通道全部贯通的基础上,我国正在进一步建设以"八纵八横"高速铁路主通道为骨架、区域性高速铁路衔接的高速铁路网。

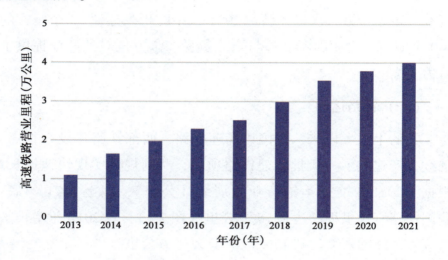

图 2-2  2013—2021 年我国高速铁路营业里程

## （二）公路运输

新中国成立七十多年以来，特别是改革开放四十多年来，我国公路交通运输发展状况发生了翻天覆地的变化，经历了从"瓶颈制约"到"初步缓解"，再到"基本适应"经济社会发展需求的重大跃升，基本形成了以高速公路为骨架、国省干线为脉络、农村公路为基础的全国公路网，发展水平显著提升。

### 1. 公路网趋于完善，发展水平显著提升

根据国务院新闻办公室发布的《中国交通运输发展》，新中国成立之初，我国交通运输面貌十分落后，全国公路通车里程仅 8.08 万公里。根据国家统计局数据，到 1978 年底，全国公路通车里程达到 89 万公里。改革开放后，我国公路总里程持续快速增长。2004 年，全国公路总里程为 193 万公里。2005 年，我国

将村道纳入公路统计范畴,当年公路总里程达到 346 万公里。2021 年,全国公路总里程达到 528.07 万公里,路网规模稳居世界前列(图 2-3)。

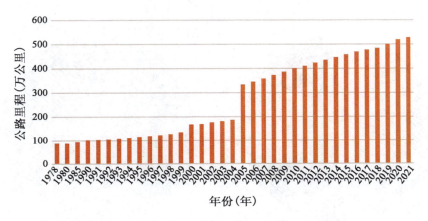

图 2-3　1978—2021 年我国公路里程发展情况

### 2. 公路网结构不断优化

根据《2021 年交通运输行业发展统计公报》,截至 2021 年底,按行政等级划分,全国国道里程 37.54 万公里,省道里程 38.75 万公里,县道里程 67.95 万公里,乡道里程 122.30 万公里,村道里程 256.35 万公里,分别占公路总里程的 7.2%、7.4%、13.0%、23.4% 和 49.0%。按技术等级划分,全国四级及以上等级公路里程达到 506.19 万公里,占公路总里程的 95.9%;二级及以上公路里程达到 72.36 万公里,约占公路总里程的 13.7%。2021 年全国公路网的行政等级和技术等级构成如图 2-4 所示。

### 3. 公路网覆盖水平不断提升

根据 2022 年 6 月 14 日中宣部"中国这十年"系列主题新闻发布会公开信息,截至 2021 年底,全国高速公路对 20 万以上人口城市覆盖率超过95%。根据2020年9月28日国新办新闻发布会公开信息，全国具备条件的乡镇和建制村已实现100%通硬化路，农村居民的交通出行条件显著改善。

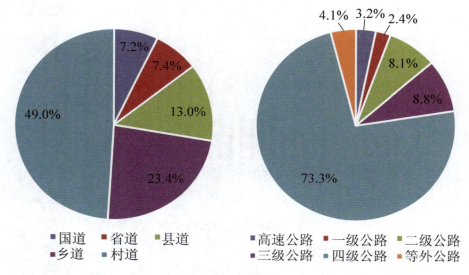

图2-4  2021年全国公路网的行政等级和技术等级构成

## （三）水路运输

### 1. 沿海港口

根据《2021年交通运输行业发展统计公报》，截至2021年底，我国沿海港口生产用码头泊位达到5419个，万吨级及以上泊位达到2207个。根据对沿海港口实际生产情况的跟踪评估，沿海港口实际通过能力总体适应发展需求。

环渤海、长三角、东南沿海、珠三角、西南沿海等区域港口群体规模化发展，在促进区域经济协调发展中发挥了重要作用。以上海、天津、宁波舟山、深圳、广州、青岛、大连等主要港口为引领，地区性重要港口和一般港口共同发展的多层次发展格局总体形成。部分主要港口运输规模大，对经济贸易影响广，发展能级不断提升，已具备较强的国际竞争力和影响力。

### 2. 内河水运

十多年来，在 2007 年交通部发布的《全国内河航道与港口布局规划》和 2011 年国务院发布的《关于加快长江等内河水运发展的意见》指导下，内河水运全面加快建设，基本建立了以"两横一纵两网十八线" 1.9 万公里高等级航道和内河主要港口为核心和骨干的基础设施体系。

一是航道条件明显改善，支撑作用不断增强。根据《2021年交通运输行业发展统计公报》，截至 2021 年底，我国内河航道通航里程达到 12.76 万公里，其中三级及以上航道通航里程 1.45 万公里。长江干线是世界上运输最繁忙的黄金水道，西江航运干线、京杭运河、长江三角洲和珠江三角洲高等级航道网成为综合运输体系的骨干，是区域协调发展的重要纽带和沿江（河）产业布局的重要依托。

二是港口结构持续优化，规模化水平逐步提高。近年来，我国重点建设了以重庆寸滩、宜昌云池、武汉阳逻、长沙霞凝、九江城西、芜湖朱家桥、南宁牛湾、贵港猫儿山等为代表的一大批规模化、现代化港区，全面开展了长江干线等非法码头专项治理，着力推进了老小散码头整合提升。根据《2021 年交通运输行业发展统计公报》，截至 2021 年底，我国内河主要港口 28 个，内河港口生产用码头泊位达到 15448 个，万吨级及以上泊位达到 452 个。

### （四）航空运输

根据《2021 年民航行业发展统计公报》，截至 2021 年底，我国境内运输机场数量达到 248 个（不含香港、澳门和台湾地区，下同），比 2012 年新增 65 个。航空运输服务已覆盖全国 92% 的地级行政区、88% 的人口和 93% 的经济总量。2021 年，我国净增通用机场 31 个，全国在册管理的通用机场数量达到 370 个。

近年来，京津冀、长三角、粤港澳大湾区、成渝等世界级机场群建设加快推进。北京、上海、广州国际航空枢纽竞争力持续提升，已成为全球航空运输网络的重要节点。一批国际航空枢纽加快建设；天津等区域航空枢纽功能显著增强；多个机场已建成以机场为核心的综合交通枢纽，实现与高铁（城际铁路）无缝衔接；依托枢纽机场规划建设的国家级临空经济示范区，日益成为推动区域经济转型升级的重要力量。

## 二、我国综合交通基础设施体系建设存在的问题

与支撑全面建设社会主义现代化国家和满足人民日益增长的美好生活需要相比，我国综合交通基础设施体系建设仍然存在不平衡、不充分、不协调等问题。

一是综合交通结构性矛盾突出。运输网络体系结构不优，部分地区交通网络覆盖不足，与周边国家互联互通不够，公路、内河航道待贯通或通而不畅等问题依然存在；部分地区对外和城际通道能力不足，局部区域轨道交通网络功能定位不准、标准层级不清等问题依然存在，供给结构有待优化；城乡间、区域间、方式间以及软硬件之间发展不平衡、不充分的问题仍较突出。

二是综合交通运输体系效率不高。基础设施衔接水平亟待提高，综合运输枢纽及其集疏运体系仍需加强，交通运输方式间、同一方式内部、城市交通与对外交通之间协调衔接不足；设施能力紧张与利用率低的现象并存，不同线路高铁能力利用率差异大，部分时段、部分地区的高速公路拥堵问题严重，部分繁忙机场面临容量饱和的问题。

三是交通运输网络设施质量与未来的经济社会发展需求不适应。部分基础设施等级偏低，普通国道三级公路占比较高，国家铁路复线率、电气化率有待提升，内河航道布局仍不完善，高等级航道占比偏低，航道网络化水平不高，内河水系间沟通不足。绿色发展理念贯彻不够，智慧型基础设施建设尚处于起步阶段等。

四是各方式统筹融合、节约集约发展不足。各交通运输方式的比较优势发挥不充分，铁路、内河水运短板突出，"宜铁则铁、宜公则公、宜水则水、宜空则空、宜管则管"的综合交通运输格局尚未形成。方式间衔接不畅，一体化综合交通枢纽总体不足，部分枢纽换乘、换装不便，集疏运体系不完善，联程联运比例偏低。土地、水域、岸线、线位、空域等资源的集约利用率不高，基础设施的立体开发程度偏低。

五是交通运输一体化发展机制亟待健全。跨地区、跨部门综合交通规划建设运营等统筹协调力度不够，土地、空域、岸线等供需矛盾突出，资源利用效率不高，信息不共享，政策不完善，标准不统一等制约因素依然存在。

# 第三节 建设布局完善、立体互联的基础设施体系的重点任务

## 一、建设现代化高质量综合立体交通网络

### (一) 建设国家综合立体交通网主骨架

"十四五"时期,要重点建设《国家综合立体交通网规划纲要》提出的"6轴7廊8通道"国家综合立体交通网主骨架,加快形成支撑国土空间开发的主轴线。建设综合性、立体化、大容量、快速化的交通主轴,构建多方式、多通道、便捷化的交通走廊,强化主轴与走廊间的协调衔接。提升京沪、沪昆、广昆、陆桥以及北京至港澳台、黑河至港澳、额济纳至广州、青岛至拉萨、厦门至喀什等通道功能,推动通道内干线铁路、高速公路、高等级航道待贯通段、瓶颈段建设,推动通道内各种运输方式资源优化配置和有机衔接。同时,要落实国家"十四五"规划部署,加强战略骨干通道建设,重点推进出疆通道建设,升级改造青藏通道,建设川藏通道,有序推进新藏、滇藏铁路前期工作,加快建设沿江高铁,畅通沿江通道,升级沿海通道,贯通沿边通道,建设西部陆海新通道。

在综合立体交通网主骨架的建设过程中,要加强通道规划建设统筹,强化与国土空间规划的衔接协调,突出由单一向综合、由平面向立体的发展要求,以通道集约、线位优化、线路共享、立体发展为主要手段,推动通道内铁路、公路等线位统筹和断面

空间整合，充分发挥通道综合效能，节约集约利用土地资源。

## （二）建设现代化铁路网

"十四五"时期，铁路运输发展处于完善网络和提升效能的关键期，要按照建设现代化铁路网的总体要求，重点完善铁路线网，优化铁路综合枢纽，强化科技创新，推动高质量发展。

一是加快完善高速铁路网。要加快形成"八纵八横"高速铁路主通道，重点建设福州至厦门、汕头至沙尾、广州至汕尾、重庆至昆明、西安至延安、赣州至深圳、贵阳至南宁、兰州至合作、重庆至涪陵、深圳至汕尾、天津至潍坊、北京至雄安至商丘、长沙至赣州等高速铁路主通道。建设沈阳至白河、白河至敦化、牡丹江至佳木斯、上海至苏州至湖州、郑州至济南、西安至十堰等区域性高铁及联络线。建设北京至唐山、北京至天津、城际铁路联络线一期、天津至北京大兴国际机场等城际铁路。

二是进一步提升普速铁路网覆盖连通水平。要统筹加快中西部地区路网建设，建设黄桶至百色、叙永至毕节、遵义至都匀等干线铁路。推进既有普速铁路通道能力紧张路段扩能提质，实施南京至芜湖、天津至蓟县、银川至黄羊湾、衡阳至柳州、邵阳至永州、永州至贺州等铁路扩能改造工程。加强边疆地区铁路网，提高革命老区、民族地区和欠发达地区铁路网络密度，支持资源丰富、人口密集区域的地方开发性铁路建设。强化专业运输通道，提升集装箱运输网络能力，拓展双层集装箱运输通道，完善北煤南运、西煤东运重载铁路布局。强化铁路基础设施互联互通，建成中老玉溪至磨憨、中缅大理至瑞丽等铁路，稳妥推进与周边国家铁路连通。加强战略骨干通道建设，推进川藏铁路雅安至林芝段、阿克苏至阿拉尔铁路、蒙自至靖西铁路等项目建设。

三是优化客运枢纽体系。要推动铁路客运枢纽多中心、分散式布局,推进高速铁路、城际铁路引入中心城区。在城市群、都市圈地区分类布局区际、区域、城际铁路场站,实现不同轨道系统功能协同、设施衔接。推动铁路与机场、公路客站等其他交通运输方式无缝衔接,强化铁路枢纽客站的公交、慢行、停车系统接驳。

四是提升货运枢纽功能。要加快推进铁水、铁海联运内陆场站和集散中心建设,加快中欧班列集结中心示范工程建设,提升主要货运枢纽集装箱揽货、堆存、集结、编组能力,完善接卸、堆场、仓储、道路等配套设施,提高集散、转运效率。加快布局铁路(高铁)快运场站,提高铁路快件装卸、分拨能力。积极发展铁路冷链物流,支持在重点铁路货运场站配备冷藏库、冷藏集装箱堆场及供电等配套基础设施。

五是推动枢纽站城融合发展。要推动铁路建设与城市发展有机协调,发挥铁路引导空间布局、加快要素流动、促进产业升级的积极作用。加强铁路规划与国土空间规划衔接,做好铁路场站周边土地预留,合理确定功能定位、开发布局和规模边界,加强地上地下空间集约利用。鼓励铁路场站周边实施公共交通主导发展(TOD)模式的综合开发,统筹铁路建设、地下空间利用、地上物业布置、市政设施和交通功能接驳。推动铁路场站与周边产业体系、市政基础设施、综合交通设施等同步建设、同步开发、同步运营。

### (三)完善公路网结构功能

"十四五"时期,公路行业要按照"补短板、优供给、强服务、增动能"的总体思路,进一步完善基础设施网络,提升运输服务品质，提高安全保障能力，强化科技创新赋能，全面推进公路建管养运协调发展。

一是加快完善高速公路网。要加快国家高速公路待贯通路段建设，优先打通由7条首都放射线、11条北南纵线、18条东西横线组成的"71118"国家高速公路主线和省际衔接路段，进一步扩大路网覆盖，强化区际衔接。推进北京至上海、北京至港澳、长春至深圳、上海至昆明、连云港至霍尔果斯等建设年代较早、技术指标较低、交通繁忙的国家高速公路路段扩容改造，合理选择建设方案，鼓励有条件路段优先采用原路扩容方案，集约节约利用通道和土地资源，优化通道能力配置。合理引导地方高速公路建设，合理控制高速公路规模和建设节奏。

二是加快普通国道贯通和提质升级。要全面推进普通国道剩余待贯通路段建设，继续推进普通国道低等级路段升级改造。围绕战略骨干通道，打通沿边国道G219和G331，完善沿海国道G228，实施川藏、新藏、滇藏等公路提质改造以及涉藏州县、南疆四地州内通外联干线通道建设，有序推进沿边国道并行线建设。持续完善革命老区、脱贫地区普通国道网络，重点支持脱贫地区以及赣闽粤原中央苏区和陕甘宁、大别山、左右江、川陕、沂蒙、福建等革命老区完善区域公路网络。在主要城市群地区，统筹推进具有城际通道功能的普通国道建设，选用合理方式推进城镇过境段、出入口路段改造，优化干线公路与城市道路衔接。加强口岸公路建设，重点建设综合运输大通道内骨干公路和口岸公路，推进出入境人员客运量、外贸货物吞吐量较大口岸的口岸公路升级改造。

三是加强养护实施力度。要加大预防养护投入力度，在年度计划中安排专门资金用于实施预防养护，根据路况衰变情况适时安排预防养护工程。加强修复养护工程方案的专业化设计，结合自然条件、交通量、养护维修历史等因素，有针对性地确定养护对策。在路面改造的同时，同步提升交通安全设施、沿线服务设施的基础状况。加强对养护工程的质量检验评定，确保养护工程实施效果。全面整合公路设施基础信息数据、技术状况数据、养护历史数据、运行环境数据等，夯实养护管理工作的数据资源基础，加强动态数据的采集更新，深化基础数据的研究分析，为养护管理提供有效支撑。

### （四）优化畅通水运网

"十四五"时期，水运行业要紧紧围绕"立足新发展阶段、贯彻新发展理念、构建新发展格局"要求，以国家高等级航道和主要港口为主体，着力向更加注重质量效益转变、一体化融合发展转变、创新驱动转变，推动高质量发展。

一是加快水运大通道扩能升级。长江干线要在上游积极推进宜宾至重庆段重点碍航水道整治、重庆至宜昌段4.5米水深航道建设，中游有序推进宜昌至武汉段航道整治，下游稳步实施安庆至南京段重点航道整治，进一步改善南京以下12.5米深水航道条件，积极推进三峡枢纽瓶颈制约疏解。西江航运干线要加快推进贵港以下3000吨级航道建设，稳步推进3000吨级航道上延至南宁，研究推进长洲枢纽船闸扩能，重点加快长洲枢纽下游碍航段航道工程整治。京杭运河要加快山东段、浙江段建设，全面推进江苏段综合整治。淮河干流要继续推进安徽段航道升级和船闸、桥梁等瓶颈节点改造，推动河南段航道提等升级，加快推进江苏段淮河出海航道建设。

二是主攻水网和支流高等级航道畅通延伸。长三角高等级航道网要重点加快未达标段航道攻坚建设，加快改造主要集装箱内河通道沿线碍航桥梁，研究建设衔接海港的河海直达通道，加快沿海港口内河疏港航道建设，加强省际航道沟通互联。珠三角高等级航道网要进一步提升崖门等出海航道及莲沙容等重点航道通航能力，提高江海联运服务水平。支流高等级航道要重点加快岷江、嘉陵江等未达标段航道整治、梯级渠化、碍航闸坝通航设施工程建设。要积极推进湘江、汉江、赣江等长江重要支流高等级航道中下游航道扩能升级。

三是稳步推动运河连通工程。要继续推进引江济淮航运工程建设。加快推进西部陆海新通道（平陆）运河工程前期论证及建设。研究推进京杭运河黄河以北段复航和津保航线论证。开展湘桂、赣粤运河前期重点问题研究论证。

四是统筹推进国境国际通航河流航道建设。要稳定国境国际通航河流航道建设、养护管理中央资金渠道和投入规模。推进黑龙江、额尔古纳河、鸭绿江、图们江等中俄、中朝国境国际通航河流航道重点碍航滩险整治。推进澜沧江、瑞丽江、红河等中老缅泰、中越国境国际通航河流航道的内通外联。加强国境国际通航河流航道养护管理，推进海事监管服务保障能力建设。

五是积极开展旅游航道试点示范。要依托长江、西江、黄河等大江大河以及大运河文化带构建集交通、观光、度假、休闲等功能于一体的旅游航道。加强新安江、瓯江、钱塘江等支流航道以及白洋淀、太湖、千岛湖、滇池等库湖区航运设施建设。支持港口城市发展水上观光休闲、城市渡运、水上公交等。

六是建设高水平港口设施。要以集装箱干线港为重点，加大既有集装箱码头智能化改造，推进天津、青岛、上海等集装箱干线港以及北部湾、东莞、洋浦等港口集装箱码头工程建设。建设黄骅、日照、宁波舟山、北部湾等港口大型铁矿石接卸码头，实施营口、烟台、青岛、日照等港口大型原油码头工程，有序推进液化天然气（LNG）码头建设。重点推进天津、日照、南通、洋山等沿海港口重要港区进出港航道、防波堤、锚地建设。统筹内河港口既有码头专业化改造和新建扩建项目，加强集装箱、煤炭、铁矿石、商品汽车等专业化码头合理集中布局。继续推进内河港口老小散码头资源整合和改建升级，实现规模化发展。

七是提升港口发展能级。要增强国际枢纽海港航线连通度，提高服务能力和辐射范围。支持大型港航企业优化内陆港布局，打造海陆双向辐射的物流枢纽，建设国际商品集散中心和大宗商品储运交易基地。推进区域港口高质量协同发展，完善以国际枢纽海港为引领，主要港口为骨干，地区性重要港口、一般港口相应发展的多层级协同发展格局。鼓励大型港航企业以国际枢纽海港为核心，以市场为导向、资本为纽带，整合相关港航资源与要素，推动区域港口群协同发展。

八是完善港口集疏运体系。要推进唐山京唐、天津东疆、青岛董家口等主要港口进港铁路建设，提高铁路集疏港能力。继续推进主要港口重要港区集疏运公路建设，基本实现具备条件的重要港区连通二级及以上公路。完善内河集疏运体系，重点加强长三角、粤港澳大湾区等地区内河集疏运航道建设，有效衔接沿海港口与内河航道，打通内河高等级航道关键瓶颈节点，构建集装箱海江（河）联运体系。

### （五）提升航空网络覆盖水平

"十四五"时期，民航运输发展处于新的历史方位，要构建完善系统完备的现代化国家综合机场体系、便捷高效的航空运输网络体系、安全可靠的生产运行保障体系"三个体系"，奋力拓展民航产业协同发展新格局、智慧民航建设新突破、资源保障能力新提升、行业治理体系和治理能力新成效"四个新局面"。

一是加快完善机场基础设施。要加快北京、上海、广州、成都等国际航空枢纽建设。规划建设珠三角枢纽（广州新）机场，推进天津、沈阳、济南、兰州等区域枢纽机场扩能改造，实施厦门、呼和浩特、大连、南通等机场迁建。建成投用湖北鄂州专业性货运枢纽机场，优化完善北京、上海、广州、深圳和郑州等综合性枢纽机场货运设施。新建一批非枢纽机场，重点布局加密中西部地区机场，实施一批非枢纽机场改扩建工程。鼓励有条件的机场增强货运功能，加强运输机场的通用航空保障能力。推进空管保障设施建设，建立空地一体的空管保障设施设备体系。

二是打造机场综合交通枢纽。要强化枢纽机场与干线铁路、城际铁路、城市轨道交通、高（快）速路等有机衔接，优化货运机场集疏运体系，形成一批以机场为核心的现代化综合交通枢纽。加强枢纽站场的统筹规划，按照统一规划、统一设计、统一建设、协同管理原则，推动各种运输方式集中布局、空间共享、便捷换乘。

三是推动智慧机场建设。要以数字化、智能化、智慧化为主线，统筹存量和增量、传统和新型基础设施规划建设，积极支持国家新一代通信网络建设，加快部署智能感知终端，推进行业各项设施全面物联，打造民航智慧运行基础设施体系。建设支撑应用的行业大数据中心等信息基础设施。强化北斗系统在民航领域的应用。

### （六）构建互联互通、面向全球的交通网络

"十四五"时期，要按照开放合作、互利共赢的原则，进一步完善"一带一路"立体互联交通基础设施网络。积极推进与周边国家铁路、公路、航道、油气管道等基础设施互联互通，推进口岸铁路、口岸公路、界河航道建设。强化面向俄蒙、东南亚、南亚、中亚等重点方向的陆路运输大通道建设，支持西藏打造面向南亚开放的重要通道。进一步完善海上战略通道，谋划建设亚欧陆海贸易通道、东北陆海贸易通道，补齐沿线基础设施短板。不断提高中韩陆海联运效率，推动中欧陆海快线健康发展，扩大"丝路海运"品牌影响。升级改造中欧班列铁路口岸、后方"卡脖子"路段，加快中欧班列集结中心建设，推动中欧班列高质量发展。

## 二、构建便捷顺畅的城市（群）交通网

随着我国城市化进程的快速推进，城市群已成为引领我国经济发展的重要增长极，城市群"主体形态"的地位日益明确、作用日益突出。当前，我国主要城市群已初步形成以高速铁路、高速公路为骨干，以城际铁路、干线铁路、普通国省道等为补充的城际综合运输通道。未来一段时间，要以城市群交通一体化为重点，加快完善城市群交通网络。

一是推动综合运输通道一体化规划建设。城市群特别是相对发达的城市群内，综合运输通道发展相对较快，已进入通道资源

合理配置的关键阶段，在合理利用现有通道内既有资源的前提下，要进一步优化通道总体布局，合理配置通道各方式技术标准，促进通道资源的优化利用，有效集聚要素资源，带动沿线产业一体化布局、城镇空间一体化开发，加速新型廊道经济发展。

二是推进重点城市群轨道交通建设。要紧紧围绕疏解非首都功能，基本建成"轨道上的京津冀"。加快粤港澳大湾区城际铁路建设，形成"轴带支撑、极轴放射"的多层次轨道交通网络。促进长三角轨道交通互联互通，打造1~1.5小时城际交通圈。有序推进成渝、山东半岛等区域城际铁路骨干通道建设，依托既有路网提升其他城市群城际通道运输能力。在京津冀、长三角、粤港澳大湾区和成渝地区双城经济圈等重点区域，推进干线铁路、城际铁路、市域（郊）铁路、城市轨道交通"四网融合"发展，强化与高速、普速铁路功能互补，加快形成多层次、大容量、广覆盖、一体化的快速轨道网络。因地制宜推进城市内外轨道交通资源功能置换，优先利用既有铁路开行城际和市域（郊）列车。

三是推进干线公路与城市道路有效衔接。要加强京津冀、长三角、粤港澳大湾区和成渝地区双城经济圈等重点区域城际快速通道建设，构建高速公路环线系统，提升区域交通一体化水平。适应城市空间拓展要求，有序推进特大城市和城市群核心城市绕城高速、城市出入口路段、互通式立交等建设改造。统筹干线公路与城市道路规划，促进形成干线公路、城市快速路、主次干路和支路级配合理、布局均衡的路网体系。推进公路与城市道路规划建设统筹和管理协同，加强高速公路和普通干线公路城镇出入口路段、过境路段建设改造，促进干线公路与城市道路的有机衔接。

四是强化运输枢纽一体协同发展。要统筹城市群内港口、机场等大型门户枢纽规划布局，建立各类枢纽分工协作机制，促进城市群各类型、各层次枢纽的协调联动，实现交通资源共建共享。强化综合客运枢纽一体化衔接，按照"零距离换乘"的要求，将城市轨道、地面公交、市域（郊）铁路等设施与干线铁路、城际铁路、干线公路紧密衔接，推动主要枢纽之间快速直连通道建设。完善综合货运枢纽的一体化功能，统筹货运枢纽与产业园区等空间布局，按照货运"无缝化衔接"的要求，强化货运枢纽的集疏运功能，提高货物换装的便捷性、兼容性和安全性，做好"最后一公里"衔接配套。

五是促进交通与城镇产业协同发展。要统筹交通、产业、土地等资源要素，强化城市群交通网络布局与城市群空间结构、产业布局的协同，提升产业组织和空间组织效率。推动综合客运枢纽与周边土地综合开发，适度拓展枢纽商业、商务、会展、文化、休闲功能，完善周边关联产业配套，实现地上、地下空间集约高效利用。以综合货运枢纽支撑城市群产业空间布局，提高土地利用效率，实现劳动力、资本和技术在城市群空间上的高度聚集。

六是加快推进新型交通基础设施建设。城市群是我国经济增长格局中最具效率与潜力的区域，经济水平、综合实力相对较强，是"十四五"时期探索新型基础设施建设的重点领域。要围绕信息基础设施、融合基础设施、创新基础设施三个"新基建"主要方向，在城市群交通基础设施规划建设中同步部署新型交通基础设施。加速交通基础设施数字化改造，推进智能铁路、智慧公路、智慧港口、智慧航道、智慧机场、智慧服务区、智慧枢纽、智慧停车系统等示范应用。布局建设新一代交通通信网，推进高速公路、高速铁路、交通枢纽 5G 等新一代信息通信基站建设。完善国家综合交通运输信息平台，加快建设交通大数据中心。充分利用大城市、特大城市地下综合管廊，探索构建"管廊 + 地铁"的城市地下货运体系。

### 三、形成广覆盖的农村交通基础设施网

"十四五"时期，要巩固拓展脱贫攻坚成果，进一步完善农村交通基础设施网络，完善农村客运服务网络和快递物流配送体系，推动城乡交通运输一体化发展，缩小城乡发展差距，促进共同富裕。

一是构建便捷顺畅的农村公路网。要有序实施乡镇通三级公路建设，推进以乡镇及主要经济节点为网点，主要服务乡村地区对外沟通交流及产业经济发展的对外快速骨干公路建设，着力加强农村公路与国省干线公路、城市道路、其他运输方式衔接，提高通行能力和运行效率，促进城乡互联互通。推动交通项目更多向进村入户倾斜，推进较大人口规模自然村（组）通硬化路建设，对于交通量较小、建养条件困难、高寒高海拔、环境敏感等地区，因地制宜选用合理技术标准和路面形式。有序推进建制村通双车道公路改造、窄路基路面公路拓宽改造或错车道建设。加强通村公路和村内道路连接，灵活选用技术标准，兼顾村内主干道功能。根据需要建设交通驿站、停车休息观景点、公共停车场等普通公路沿线服务设施。

二是提高农村交通安全保障能力。要加强农村交通安全隐患排查，强化安全监管。开展安全"消危"行动，在基本消除乡道及以上行政等级公路安全隐患的基础上，推进完善农村公路安全生命防护工程。实施公路危旧桥梁改造行动，配套建设必要桥梁，加大撤渡建桥工作力度。严格落实交通安全设施与公路建设主体工程"三同时"制度。加大抢险设备和物资投入，扩大农村公路灾害保险覆盖面，及时做好灾后重建和防治工作，提升农村交通安全应急保障和防灾减灾能力。

三是完善农村公路管理体制机制。要健全以路段为基础的农村公路统计管理机制，摸清底数、动态维护、科学决策，加强农村公路路产路权保护。扎实推进农村公路管理养护体制改革，全面落实县、乡、村三级"路长制"，建立以各级公共财政投入为主、多渠道筹措为辅的农村公路养护资金保障机制，推进农村公路养护市场化改革，建立政府与市场合理分工的养护生产组织模式，提高养护专业化、机械化、规模化水平。

四是推进交通与乡村产业融合发展。要结合乡村产业布局和特色村镇建设，加强资源路、旅游路、产业路和旅游航道、便民交通码头建设，推动串联乡村主要旅游景区景点、主要产业和资源节点、中小城镇和特色村庄等公路、航道建设，鼓励农村公路与产业园区、旅游景区、乡村旅游重点村等一体开发，支持有条件的地区发展农村水路旅游客运，继续开好多站点、低票价的"慢火车"。完善重点旅游景区交通集散体系，推进通用航空与旅游融合发展。

# 第三章 构筑多层级、一体化的综合交通枢纽体系

## 第一节 综合交通枢纽体系的相关理论

### 一、多层级理论

#### (一) 综合交通枢纽体系的构成

综合交通枢纽是位于综合交通网络关键节点上的客货流转换中心,是各种运输方式高效衔接和一体化组织的主要载体。综合交通枢纽因功能空间尺度、层级规模类型不同,主要表现为枢纽集群、枢纽城市、枢纽港站三类主体形态。

综合交通枢纽体系是综合交通运输体系的核心组成部分,是以高效运输组织服务为目标,统筹枢纽港站、集疏运线网、连接系统、服务设备、信息系统等基本要素,通过科学合理的级配组

合，强化不同交通运输方式以及区域交通、城际交通、城市交通一体衔接，从而形成的综合交通衔接转换系统。

我国交通运输业已经进入交汇融合、统筹发展的新阶段。综合交通枢纽的建设发展重点也从单体港站的功能实现逐步拓展为枢纽城市系统功能、枢纽集群整体效能的提升。合理划分枢纽层级，科学开展枢纽规划，对于加快综合交通枢纽建设、构建现代化综合交通运输体系具有积极意义。为此，《交通强国建设纲要》提出要"构筑多层级、一体化的综合交通枢纽体系"，《国家综合立体交通网规划纲要》提出要"建设综合交通枢纽集群、枢纽城市及枢纽港站'三位一体'的国家综合交通枢纽系统"。

### （二）综合交通枢纽的层级划分

综合交通枢纽层级划分的意义在于指导不同层次类型的枢纽科学界定功能定位、协同推进建设发展。2021年11月，交通运输部、国家铁路局、中国民用航空局、国家邮政局、中国国家铁路集团有限公司联合印发《现代综合交通枢纽体系"十四五"发展规划》，从不同功能空间尺度上对枢纽集群、枢纽城市、枢纽港站进行了层级划分。

#### 1. 综合交通枢纽集群的层级划分

综合交通枢纽集群包括国际性综合交通枢纽集群和全国性综合交通枢纽集群。国际性综合交通枢纽集群是依托超大型城市群内高度发达的多模式一体化综合立体交通网，以国际性综合交通枢纽城市为核心，联动多个不同层级的枢纽城市，形成的空间分布相对集中、枢纽功能融合互补、运行组织协同高效的多中心、多层级、网络化的综合交通枢纽集群。全国性综合交通枢纽集群是依托国家"两横三纵"城镇化战略格局和重点城市群综合立体交通网，形成的一批辐射区域、连通全国的多中心、多层级、多节点的综合交通枢纽集群。

### 2. 综合交通枢纽城市的层级划分

综合交通枢纽城市可以分为国际性、全国性、区域性、地区性四个层次。国际性、全国性综合交通枢纽城市统称为国家综合交通枢纽城市，均为国家综合立体交通网上的关键节点。区域性、地区性综合交通枢纽城市是省、市综合立体交通网上的重要节点城市。

国家综合交通枢纽城市是国家综合立体交通网实现一体融合的空间载体，是枢纽功能建设和发挥的基本依托，是"三位一体"国家综合交通枢纽系统布局的重点。国际性综合交通枢纽城市是连接国家综合立体交通网主骨架及国际运输通道的核心节点，在国际人员交往、物流中转集散、全球资源配置等方面具有重要的组织支撑作用。全国性综合交通枢纽城市是国家综合立体交通网的关键节点，主要依托区域经济、文化和政治中心城市，在跨区域人员交流和国家战略物资的中转集散中发挥重要组织作用，在国家应急救援、系统运输组织、货物快速投递和国家物流发展等方面具有重要支撑作用。

### 3. 综合交通枢纽港站的层级划分

综合交通枢纽港站是枢纽运输组织功能具体落地的重要设施，指具体承担组织旅客或货物到发、中转、换乘换装任务的一体化设施场所。根据服务功能和范围不同，综合交通枢纽港站也可分为国际性、全国性、区域性、地区性四个层次。

《国家综合立体交通网规划纲要》明确了重点推进建设的国际性枢纽港站、全国性枢纽港站。国际性综合交通枢纽港站是支撑枢纽集群、枢纽城市实现其国际性服务功能的重要载体。全国性综合交通枢纽港站主要包括在我国境内大区域间运输组织中起到重要作用的枢纽港站，如重要的铁路场站、港口、区域航空枢纽机场、国家物流枢纽与全国性邮政处理中心。

除此之外，综合交通枢纽港站又可根据服务对象属性、枢纽自身特征不同划分为不同类型。根据服务对象不同，综合交通枢纽港站可以分为综合客运枢纽、综合货运枢纽。根据枢纽主导方式不同，综合交通枢纽可以分为铁路主导型、公路主导型、水运主导型、航空主导型四类。货运枢纽在不断融汇丰富相关物流服务功能的基础上，可发展为物流枢纽。

### （三）多层级综合交通枢纽的规划布局

#### 1. 综合交通枢纽集群的规划布局

近年来，随着我国城镇化进程的不断加快，城市间的联系不断加强，城市群交通网络化发展倾向明显。在这一发展过程中，要从系统视角重新审视城市功能与未来发展，实现城市间的分工协作与优势互补，改善交通与居住生活环境，提升城市群的经济优势以及在更大区域内的资源配置能力和综合竞争力，必须统筹考虑谋划区域内的交通衔接转换系统，也即统筹规划综合交通枢纽集群。

综合交通枢纽集群布局主要聚焦全国21个重点城市群，要以国家重大发展战略为导向，以交通运输一体化发展为依托，统筹考虑城市群经济布局、人口分布、国土集聚开发、区域协调发展等因素，根据城市群发育程度不同，遴选确定不同阶段需重点推进建设的综合交通枢纽集群。一方面，综合交通枢纽集群的布局与发展应与我国经济社会发展战略、新型城镇化发展战略、综合交通运输中长期发展战略布局相适应；另一方面，综合交通枢纽集群应具备一定的发展基础，如高度发达的综合立体交通网、转换高效的枢纽港站、不同行政区划和运输方式之间的一体化运营机制等。布局和建设综合交通枢纽集群，可以推动区域协同联动，增强高端资源要素集聚功能，提升枢纽集群对内对外辐射能力，支撑国家城市群参与全球竞争和合作。

综合交通枢纽集群规划主要考虑以下两个层面内容：一是强调集群内枢纽城市的功能定位和分工协作，通过合理划分和界定集群内不同城市的服务特征与功能、科学区分不同枢纽城市的服务规模与层级，建立与城市空间和产业体系互为支撑、良性互动的运行机制，强化城市之间的服务合作和资源共享，推动不同功能、不同层级枢纽城市错位发展和业务联动。二是强调集群内枢纽港站的统筹布局和协同服务，根据集群区域内客货换乘需求，统筹规划不同综合交通枢纽港站及单方式运输场站的数量、规模及空间布局，通过信息共享实现一体调度、协同运行、多式联运"一单制"等，促进区域内港口、机场等大型综合枢纽分工合作，实现综合交通运输资源开放共享，提高综合交通运输网络的衔接转换效率。

目前，国内外有关综合交通枢纽集群规划布局与建设的理论尚在发展之中。

## 2. 综合交通枢纽城市的规划布局

多层级综合交通枢纽体系的建设一般是以枢纽城市为核心，着力引领综合交通枢纽功能不断完善、基础设施建设系统推进、城市空间结构不断优化、与相关产业协同融合发展加快升级转型。因此，国家综合交通枢纽城市在规划布局中就重点体现了功能导向，优先考虑交通区位条件较好且在我国综合交通运输体系中运输组织功能突出的城市。国家综合交通枢纽城市的规划布局按照一定的遴选标准，在量化分析我国各节点城市交通区位条件、城市承载条件、枢纽功能条件等要素的基础上，按照"**基准集研判-概念方案-基础方案-布局方案-方案优化**"步骤展开，综合考量确定最终方案。

基准集研判步骤需考虑我国综合交通基础设施线网的存量资源与潜在需求，将我国当前国家铁路网规划、国家公路网规划、全国内河航道与港口布局规划、全国沿海港口布局规划、全国民用运输机场布局规划等国家级交通基础设施线网的中长期规划叠加起来，识别其中的交通主通道（即两种及以上运输方式并行的线路地带），将衔接两条及以上交通主通道的节点城市作为国家综合交通枢纽城市的基准集。

概念方案步骤需分析国防与政治安全、国土开发与城镇化、经济贸易发展与能源利用战略布局等长远性影响因素，选择既符合交通主通道交会条件，又在国家战略范畴内的交集城市，确定国家综合交通枢纽的概念方案。

基础方案步骤需从提高综合交通运输网络转换效率的角度分析，筛选出在我国综合交通运输网中承担重要客货运输中转、集散任务的节点城市，确定国家综合交通枢纽的基础方案。在具体指标的确定上，可参考国际经验，结合我国实际，以节点城市中各种运输方式运输量占同类方式全国总运量的比重来判定节点城市在枢纽辐射、中转与影响力上的相对重要程度。

布局方案步骤需结合国家区域协调发展战略要求，补充纳入四大经济板块中国家战略定位突出、综合运输集聚辐射作用较强的区域中心城市，作为培育型国家综合交通枢纽节点城市，从而确定国家综合交通枢纽的规划布局方案。

方案优化步骤需综合考虑节点城市的合理辐射半径与服务范围，城市群一体化、都市圈同城化发展趋势以及与综合运输通道的匹配性。对于位于同一城市群且1小时陆路交通时间内存在功能互补的枢纽，要予以功能整合，采用组合方式鼓励共建共治；对于地域相邻、同城化趋势明显且具有不同运输方式国家级枢纽功能的地区，要围绕原有枢纽城市予以功能拓展、协同共建。

**3. 综合交通枢纽港站的规划布局**

多层级综合交通枢纽体系功能实现的基本依托是枢纽港站。合理的枢纽港站规划布局应服从枢纽集群、枢纽城市的战略规划目标，符合规划区域的总体规划和生产力分布格局，满足社会经济发展的运输需求，尤其要考虑铁路、公路、水路、航空等各种运输方式间的无缝衔接要求，保障旅客联程运输、货物多式联运的连续、顺畅、高效，提高综合交通运输系统的整体效率。

综合交通枢纽港站的规划布局一般包括三个阶段：一是根据枢纽城市的性质、功能、规模、形态、交通发展定位及方向，确定规划区中综合交通枢纽港站的主要功能、性质，分析不同运输方式枢纽港站在城市内的系统布局与相互关系，以及各运输方式的功能协同与衔接关系。二是在系统效益最优的前提下，对各类枢纽港站进行总体优化，包括港站的功能、数量、位置、规模，同时对枢纽港站中不同子系统的构成、运营组织管理进行初步规划和功能设计。三是对综合交通枢纽港站基础设施建设的总体方案与实施时序进行规划，保证综合交通枢纽港站建设方案的合理性，同时做到建设进程满足发展需求。

国内外有关综合交通枢纽港站规划的理论研究相对较多，大多集中于枢纽港站的选址理论，主要研究焦点是在确定选址对象、选址目标区域、成本函数以及约束条件的前提下，以客货运输总成本最低、总服务水平最优、社会效益最大化为目标，确定客货运输系统中枢纽港站的数量、位置，从而合理规划运输网络结构。在新时期构建发展综合交通运输体系的背景下，面向更大空间尺度的多层级枢纽规划布局理论方法研究正在陆续开展。多层级枢纽规划布局的研究重点在于通过区分不同层级枢纽之间的客货流动模式和服务可用性，更好地体现不同性质客货运输对时间、距离、费用以及个性化服务的需求，从而反映不同交通模式客货流之间的差异。以上相关理论在提升综合交通系统整体效能、优化服务水平、降低运输成本、促进资源集约共享和一体化发展等方面可起到重要指导作用。目前，面向枢纽集群、枢纽城市、枢纽港站"三位一体"的多层级布局规划理论研究正在成为新的研究趋势，相关问题的解决尚需取得突破，从而形成科学合理的理论方法体系。

## 二、一体化理论

### （一）交通运输一体化

一体化概念多应用于经济学领域，最初起源于产业组织研究，具体指联合区域内若干分散企业形成一个统一的经济组织以打破贸易壁垒。近年来，一体化理论在交通运输行业得到了扩展和延伸。

交通运输一体化是区域一体化的基本内容和重要途径。随着区域一体化进程的深入，城市间经济社会联系日益密切，形成上下游产业链分工，经济功能互补性不断增强，经济规模进一步扩大，中心城市的集聚、辐射作用进一步增强，城际客货运输量不断增长，出行模式和结构也发生了变化。这一时期，迫切要求打破阻碍交通运输衔接的行政壁垒和地域歧视，降低运输成本，提高运输效率，实现跨行政区交通基础设施的对接，在制度、政策层面加强衔接协调，建立统一的市场、政策、标准等，以一体化的交通运输体系支撑生产要素的自由流动。实现交通运输一体化，对于促进跨行政区的分工合作和优势互补，优化整个区域的产业布局，缩小区域差距，提升区域整体竞争力等都具有重要作用。

交通运输一体化的内容涵盖基础设施、运营组织、政府管理等多个领域。基础设施方面，重点是做好设施的布局规划、功能协调、建设衔接，实现跨区域、跨方式的统一协调，如路网对接、港口资源整合开发利用、民航机场分工合作等；运营组织方面，强调构建有利于企业分工合作、信息共享的市场环境，破除运输市场的地域壁垒，使得交通运输一体化适应并带动区域一体化，与经济、社会、资源、环境协调发展；政府管理方面，要协调地方之间的利益，从合作共赢的角度为交通运输规划、建设、运营创造有利的政策、制度环境。

### (二) 综合交通枢纽一体化

综合交通枢纽一体化的关键在于打造无缝衔接、便捷换乘、高效换装的现代化综合交通枢纽港站，以推动不同运输方式之间运营组织与管理、客货运输服务等方面的一体化。

针对我国各运输方式客运站场各自为政、独立建设、互不衔接的问题，交通运输部早在 2008 年就提出加快发展综合客运枢纽，鼓励公路客运站按照"主动衔接"的思路，积极与铁路、水路、民航枢纽站场及城市交通方式对接，为推进该项工作，先后编制了《"十二五"综合客运枢纽建设规划》《综合客运枢纽投资项目管理办法》《综合客运枢纽工可编制指南》《货运枢纽（物流园区）工可编制指南》《综合客运枢纽设计指南》等文件。一体化的概念逐渐渗透到综合交通枢纽的规划建设中，受到社会广泛关注。

未来，综合交通枢纽一体化规划建设将作为提升综合运输效率的重要抓手。对此，《国家综合立体交通网规划纲要》也进一步明确了推进综合交通枢纽一体化规划建设的总体原则，即"**统一规划、统一设计、统一建设、协同管理**"。

综合交通枢纽的统一规划有利于提升枢纽建设对经济社会发展的总体效益。时间维度上，综合交通枢纽（含集疏运体系）规划应与城市国土空间规划、综合交通运输体系规划同步编制。功能维度上，综合交通枢纽规划方案应有助于改善城市空间结构、促进土地利用开发、整合综合交通运输网络、优化城市综合交通运输系统、满足客货运输转换需求。空间维度上，综合交通枢纽规划方案应与各级城市总体规划、综合运输体系规划和城市综合交通系统规划衔接平衡。

综合交通枢纽的统一设计和统一建设有助于综合客运枢纽换乘服务的改善提升以及货运枢纽换装服务和多式联运功能的完善。时间维度上，应分别由统一的设计、施工责任主体负责综合交通枢纽方案设计和施工组织，实现综合交通枢纽各类设施同期设计、同期建成；同步开展综合交通枢纽方案设计和周边用地控制性详细规划编制，实现综合交通枢纽建设和周边用地开发互动协调。功能维度上，综合交通枢纽建设方案应有利于形成各运输方式站场功能整合和综合集成、各运输方式设施设备和运输作业有效衔接、集约节约利用资源。客运导向标识和信息服务等辅助设施应统一、连续，票务、安检、候车、服务、问询、商业等服务设施应共享共用，货物多式联运应确保经营者能够完成从报关、报验、签发提单、各式运输组织到货物交货全过程的通畅运作。空间维度上，综合交通枢纽建设方案应突出总体设计理念，统一技术标准，弱化功能区域边界，尽可能实现不同交通运输线路与方式的立体衔接，缩短旅客换乘、货物换装距离。

综合交通枢纽的协同管理有利于提升客货运输服务质量和水平。时间维度上，应由统一的运营责任主体制定各运输方式调度组织、客货组织和安全应急预案等各类运营管理方案。功能维度上，综合交通枢纽的运营方案应有利于保障乘客和货物在综合交通枢纽换乘链中的安全性、完整性、连续性、便捷性，应提供综合交通枢纽"一站式"服务。空间维度上，综合交通枢纽运营管理方案应突出各环节的资源共享和运输组织衔接。对于综合客运枢纽，应实施"一次购票、一次安检、一次验票"，加强各运输方式的运力匹配、时刻对接，强化各运输方式班次、时刻、运行状态等信息资源的互联互通、实时发布。对于综合货运枢纽，应实施铁、公、水、空联运常态化、动态化统一协调管理，推进各枢纽经济区之间的要素流动、产业链衔接和产业协调发展。

## 三、港站产城一体理论

港站产城一体反映了经济、交通与城市空间交互融合一体的美好愿望，港站产城一体理论是紧凑城市理论、公共交通主导发展模式、精明增长理论、城市触媒理论、港产城融合理论等的融汇集成。

### （一）紧凑城市理论

紧凑城市（Compact City）理论是在城市规划建设中主张以紧凑的城市形态来有效遏制城市蔓延，保护郊区开敞空间，减少能源消耗，并为人们创造多样化、充满活力的城市生活的规划理论。

建设紧凑城市是达成城市可持续发展目标的途径之一，主要表现在以下三个方面：一是环境友好。通过设置城市增长边界、总量管制、公共设施供给、盘存空地等方法，可以促进集约土地利用，保护生态绿地。通过公共交通建设与容积奖励，可以提高公交点、商业点、办公区的土地利用效益，提高城市基础设施运行效率，减少交通量与交通能耗。二是社会和谐。通过保障性住宅建设、公益性服务设施奖励等措施，可以提高城市公共服务设施的公平性、可达性。三是经济发展。通过混合使用、都市更新等手段，可以塑造丰富多样的生活氛围并带动经济成长。

在综合交通枢纽建设发展中运用紧凑城市理论，应关注以下集约化要素：一是高效换乘体系。要在枢纽内部强调混合利用的设计特征，加强多模式交通系统之间的联系，尤其是公共交通和步行系统。二是集约空间布局。交通枢纽周边因人流聚集产生集聚效应，要通过交通引导土地开发，统筹考虑土地利用、建设密度和公共交通。应强调枢纽地区主要干道与外部联系的便捷性，形成以公共交通为主导的出行方式，并通过商业、办公、服务设施等各种功能的混合，提高区域的可达性，刺激人们的步行出行意愿。

### （二）公共交通主导发展模式

公共交通主导发展（TOD）模式是一种以现代化公共交通系统为导向的城市用地综合开发模式，主体形态是将住宅、办公、商业设施混合布置于一个大型的公共交通站点周围，以公共交通站点作为社区中心和综合交通枢纽，通过空间紧凑布局和交通合理组织，诱导社区内的机动化出行向非机动化出行转移。

TOD 模式在起始之初最具代表性的理论是"3D"规划原则："密度"（Density）原则，指在公共交通车站步行可达范围内强调土地的高密度开发；"多样化"（Diversity）原则，指在公共交通站点周边布局零售、商业、办公区和居住区等多种用途的用地类型；"设计"（Design）原则，强调对站点所服务的核心区域进行合理的道路及相关设施设计。此后有不同学者对 TOD 模式的规划原则进行了扩充，增加了"距离"（Distance to Transit）和"目的地可达性"（Destination Accessibility），形成了"5D"规划原则。其中，"距离"是指站点周边区域内人们到达目的地的距离，"目的地可达性"强调站点基于交通线路所形成的可达廊道范围。后续又有学者在"5D"基础上，为避免不同 TOD 模式站点地区土地开发出现同质性，增加了"差异性"（Distinction）原则，即强调站点周边地区的场所感营造和特色凸显。

在我国综合交通枢纽建设发展中，一批 TOD 模式案例已经涌现并逐步受到重视。例如，香港的公共交通担负着全港 80% 以上的客流量，倡导 TOD 模式使全香港约 45%的人口居住在距离地铁站 500 米的范围内，广泛形成了以轨道交通枢纽站点为核心的 TOD 社区。我国内地很多城市也都在积极探索 TOD 模式并取得了很好效果。

## （三）精明增长理论

精明增长（Smart Growth）理论的内涵主要包括四点：一是用足城市存量空间，减少盲目扩张。二是加强对现有社区的重建，重新开发废弃、污染工业用地以节约基础设施和公共服务成本。三是城市建设相对集中、密集组团，生活和就业单元尽量拉近距离，减少基础设施、房屋的建设和使用成本。四是提倡住宅、办公和商贸用地交错布局，都集中在城市中心紧凑发展。

精明增长是一种较为紧凑、集中、高效的发展模式。精明增长强调提高现有土地和基础设施的利用效率，降低对城市边缘未开发土地的发展压力，主要强调六条原则：用地功能强调混合利用；建筑设计强调集约紧凑；社区内部强调步行通达；交通运输方式强调步行、自行车、公共交通之间相互衔接、多样组合；强调对公共空间、自然景观、农业用地等的保护；强调对现有社区的管理和引导，帮助它们发展。

精明增长的目标是通过对现有社区的规划引导，充分发挥其基础设施的效用，提供多样化的交通运输方式和居住模式来控制城市蔓延。精明增长理论对交通系统的要求包括：提供多种交通运输方式（组合）选择，社区内可以依靠步行通行，步行和非机动车道路相对安全、独立、便捷，倡导 TOD 模式，减少长距离通勤需求，重视道路、广场文化景观的打造。

对于站城一体化的规划与设计，精明增长理论要求枢纽站域空间遵从集约紧凑的布局原则，通过对土地利用与交通规划的整合，统筹推进区域设计。对于土地利用，要求通过不同用地功能的混合开发，优化土地组合方式，提高土地利用效率，创造有助于公共交通出行和富有活力的城市生活空间。对于站域交通，要求多模式交通一体化，强调步行友好和站域出行空间的个性化打造。综上，精明增长理论强调的是枢纽站域空间的"高效"和"高质"，为解决站域空间功能单一、容积率低下、活力不高等问题提供了思路。

### （四）城市触媒理论

城市触媒（Urban Catalysts）是指能够促使城市发生变化，并能加快或改变城市发展建设速度的新元素。城市触媒理论认为某一特定触媒元素的介入可以引发某种"反应"，促进城市建设客观条件的成熟，从而推动城市按照人们的意志持续渐进地发展。其中，激发与维系城市发生"反应"的"触媒体"可能是一间旅馆、一个购物区或交通中心，也可能是博物馆、戏（剧）院或设计过的开放空间，或者是小规模的、特别的实体，如一列廊柱或一个喷水池。

城市触媒理论为大型枢纽场站发展和站域空间系统化建设提供了新理念和新思路，即以枢纽场站的建设为触媒，激活枢纽区域与周边地区发展，通过触媒效应引导城市功能结构转变。将大型枢纽场站作为特定的"触媒体"，必须构建长远发展目标，深入挖掘枢纽本身的触媒潜质，持续激发枢纽与城市要素之间的相互作用，通过强化枢纽区域建设，扩大触媒影响力度和作用范围，以良性长效的"连锁反应"促进城市的持续渐进发展。

城市触媒不仅能促进城市经济发展，还能激活和复兴城市生机活力，其作用机理是市场经济的内在规律和社会学中的带动效应。此外，在践行城市触媒理论的过程中需要予以持续的控制和指导，依靠政府约束、社会约束、环境约束所产生的集体效应引导区域未来发展方向。

### （五）港产城融合理论

港产城融合理论的实质是将可持续发展理念纳入枢纽港站建设和城市产业发展的过程，在工业化和城市化的进程中，通过枢纽港站带动产业布局的完善及产业结构的升级优化，推动城市公共服务功能的配套和完善，实现综合交通枢纽体系和城市产业间的相互融合与同步发展。

近年来，国内外经济社会逐步呈现跨领域、跨业界融合联动的发展趋势。产业融合、业态创新、信息技术提升带来的服务经济和共享经济对综合交通枢纽布局规划及运营管理提出了新的要求。进一步加强综合交通枢纽基础设施功能配套，促进综合交通枢纽与互联网、现代金融等服务业的深度融合，同时关联制造业、商贸业，形成以宜居生活为导向的港产城融合开发模式，对产业布局完善、产业结构优化和社会经济可持续发展具有重要意义。

2016年6月，国家发展改革委、交通运输部联合印发《关于推动交通提质增效提升供给服务能力的实施方案》（发改基础〔2016〕198号），提出"加快全国性、区域性综合交通枢纽建设，发展枢纽经济，强化区域联动开发。依托综合交通枢纽和城市轨道交通场站，鼓励建设城市交通综合体，充分利用地上地下空间，促进交通与商业、商务、会展、休闲等功能融合"。

结合现代综合交通运输体系的建设要求,在港产城融合理论下,综合交通枢纽的载体功能、经济动能和空间综合开发应在以下方面持续优化。

一是加快构建综合交通枢纽承载平台。以综合交通枢纽港站为中心,要强化对外客货运网络规划建设,优化综合立体交通网络结构,通过枢纽区域综合开发促进产业导入与产业投入,全面提升综合交通枢纽对分享经济、体验经济等新经济新业态新模式的承载作用。以市场需求为导向,要鼓励具有前瞻性的产业规划和商业策划,带动创新创业和小微企业发展,完善上下游产业结构,形成产业吸附和人口集聚效应。

二是加快提升枢纽经济动能。要推进综合交通枢纽城市产业聚集中心、物流服务中心和多式联运中心建设,加强各功能区之间的连接合作,完善大型机场、沿海港口、沿边口岸、高铁车站等交通枢纽的集疏运衔接配套设施和服务功能,提升枢纽区域经济效益,增强枢纽区域对外经济联系和辐射影响力,以枢纽经济动能促进经济转型升级。

三是强化枢纽空间综合开发。结合枢纽区位和区域服务职能,要合理规划综合交通枢纽空间组织和开发模式,权衡商业零售、商务办公、公寓住宅、文化、停车、医疗、教育等功能配比,通过竖向与横向差异化布局,打造"个别主导+多元支撑"的城市综合体或产业综合区。要组织构建多模式、立体化的交通网络,优化综合体和外围区域的交通衔接,以满足高强度的运输需求。可建设地下通道、步行街道、空中廊道等与建筑物紧密结合又相对独立的立体化步行网络,以提升枢纽空间内各功能区之间的通行效率,加强枢纽空间环境建设,实现地上、地下绿化景观相互渗透，形成"集约、高效、绿色"的枢纽空间综合开发模式。

从现实发展来看，我国在港产城融合理论指导下的综合交通枢纽建设已陆续开展。例如，青岛正在打造董家口经济区港产城深度融合发展新标杆：一方面，建设世界一流海洋港口，大力发展港口物流、金融贸易等高端服务业，加快港口向贸易港转变，进一步提升外贸枢纽能级，助力打造东北亚国际航运枢纽中心。另一方面，建设高品质新港城。谋划董家口科技新城开发建设，引进智慧港城综合体、上海交通大学先进材料产业园等项目，推进现代服务业和新业态建设，完善教育、医疗、商务等基础设施和公共服务配套，引进发展一批港航贸易、航运金融、中介服务类项目，增强对港口和临港产业的服务功能。

## 第二节 我国综合交通枢纽体系的发展现状

### 一、不同运输方式交通枢纽的建设情况

#### （一）铁路枢纽

伴随着我国铁路网尤其是高速铁路网的快速建设与发展，自"十一五"以来，我国铁路客货运枢纽站场的建设进程不断加快，投资力度持续加大。客运站场方面，在众多省会城市与重要中心城市涌现出了一大批以铁路客站为核心，与其他运输方式有效衔接的综合客运枢纽，如新建的太原南站、青岛北站、沈阳南站等客运枢纽工程，以及改扩建的宁波站、西宁站、福州站、杭州东站、厦门站等工程，铁路客站建设规模和数量在"十二五""十三

五"时期创历史新高。货运场站方面,"十一五"时期铁路部门就在全国规划了 18 个铁路集装箱物流中心(即中心站),包括上海、昆明、哈尔滨、广州、兰州、乌鲁木齐、天津、青岛、北京、沈阳、成都、重庆、西安、郑州、武汉、大连、宁波、深圳。"十三五"以来,中国铁路总公司又大力推进铁路物流基地布局和建设,规划建设了约 30 个一级铁路物流基地和 100 个二级铁路物流基地,覆盖全国 29 个省级行政区,以及全部 127 个国家物流枢纽承载城市,铁路货运物流设施服务水平明显提升。

## (二)公路枢纽

我国公路枢纽的大发展始于 20 世纪 80 年代末交通部提出"三主一支持"长远发展战略。在此战略的指引下,交通部组织编制了《全国公路主枢纽布局规划》,确定了全国 45 个公路主枢纽城市的布局方案,优先推进一批枢纽港站建设。"九五""十五"期间,汽车客货运站、信息配载中心、零担站、集装箱站、公铁联运站、危险物品运输场站等快速发展。2007 年,交通部制定《国家公路运输枢纽布局规划》,规划布局了 179 个国家公路运输枢纽(城市),加快推进我国公路运输客、货枢纽站场建设,站场规模能力快速增长,站场设施设备逐步完善,现代化管理技术应用水平不断提升,公路客货运输的服务水平得到明显提高,运输市场发育不断完善,基本实现了"车进站、人归点",彻底改善了"沿路等车""马路交易"等状况。在此期间,一些综合性的客货运站场开始不断涌现。近年来,随着高铁、网约车等出行方式的出现与私家车的逐步普及,以及公路运输市场的进一步开放,传统营业性公路客货运输量开始出现大幅下降。2020 年,全年公路完成营业性客运量 68.94 亿人,比上年下降 47.0%。截至 2020 年底，全国客运站总数为 44.6 万个，其中一级客运站 1007 个、二级客运站 1852 个、三级客运站 1646 个、便携车站及招呼站 44.1 万个。等级客运站中，一级客运站年平均日发班次 23.7 万次，二级客运站年平均日发班次 30.7 万次，道路客运市场集中度进一步提高。截至 2020 年底，全国纳入统计的货运站场为 1516 个，同比减少 30.1%❶，大多传统货运站已经转型为物流园区等综合类物流场站。

## （三）港口枢纽

自 20 世纪 80 年代以来，我国港口建设逐步加快，经过近 40 年的大发展，港口枢纽空间格局基本稳定，服务功能不断拓展，港口集群化发展特征逐步显现。以上海、天津、宁波舟山、深圳、广州、青岛、大连等主要港口为引领，地区性重要港口和一般港口共同发展的多层次发展格局总体形成。内河水运领域基本建立了以 36 个内河主要港口为核心的港口布局，成为区域协调发展的重要纽带和沿江（河）产业布局的重要依托。部分主要港口运输规模大，对经济贸易影响广，发展能级不断提升，具备较强的国际竞争力和区域影响力。港口在继续提升运输保障功能的同时，服务临港产业的功能得到了强化，在支撑石化、冶金和重型装备等产业布局调整中作用突出。以集装箱干线港和部分主要港口为代表，沿海港口加快推进内陆无水港等区域物流网络设施建设，现代物流、保税期货、国际贸易等现代港口功能取得了长足发展。以上海为代表的国际航运中心航运要素集聚加快，航运

---

❶ 按照《国务院关于取消和下放一批行政许可事项的决定》（国发〔2019〕6 号）相关要求，各地交通运输主管部门不再对道路货运站场经营进行许可，纳入统计的道路货运站场数量持续减少。

服务功能加快完善，航运金融业务规模不断扩大，在全球航运、物流体系中的枢纽地位不断提升。港口成为国际航运中心、自由贸易试验区、保税港区等建设的核心载体。随着港口设施由短缺向适应发生转变及配套集疏运体系的建设，港口及码头之间的竞争日趋激烈，合作也日益频繁，港口间竞合关系的演变促进了区域港口群的协同发展，长三角、珠三角、津冀沿海世界级港口群正在形成布局合理、高度关联、分工明确、发展有序的集群化运输格局。

### （四）机场枢纽

我国机场枢纽覆盖范围不断扩大，保障能力持续增强，枢纽作用日益凸显。以"平安、绿色、智慧、人文"为特征的"四型机场"建设加快推进，北京首都国际机场等一批机场率先开展了"四型机场"建设示范。京津冀、长三角、粤港澳、成渝等世界级机场群建设加快推进。北京、上海、广州国际航空枢纽竞争力持续提升，已成为全球航空运输网络的重要节点。2020年，在全球发生疫情的特殊情况下，广州白云国际机场旅客吞吐量达到4376.8万人次，在全球机场排位中位居第一。成都、昆明、深圳、重庆、西安、乌鲁木齐、哈尔滨等国际航空枢纽加快建设，天津等区域航空枢纽功能显著增强。虹桥、成都、郑州、武汉、海口、三亚等多个机场已建成以机场为核心的综合交通枢纽，实现了与高铁（城际铁路）的无缝衔接。截至2020年7月，根据国家发展改革委公开信息，我国依托枢纽机场规划建设了16个国家级临空经济示范区，通过打造高端产业集群，发挥动力引擎作用，临空经济示范区正日益成为推动区域经济转型升级的重要力量。

### (五)邮政快递枢纽

邮政快递枢纽是邮政快递与多种运输方式的交叉衔接之处,承担区域内部和区域对外的邮政快递集散和中转任务,兼具交通枢纽和物流枢纽的功能。从枢纽规模、辐射能级和功能上看,结合城市群分布特点,邮政快递枢纽可以分为全球性国际邮政快递枢纽集群、区域性国际邮政快递枢纽和全国性邮政快递枢纽。近十年间,地方政府、邮政快递企业等主导规划建设了约500个快递物流园区;近五年来,园区数量增速近30%。除上海、西藏外,快递物流园区基本实现了省级覆盖,全国快递物流园区占地总面积已超过20万亩[1]。

## 二、我国综合交通枢纽体系的发展历程

我国综合交通枢纽的发展演进大致经历了三个阶段(图3-1)。

第一阶段为20世纪80年代末至"十一五"时期,在交通部制定的"三主一支持"长远发展战略的指引下,我国交通枢纽发展进入探索起步期。为尽快提供适应国民经济发展需要的运输能力,交通行业在这一阶段加快推进枢纽设施建设,建设重点主要是单一方式枢纽场站,包括公路主枢纽、水运主枢纽等。在地方的实践探索中,衔接多种交通运输方式的综合性枢纽场站开始不断涌现。

---

[1] 1亩≈666.67平方米。

# 第三章 构筑多层级、一体化的综合交通枢纽体系

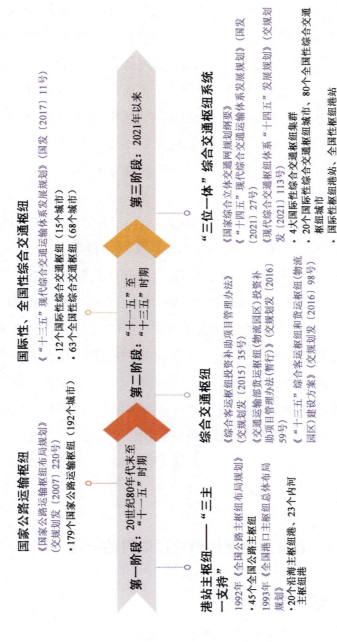

图3-1 我国综合交通枢纽的发展演进阶段

第二阶段为"十一五"至"十三五"时期，随着交通运输大部制改革的深入推进，我国综合交通枢纽发展进入加速推进期。为更好地发挥各种运输方式的综合优势和组合效应，交通运输部以综合客运枢纽、综合货运枢纽（物流园区）为抓手，编制综合交通枢纽建设规划，加大了对综合交通枢纽建设的推进力度和支持力度。这一阶段，各层级交通规划逐步开始探索以城市为载体的枢纽规划布局，建设重点开始转向多运输方式衔接的综合交通枢纽港站。

第三阶段为2021年以来，《国家综合立体交通网规划纲要》提出建设综合交通枢纽集群、枢纽城市及枢纽港站"三位一体"的国家综合交通枢纽系统，交通运输部等五部门联合印发《现代综合交通枢纽体系"十四五"发展规划》，标志着我国综合交通枢纽发展进入系统完善期。综合交通枢纽的内涵和外延不断拓展，规划建设范围和关注重点也从微观的枢纽港站层面提升到了宏观的枢纽集群、枢纽城市层面，要求强化枢纽港站间、枢纽港站与交通网络间以及枢纽港站与产业城镇间的衔接协同，实现枢纽由传统地理枢纽向功能枢纽的转变、由交通枢纽向产业链供应链枢纽的转变，从而使枢纽成为区域经济增长与城市空间格局优化的重要支撑。

## 三、我国综合交通枢纽体系建设取得的成就

### （一）综合交通枢纽集群

当前已步入规划建设阶段的枢纽集群主要是京津冀、长三角、粤港澳、成渝双城经济圈四大国际性综合交通枢纽集群。根

据《2019年民航机场生产统计公报》，2019年，四大枢纽集群的国际交往能力稳步提升，机场群国际旅客吞吐量超过1亿人次，占全国比例超过60%；港口群外贸货物吞吐量超过25亿吨，占全国比例58.28%。随着集群内部基础设施互联互通，内部运行协同水平不断提高，均已基本形成中心城市2小时交通圈覆盖枢纽集群其他城市的态势。北京、天津1小时交通圈可覆盖集群内57%的城市，2小时交通圈可覆盖集群内93%的城市；上海、南京、杭州等城市间基本实现城际客运高频次1~1.5小时快速通达；粤港澳大湾区1小时生活圈加快形成；成渝"双核"之间基本实现1小时通达。集群内部的协同体制机制也在持续完善，建立了横向联动、纵深推进的协同工作机制，重点领域合作持续深化。例如，上海、江苏、浙江、安徽正在推动长三角一体化发展领导小组的统筹指导下，依托长三角区域合作办公室，协调推进交通一体化发展。

## （二）综合交通枢纽城市

我国枢纽城市持续发展。一是国际性综合交通枢纽城市的全球服务能力进一步提升，根据相关统计，截至2019年底，20个国际性枢纽城市的机场国际旅客吞吐量超过1.2亿人次，完成国际货邮吞吐量626万吨，分别占全国总量的87%、97%；港口外贸货物吞吐量超过17.5亿吨，占全国总量的41%。二是全国性枢纽城市的总体运输规模及社会影响力也得到进一步提升，国际性全国性综合交通枢纽城市承担的客、货运量分别占全国总量的63%、68%，开行的中欧班列通达欧洲的22个国家，辐射能力持续提高。三是各级枢纽城市基础设施网络布局进一步完善，近20个国家综合交通枢纽城市开展了枢纽总体规划，80个城市编制了国家物流枢纽建设实施方案，不少区域性、地区性枢纽城市也在加快设施建设，促进资源优化配置。

### （三）综合交通枢纽港站

近年来，我国综合交通枢纽港站加快建设，服务功能日趋完善，枢纽经济发展取得了显著成效。

枢纽港站设施建设加快推进。一是综合客运枢纽换乘衔接水平不断提升。80%的新建综合客运枢纽内各运输方式的平均换乘距离均控制在200米以内，并通过换乘大厅、风雨连廊、专用通道等实现了有效衔接。兰州中川国际机场、长沙汽车南站、大连湾综合交通枢纽等实现了不同方式位于同一建筑体内的立体换乘目标，山西阳泉、江苏灌云等综合客运枢纽基本实现了铁路与公路主体建筑毗邻建设、换乘功能空间贯通。二是综合货运枢纽联运换装效率大幅提升。重庆、成都、西安、乌鲁木齐陆港型和阿拉山口陆上边境口岸型等国家物流枢纽利用铁路专用线与铁路干线、铁路货站直接连接，打通了国际联运通道，为中欧班列提供了高效的货物集拼、中转等服务。北京、杭州、威海、芜湖、衡阳等城市加快建设航空转运中心、港口物流枢纽、铁路物流基地，并通过完善联运作业平台、转运设施设备等，促进货物平均换装次数由3~5次减少到1~2次。三是枢纽集疏运体系加快完善。天津、宁波、广州、重庆、武汉等全国主要港口的核心港区疏港铁路加快建设。长江沿线16个主要港口铁路专用线全部启动建设，部分已经建成。环渤海、山东、长三角地区沿海主要港口和唐山港、黄骅港煤炭集港已全部改为铁运或水运。昆明长水国际机场、杭州萧山国际机场借助改扩建契机，加快实施高速铁路、城市轨道引入工程，推动机场与轨道交通有效连通。四是国家物流枢纽建设加快推进。2018年12月，国家发展改革委、交通运输部联合印发《国家物流枢纽布局和建设规划》（发改经贸〔2018〕1886号），提出依托127个承载城市，建设212个国家物流枢纽，打造"通道+枢纽+网络"的物流运行体系。在规划指引下，截至2022年6月，三批共推进了70个国家物流枢纽的布局建设。五是综合交通枢纽港站设施的覆盖范围进一步拓展。部分未通高铁、机场的地区通过设置高铁无轨站、城市候机楼等方式，与综合客运枢纽实现了直达运输，方便了群众出行。内陆地区通过布局内陆港和集疏运体系等方式，与港口建立了密切联系，实现了内陆货物的通江达海。

枢纽港站服务功能不断拓展。一是客运枢纽功能日益复合化。多地依托综合客运枢纽推动交通综合体建设，枢纽内商业、休闲、商务等功能逐步完善。苏州汽车客运西站、武汉汉口北商贸物流枢纽、合肥综合客运枢纽站等一批综合客运枢纽在传统交通运输功能的基础上，实现了与城市功能的紧密结合，打造形成了城市客运综合体。二是货运枢纽加快转型升级。货运枢纽集散转运、仓储配送、装卸搬运、加工集拼等基础服务能力持续增强，转运、贸易、信息、货代等业务发展迅速，通关保税、交易撮合、金融结算等增值服务功能不断拓展。以经济开发区、工业园区、商贸市场等为依托的具有货运枢纽功能的综合型物流园区近十年来加速发展，昆明南亚国际陆港物流园公铁联运港、中国西部现代物流港西部铁路物流园、中韩自贸区威海港国际集装箱多式联运服务中心等一批货运枢纽与开发区内产业联动发展，制造业、商贸服务业配套物流发展迅速。三是枢纽经济加快发展。围绕经济高质量发展，全国多地政府将发展枢纽经济作为经济转型升级的新动能和增长极，依托空港、海港、口岸等门户枢纽，以及铁路、公路场站等大力发展临空经济、临港经济、临站经济，建成了郑州航空港经济综合实验区、武汉经济技术开发区港口物流园等一批枢纽经济示范区，为我国先进制造业、现代商贸业等关联产业发展提供了坚实保障，强化了枢纽引导产业发展、促进城市开发的功能。四是国际功能日益强化。随着外向型经济的蓬勃发展，货运枢纽对外开放程度不断提升，与陆路口岸、综合保税区等海关特殊监管区相结合，我国已建成中国（杭州）跨境电子商务空港园区、北京北建通成国际物流有限公司通州口岸项目等一批国际物流载体，在为进出口货物提供仓储、国内外中转、分销和配送等基本物流服务的同时，提供报关、报检、仓储、国际采购、国际转口贸易、商品展示等服务，大大提升了国际物流服务能力，满足了国际贸易企业的物流需求。

## 四、我国综合交通枢纽体系建设存在的问题

我国综合交通枢纽发展取得了积极成效，但与全面建成人民满意、保障有力、世界前列的交通强国的发展目标相比，仍存在一些突出短板和薄弱环节。

### （一）枢纽体系资源统筹配置能力不强

综合交通枢纽体系尚不完善，国际性、全国性、区域性等不同层级枢纽城市协同效应不明显，枢纽城市辐射能级有待提升。从区域、城市整体视角及战略定位出发，统筹考虑设施布局、线网衔接、功能配套、运输组织、服务供给不足，影响了枢纽系统整体效能的发挥。

## （二）枢纽港站功能布局系统性有待增强

客货运输枢纽港站在选址及功能设计等方面缺少区域统筹，尤其货运枢纽大多为自发形成，同一区域范围内往往存在多个同质化枢纽，资源配置不合理。区域层面不同类型的枢纽港站规划管理职能归属涉及交通运输、自然资源、住建、发改、商务等多个部门，存在多头管理的现象。在枢纽规划布局、资源联络与调配等多个方面，由于缺少系统规划，不同层次、不同类型的枢纽之间缺乏联系、各自为政，难以实现协调联动发展，造成资源浪费、衔接不畅、配置不平衡等问题，影响了枢纽体系的运行效率及服务品质。

## （三）枢纽港站集约化程度与衔接水平不高

当前，我国客运枢纽的规划建设涉及铁路、公路、航空、城市交通等多种运输方式，各方式站场统筹规划、一体化发展的协调仍有障碍。综合客运枢纽中实现一体化衔接的项目占比不足30%，全天候、便捷换乘环境亟待进一步改善。货运枢纽设施功能单一，立体化、集约化程度不高，具备多式联运功能的项目占比不足30%。由于缺乏专用的换乘通道和安检互认机制，我国绝大多数机场、火车站与地铁、公路客运之间存在重复安检的问题，极大影响了旅客换乘效率与出行体验。部分货运枢纽与干线公路、干线铁路存在"最后一公里"衔接不畅、多次倒装短驳的现象，制约了货物流通效率提升。全国沿海主要港口铁路进港率超过85%，但重要港区铁路进港率不足60%，集疏运体系"邻而不接、接而不畅"的现象仍然存在。

### （四）新技术应用及信息共享有待加强

部分枢纽港站已经建立了公共信息平台，但信息资源部门化、孤岛化现象仍然存在，业务系统相对独立，信息资源开发利用程度不高、共享水平较低。铁路、民航等系统的运行相对较为独立，与公路、水路等运输方式在信息交流联通上一直未能取得突破。新技术、新装备融合应用仍未普及，相应技术标准及管控措施尚不完善。

### （五）专业化服务能力有待提升

我国大多数枢纽港站仍存在专业服务能力不强、增值服务水平不高等突出问题。客运港站仍以满足基本出行服务需求为主，对多元化、个性化需求考虑不足，依托客运枢纽拓展旅游客运、定制客运等服务功能相对较弱。传统货运枢纽与国际航运、金融、贸易等高端服务未能实现有效融合，难以满足企业高端、个性化物流需求。具有冷链、应急等专业服务功能的货运物流设施严重不足，应急物流等保障能力有限，对各类突发事件下应急物资的接收、中转、配送等仍有明显短板。

### （六）枢纽港站用地难以保障，用海、环保等刚性约束进一步加强

随着城市发展，枢纽用地供应日益紧缺，尤其是在城镇化程度高、经济较发达的东部地区，用地供需矛盾更为突出。存量用地减少和新增用地供应不足，使部分规划枢纽的用地难以得到保障。客货枢纽被迫向城市周边甚至更远地区转移，居民出行及城市配送半径扩大，不仅增加了成本，降低了流通体系的服务质量和效率，还严重影响了人民的获得感、幸福感。

# 第三节 构筑多层级、一体化的综合交通枢纽体系的重点任务

按照多层级、一体化综合交通枢纽体系的基本构成和目标要求，综合交通枢纽集群、枢纽城市、枢纽港站的布局方案与重点发展任务总结如下。

## 一、综合交通枢纽集群

《国家综合立体交通网规划纲要》明确提出"建设面向世界的京津冀、长三角、粤港澳大湾区、成渝地区双城经济圈4大国际性综合交通枢纽集群"。全国性综合交通枢纽集群主要依托全国"两横三纵"城镇化战略格局中确定的全国性城市群区域适时开展建设，主要包括长江中游、山东半岛、粤闽浙沿海、中原、关中平原、北部湾、哈长、辽中南、山西中部、黔中、滇中、呼包鄂榆、兰州—西宁、宁夏沿黄、天山北坡等枢纽集群。

综合交通枢纽集群的发展重点是提升枢纽集群对外服务水平和内部协同程度，发挥中心城市引领作用，促进集群内各城市分工协作、资源共享。

### （一）国际性综合交通枢纽集群

#### 1. 京津冀枢纽集群

根据《京津冀协同发展规划纲要》《京津冀协同发展交通一体化规划》等，京津冀城市群的整体发展定位是"以首都为核心

的世界级城市群、区域整体协同发展改革引领区、全国创新驱动经济增长新引擎、生态修复环境改善示范区"。

京津冀城市群综合交通发展重点着眼于"一核、双城、三轴、四区、多节点"总体空间布局，力求打造以首都为核心的世界级城市群交通体系，形成京津石中心城区与新城、卫星城之间的"1小时通勤圈"，京津保唐"1小时交通圈"，相邻城市间基本实现1.5小时通达。到2030年，要形成"安全、便捷、高效、绿色、经济"的一体化综合交通运输体系。

京津冀枢纽集群是依托京津冀城市群综合立体交通网，以北京、天津国际性综合交通枢纽城市为中心，联动石家庄、雄安、唐山—秦皇岛、邯郸等全国性综合交通枢纽城市，以及区域性、地区性综合交通枢纽城市的枢纽集群。京津冀枢纽集群的重点发展任务如下：一是打造国际一流的航空枢纽，形成枢纽机场为龙头、分工合作、优势互补、协调发展的世界级航空机场群。推进北京国际航空枢纽建设，加强北京首都国际机场与北京大兴国际机场在轨道交通设施、航空班次等方面的衔接，提升航空枢纽货运功能。推进天津国际航空货运枢纽建设，发挥石家庄正定国际机场比较优势。二是构建现代化的津冀港口群，推进天津北方国际航运中心建设。依托国际寄递及外贸集装箱运输网络，打造国际物流基地。拓展河北省港口临港工业、现代物流等服务功能，加强津冀港口规划建设的协调，鼓励两地港口企业跨区投资、建设、经营码头设施。三是加强石家庄、雄安等与北京国际航空枢纽、天津国际枢纽海港等高效连通。推进北京天津雄安全球性国际邮政快递枢纽集群建设。四是加快建设多节点、网格状、全覆盖的京津冀一体化综合交通网络。建设高效密集轨道交通网、打造"轨道上的京津冀"。强化干线铁路建设，规划研究相邻城市间互联互通快速通道，充分利用客运专线、普通铁路富余能力开行城际、市域（郊）列车。推进建设北京市、天津市市域（郊）铁路，适时启动石家庄市市域（郊）铁路规划工作，形成中心城市连接周边卫星城、新城的大容量、换乘顺畅的轨道交通系统。高标准高质量打造雄安新区对外交通网络。

### 2. 长三角枢纽集群

根据《长江三角洲区域一体化发展规划纲要》《长江三角洲地区交通运输更高质量一体化发展规划》等，长三角城市群的整体发展定位是"全国发展强劲活跃增长极、全国高质量发展样板区、率先基本实现现代化引领区、区域一体化发展示范区、新时代改革开放新高地"。

长三角城市群的综合交通发展目标是到2025年，基本实现基础设施互联互通，"轨道上的长三角"基本建成，省际公路通达能力进一步提升，世界级机场群体系基本形成，港口群联动协作成效显著。

长三角枢纽集群是依托长三角城市群综合立体交通网，以上海、杭州、南京国际性综合交通枢纽城市为中心，联动合肥、宁波、连云港—徐州—淮安、苏州—无锡—南通、温州、金华（义乌）、芜湖、蚌埠等全国性综合交通枢纽城市，以及区域性、地区性综合交通枢纽城市的枢纽集群。围绕打造高质量发展先行区群（包括交通强国引领示范区、交通高质量发展先行区、人民满意交通样板区）的建设目标，长三角枢纽集群的发展重点是提高枢纽集群的国际辐射能级，具体任务如下：一是合力打造世界级机场群。编制实施长三角民航协同发展战略规划，构建分工明确、功能齐全、连通顺畅的机场体系，提高区域航空国际竞争力。巩固提升上海国际航空枢纽地位，增强面向长三角、全国乃至全球的辐射能力。加快建设虹桥国际开放枢纽，提升连通国际的能力。规划建设南通新机场，成为上海国际航空枢纽的重要组成部分。优化提升杭州、南京、合肥区域航空枢纽功能，增强宁波、温州等区域航空服务能力，支持苏南硕放国际机场建设区域性枢纽机场。完善区域机场协作机制，提升区域航空服务品质。加强航空货运设施建设，加快合肥国际航空货运集散中心、淮安航空货运枢纽建设，规划建设嘉兴航空联运中心。统筹空域资源利用，促进民航、通用航空融合发展。深化低空空域管理改革，加快通用航空发展。二是协同推进港口航道建设。推动港航资源整合，优化港口布局，健全一体化发展机制，增强服务全国的能力，形成合理分工、相互协作的世界级港口群，加快建设辐射全球的长三角航运枢纽。围绕提升国际竞争力，加强沪浙杭州湾港口分工合作，以资本为纽带深化沪浙洋山开发合作，做大做强上海国际航运中心集装箱枢纽港，加快推进宁波舟山港现代化综合性港口建设。在共同抓好长江大保护的前提下，深化沪苏长江口港航合作，苏州（太仓）港建设上海港远洋集装箱运输的喂给港，发展近洋航线集装箱运输。加强沿海沿江港口江海联运合作与联动发展，鼓励各港口集团采用交叉持股等方式强化合作，推动长三角港口协同发展。加快建设长江南京以下江海联运港区、舟山江海联运服务中心、芜湖马鞍山江海联运枢纽、连云港亚欧陆海联运通道、淮河出海通道，规划建设南通通州湾长江集装箱运输新出海口、小洋山北侧集装箱码头。完善区域港口集疏运体系，推进重点港区进港铁路规划和建设。加强内河高等级航道网建设，推动长江淮河干流、京杭大运河和浙北高等级航道网集装箱运输通道建设，提高集装箱水水中转比重。三是共建轨道上的长三角。加快建设集高速铁路、普速铁路、城际铁路、市域（郊）铁路、城市轨道交通于一体的现代轨道交通运输体系，构建高品质快速轨道交通网。围绕打通沿海、沿江和省际通道，加快沪通铁路一期、商合杭铁路等在建项目建设，推动北沿江高铁、沿江高铁武合宁通道、沪通铁路二期、沪苏湖、通苏嘉甬、杭临绩、沪乍杭、合新、镇宣、宁宣黄、宁扬宁马等规划项目开工建设，推进沿淮、黄山—金华、温武吉铁路、安康（襄阳）—合肥、沪甬、甬台温福、宁杭二通道的规划对接和前期工作，积极审慎开展沪杭等磁悬浮项目规划研究。以都市圈同城化通勤为目标，加快推进城际铁路网建设，推动市域铁路向周边中小城市延伸，率先在都市圈实现公交化客运服务。支持高铁快递、电商快递班列发展。四是完善区域综合运输通道格局，发挥江海陆空组合优势，强化京沪、沿江、沿海等国家综合运输通道对内对外沟通与辐射能力。强化关键跨江跨海湾通道补短板建设，加快对外交通、城际交通、都市圈交通高效衔接和有机融合。加快省际高速公路建设，对高峰时段拥堵严重的国省道干线公路实施改扩建，形成便捷通达的公路网络。加快推进宁马、合宁、京沪等高速公路改扩建，提升主要城市之间的通行效率。完善过江跨海通道布局，规划建设常泰、龙潭、苏通第二、崇海等过江通道和东海二桥、沪甬、沪舟甬等跨海通道。滚动实施打通省际待贯通路段专项行动，取消高速公路省界收费站，提升省际公路通达水平。五是强化上海、杭州、南京、合肥、宁波等城市联动发展，加强上海国际航空枢纽、国际枢纽海港与周边城市地面交通高效连通。积极推进上海南京杭州全球性国际邮政快递枢纽集群建设。

### 3. 粤港澳大湾区枢纽集群

根据《粤港澳大湾区发展规划纲要》等，粤港澳大湾区的整体发展定位是"充满活力的世界级城市群、具有全球影响力的国际科技创新中心、'一带一路'建设的重要支撑、内地与港澳深度合作示范区、宜居宜业宜游的优质生活圈"。

粤港澳大湾区的综合交通运输发展要围绕"极点带动、轴带支撑"网络化空间格局。其中，"极点带动"是发挥香港—深圳、广州—佛山、澳门—珠海强强联合的引领带动作用，深化港深、澳珠合作，加快广佛同城化建设，提升整体实力和全球影响力，引领粤港澳大湾区深度参与国际合作；"轴带支撑"是依托以高速铁路、城际铁路和高等级公路为主体的快速交通网络与港口群和机场群，构建区域经济发展轴带，形成主要城市间高效连接的网络化空间格局，并更好发挥港珠澳大桥作用，加快建设深（圳）中（山）通道、深（圳）茂（名）铁路等重要交通设施，提高珠江西岸地区发展水平，促进东西两岸协同发展。

粤港澳大湾区枢纽集群是依托粤港澳大湾区综合立体交通网，以广州、深圳、香港国际性综合交通枢纽城市为中心，联动珠海、澳门、湛江、汕头—潮州—揭阳等全国性综合交通枢纽城市，以及区域性、地区性综合交通枢纽城市的枢纽集群。围绕打造具有全球影响力枢纽集群的建设目标，粤港澳大湾区枢纽集群的发展重点是推动更高水平互联互通，具体任务如下：一是建设世界级机场群。打造广州、深圳国际航空枢纽，加强与香港、澳门机场的协同发展，促进铁路广州北站与广州白云国际机场等枢纽港站间有效衔接，规划建设珠三角枢纽（广州新）机场。以运行协同、互联互通、产业合作为重点，深化粤港澳民航合作，共同推进机场间优势互补、差异竞争、相互协作。探索建立粤港澳大湾区联合管制中心，推进大湾区机场间信息共享和协同管控。加强广州白云国际机场与珠三角枢纽（广州新）机场、深圳宝安国际机场与惠州平潭机场快速轨道交通连通，统筹机场间客货运输功能布局。二是打造世界级港口群。重点依托香港、广州、深圳集装箱干线港，提升枢纽集群的国际航运服务水平。充分发挥香港国际航运中心龙头作用，依托广东自贸区，大力发展商贸、航运金融、海事仲裁、信息服务等现代航运服务功能，加快航运要素集聚，提升粤港澳港口的全球资源配置能力。强化广州、深圳国际枢纽海港功能，带动周边港口加快发展，携手港澳共同构建优势互补、互惠共赢的港航服务体系。加大深圳港、广州港国际航线航班的覆盖广度和密度，加快构建辐射全球的国际物流网络，提升国际中转集拼水平。三是建设现代铁路客货运枢纽。实施广州、深圳铁路枢纽能级提升工程，强化广州国际铁路枢纽和深圳全国性铁路枢纽功能，统筹推进珠江口西岸铁路枢纽规划建设，形成以广州、深圳为核心，客内货外、多点到发、点线协调的粤港澳大湾区铁路枢纽集群。四是强化广州、深圳、香港、珠海、澳门等城市间交通联系，加快推进与横琴粤澳深度合作区、前海深港现代服务业合作区的基础设施互联互通，实施陆海空全方位联动，共同打造国际贸易枢纽港。推动广州深圳全球性国际邮政快递枢纽集群建设。五是完善大湾区经粤东西北至周边省区的综合运输通道，加快构建以广州、深圳为枢纽，高速公路、高速铁路和快速铁路等广东出省通道为骨干，连接泛珠三角区域和东盟国家的陆路国际大通道。以连通内地与港澳以及珠江口东西两岸为重点，构建以高速铁路、城际铁路和高等级公路为主体的城际快速交通网络，力争实现大湾区主要城市间1小时通达。

#### 4. 成渝地区双城经济圈枢纽集群

根据《成渝地区双城经济圈建设规划纲要》《成渝地区双城经济圈综合交通运输发展规划》等，成渝地区双城经济圈的整体发展定位是"具有全国影响力的重要经济中心、具有全国影响力的科技创新中心、改革开放新高地、高品质生活宜居地"。

成渝地区双城经济圈的综合交通运输发展要紧扣"两中心两地"发展定位，以打造"轨道上的双城经济圈"为重点，优化完善基础设施网络，强化成渝地区对外交通、城际交通、都市圈交通合理布局和高效衔接，全面推进设施内外连通、管理高效协同、服务一体便捷，构建安全、便捷、高效、绿色、经济的现代化综合交通运输体系。

成渝地区双城经济圈枢纽集群是依托双城经济圈综合立体交通网，以成都、重庆国际性综合交通枢纽城市为中心的枢纽集群。围绕建成实力雄厚、特色鲜明的双城经济圈目标，成渝地区双城经济圈枢纽集群的发展重点是提升集群对外连通水平，具体任务如下：一是打造国际航空门户枢纽。高质量建成成都天府国际机场，打造国际航空枢纽，实施双流国际机场扩能改造，实现天府国际机场与双流国际机场"两场一体"运营。推进重庆江北国际机场改扩建，规划研究重庆新机场建设，提升重庆国际枢纽功能。布局建设乐山、阆中、遂宁、雅安等一批支线机场，研究广安机场建设。织密国际航线网络，提高与全球主要城市之间的通达性。推动两省市机场集团交叉持股，强化城市群机场协同运营，合力打造世界级机场群。优化空域结构，提升空域资源配置使用效率。深化低空空域管理改革，加快通用航空发展。二是共建"轨道上的双城经济圈"。科学规划干线铁路、城际铁路、都市圈市域（郊）铁路和城市轨道交通，完善多层次轨道交通网络体系。规划建设川藏铁路，适时推动引入成都枢纽的天府—朝阳湖铁路项目实施。加快建设成都至西宁、重庆至昆明、成都至自贡至宜宾、重庆至黔江、郑州至万州铁路襄阳至万州段等铁路项目，规划建设重庆至万州、成都至达州至万州、重庆至西安、重庆至宜昌、成渝中线等铁路项目，规划研究重庆至贵阳铁路，研究论证重庆至自贡至雅安铁路，拓展出渝出川客运大通道。推进叙永至毕节等铁路及铁路专用线等货运设施建设，逐步恢复沪汉蓉铁路货运功能，完善货运通道布局。研究规划重庆都市圈环线、成都外环、绵遂内等连接重庆中心城区、成都与周边城市的城际铁路和都市圈市域（郊）铁路，优先利用铁路资源开行城际、市域（郊）列车，基本建成中心城市间、中心城市与周边城市（镇）间1小时交通圈和通勤圈。有序推进重庆、成都城市轨道交通规划建设。三是完善双城经济圈公路体系。畅通对外高速公路通道，强化主要城市间快速连通，加快推进省际待贯通路段建设。提高既有路网通行能力，全面推动G318川藏公路升级改造，加快成渝、渝遂、渝泸、渝邻和成自泸赤等国家高速公路繁忙路段扩能改造，加强干线公路与城市道路有效衔接。优化城际快速路网，疏通主要节点城市进出通道，增强公路对客货运枢纽的集疏运服务能力，提升路网通达效率和安全水平。推动毗邻地区互联互通，建设重庆至合江至叙永、泸州至永川、大足至内江、铜梁至安岳、南充至潼南、大竹至垫江、开江至梁平等高速公路。四是推动长江上游航运枢纽建设。健全以长江干线为主通道、重要支流为骨架的航道网络，优化干支流水库群联合调度，研究优化长江上游分段通航标准，加快长江上游航道整治和梯级渠化，全面畅通岷江、嘉陵江、乌江、渠江等。推进利泽、白马、犍为、龙溪口、风洞子等航电枢纽建设。加强港口分工协作，构建结构合理、功能完善的港口群，打造要素集聚、功能完善的港航服务体系。组建长江上游港口联盟，加强与上海国际航运中心合作，推进港口企业加强合资合作，促进区域港口码头管理运营一体化。五是提升客货运输服务水平。推动多层次轨道交通网络运营管理衔接融合，研究建立一体化建设运营机制，推广交通"一卡通"服务和二维码"一码畅行"，加快实现运营公交化。加强机场与轨道交通衔接，完善机场集疏运体系，探索空铁联程联运新技术新模式。推进一体化综合客运枢纽和衔接高效的综合货运枢纽建设，提升枢纽运营智能化水平。推进铁路专用线进重要枢纽型港区、大型工矿企业和物流园区，加快发展铁水、公铁联运和"一单制"联运服务。支持高铁快运、电商快递班列、多式联运班列发展。

### （二）全国性综合交通枢纽集群

要依托重点城市群，培育发展一批辐射区域、连通全国的综合交通枢纽集群。

一是优化综合交通枢纽体系布局，增强中心城市核心竞争力和辐射带动能力，织密区际、城际等多层次设施服务网络，强化内外连通，提升集群中转组织作用及辐射能级。加强与国际性综合交通枢纽集群的衔接，拓展部分集群的国际服务功能。

二是提升集群内部组织协同效率，强化城市间协作与快速联系，促进城市功能互补和枢纽港站共享共用。因地制宜推动中小城市依托多层次基础设施网络，增强与中心城市的联系，构建特色鲜明、优势互补的发展格局。鼓励建立共同开发、利税共享的合作发展机制。

## 二、综合交通枢纽城市

综合交通枢纽城市包括国际性、全国性和区域性、地区性综合交通枢纽城市。

《国家综合立体交通网规划纲要》提出了建设北京、天津、上海、南京、杭州、广州、深圳、成都、重庆、沈阳、大连、哈尔滨、青岛、厦门、郑州、武汉、海口、昆明、西安、乌鲁木齐等 20 个左右国际性综合交通枢纽城市。

《国家综合立体交通网规划纲要》提出了建设 80 个左右全国性综合交通枢纽城市。《现代综合交通枢纽体系"十四五"发展规划》给出了重点建设的全国性综合交通枢纽城市名单。

区域性、地区性综合交通枢纽城市布局通常在区域、省级综合立体交通网规划中明确。例如，《成渝地区双城经济圈综合交通运输发展规划》提出了强化南充、遂宁、广安、绵阳、内江、自贡、乐山、黔江等区域性综合交通枢纽衔接带动作用，《河北省综合立体交通网规划纲要》提出了积极推进张家口、承德、廊坊、保定、沧州、衡水、邢台等 7 个区域性综合交通枢纽城市建设。

根据《现代综合交通枢纽体系"十四五"发展规划》，综合交通枢纽城市的发展应准确把握功能定位，统筹推进城市内枢纽港站及集疏运体系、连接系统合理布局与建设，强化对外交通联系及城市内外衔接，提升枢纽城市集聚辐射能力。

### （一）国际性综合交通枢纽城市

要提升北京、天津、上海、杭州、南京、广州、深圳、成都、重庆、沈阳、大连、哈尔滨、青岛、厦门、郑州、武汉、海口、昆明、西安、乌鲁木齐等20个左右国际性综合交通枢纽城市全球连通水平和辐射能级，拓展海陆空多元化交通网络，增强国际门户功能。

国际性综合交通枢纽城市建设应重点围绕提升国际人员交往、物流中转集散、全球资源配置等服务功能，具体任务如下：一是加快建设国际枢纽机场、国际枢纽海港、国际铁路枢纽场站、国际邮政快递处理中心，完善国际旅客、跨境物流中转设施，强化与境外枢纽节点的战略合作和业务联系。二是支持拓展连接世界重要机场、港口的航线网络，扩大国际铁路班列服务半径。三是鼓励建设全球转运分拨中心、国际交易中心、国际结算中心，提升全球资源要素配置能力。四是加强枢纽城市与周边产业基地、货源地、口岸节点之间联系，为实现周边区域快速接入国际运输网络创造条件。

### （二）全国性综合交通枢纽城市

要提高石家庄、太原、呼和浩特、长春、宁波、合肥、福州、南昌—九江、济南、长沙—株洲—湘潭、南宁、贵阳、拉萨、兰州、西宁、银川等枢纽城市集聚辐射能力，增强宁波、合肥、长沙等枢纽城市国际服务功能。推进唐山—秦皇岛、雄安、邯郸、大同、包头、通辽、营口、吉林、齐齐哈尔、连云港—

徐州—淮安、苏州—无锡—南通、温州、金华（义乌）、蚌埠、芜湖、泉州、赣州、上饶、烟台、潍坊、临沂、洛阳、商丘、南阳、襄阳、宜昌、黄冈—鄂州—黄石、岳阳、怀化、衡阳、珠海、湛江、汕头—揭阳—潮州、柳州、桂林、钦州—北海—防城港、三亚、攀枝花、泸州—宜宾、万州—达州—开州、广元、遵义、曲靖、大理、宝鸡、榆林、安康、酒泉—嘉峪关、格尔木、中卫、喀什、库尔勒、伊宁等枢纽城市建设，优化枢纽港站及集疏运体系、连接系统布局，提升跨区域人员交往和物资中转组织功能。鼓励和支持都市圈功能互补的城市，根据发展需求和现实条件共建组合型枢纽。

全国性综合交通枢纽城市建设应重点围绕提升跨区域人员交流和国家战略物资的中转组织集散作用，并支撑国家应急救援、系统运输组织、货物快速投递和国家物流发展等，具体任务如下：一是以服务区域重大战略和区域协调发展战略为重点，完善全国性综合交通枢纽城市运输组织功能，推进与国际性、区域性综合交通枢纽城市协同发展。二是加强全国性综合交通枢纽城市间有机联系，完善国际、区际、城际等不同层次有效衔接的服务网络，提高运输整体效率与服务水平。三是鼓励组合型综合交通枢纽城市协同联动与互联互通，发挥各自比较优势，共商、共建、共享重大枢纽设施，提升整体效益。四是以枢纽机场、枢纽海港、铁路枢纽场站等为重点，完善换乘换装功能设施和配套服务网络，增强跨区域人员交往和物资中转组织功能。

### （三）区域性、地区性综合交通枢纽城市

一是加强与国际性、全国性综合交通枢纽城市的交通联系，承接本区域内运输需求，做好"最后一公里"服务，形成错位发

展格局。

二是提升城际、城乡服务功能及区域衔接转运能力，加强与服务腹地的对接和末端辐射，更好融入国家综合立体交通网。

三是因地制宜发挥枢纽城市区位优势，增强跨区域辐射能力。

## 三、综合交通枢纽港站

《国家综合立体交通网规划纲要》提出的重点建设的国际性综合交通枢纽港站包括国际铁路枢纽和场站、国际枢纽海港、国际航空（货运）枢纽、国际邮政快递处理中心等。

国际铁路枢纽和场站方面，要在北京、上海、广州、重庆、成都、西安、郑州、武汉、长沙、乌鲁木齐、义乌、苏州、哈尔滨等城市以及满洲里、绥芬河、二连浩特、阿拉山口、霍尔果斯等口岸建设具有较强国际运输服务功能的铁路枢纽场站。

国际枢纽海港方面，要发挥上海港、大连港、天津港、青岛港、连云港港、宁波舟山港、厦门港、深圳港、广州港、北部湾港、洋浦港等国际枢纽海港作用，巩固提升上海国际航运中心地位，加快建设辐射全球的航运枢纽，推进天津北方、厦门东南、大连东北亚等国际航运中心建设。

国际航空（货运）枢纽方面，要巩固北京、上海、广州、成都、昆明、深圳、重庆、西安、乌鲁木齐、哈尔滨国际航空枢纽地位，推进郑州、天津、合肥、鄂州等国际航空货运枢纽建设。

国际邮政快递处理中心方面，要在国际邮政快递枢纽城市和口岸城市，依托国际航空枢纽、国际铁路枢纽、国际枢纽海港、公路口岸等建设 40 个左右国际邮政快递处理中心。

全国性综合交通枢纽港站主要包括：铁路客运枢纽 80 个左右，铁路货运枢纽 35 个左右；沿海主要港口（含国际枢纽海港）28 个，内河主要港口 36 个；区域航空枢纽机场 40 个左右；国家物流枢纽 100 个左右；全国邮政快递处理中心 240 个左右。

综合交通枢纽港站建设应按照"统一规划、统一设计、统一建设、协同管理"原则，发挥主导运输方式在枢纽港站功能布局、换乘换装设施设备配置、建设管理等方面的主体作用，推进枢纽港站内各种运输方式以及枢纽港站与集疏运体系、连接系统一体融合发展。由于客、货运输差异较大，综合交通枢纽港站建设要按照综合客运枢纽、综合货运枢纽分类推进。

### （一）综合客运枢纽

对于新建综合客运枢纽，要强化铁路、水路、民航与公路、城市轨道、城市公共汽电车等功能区集中布设，按照功能空间共享、设施设备共用和便捷高效换乘要求，优化流线设计，打造全天候、多场景、一体化换乘环境。对于改扩建综合客运枢纽，要推动铁路客站、机场、客运码头向换乘更便捷的综合客运枢纽转型。要推进既有综合客运枢纽完善换乘接驳设施，优化换乘、候车、售取票、停车等功能空间布局和管理流程，强化旅客直通和中转换乘功能，有效缩短换乘距离。

要根据枢纽类型不同，突出建设重点。铁路主导型综合客运枢纽应紧凑布设轨道交通、公路客运、城市公交以及旅客换乘空间，促进不同运输方式客运站房主体建筑贴临建设、内部功能空间直接贯通，推动具备条件的枢纽实现各种运输方式主体功能位于同一建筑体内。同时，要推动枢纽交通导向标识统一、连续、一致、明晰。水运主导型综合客运枢纽应实现水运与公路客运等共享共用服务功能空间。航空主导型综合客运枢纽应统一设置交通中心，同步规划、同场建设轨道交通、公路客运、城市公交等设施，实现陆空运输无缝衔接。

### （二）综合货运枢纽

对于新建综合货运枢纽，要强化铁路、公路、水路、航空、邮政等有效衔接，加强方式间转换设施设备配置，提升设施设备现代化水平，优化不同运输方式间货物流转安检流程，推动安检互认，实现货物集中快速转运，打造高效的多式联运作业平台。对于改扩建综合货运枢纽，要推动铁路货站、公路货运站、港口、机场向具备现代物流功能的综合货运枢纽转变，通过整合物流资源、应用先进技术、拓展服务功能、完善集疏运体系等方式，提升联运转运效率。

铁路主导型、水运主导型综合货运枢纽应注重统筹布局专业化的集装箱联运转运、装卸堆存、短驳等设施设备，加强港铁协同管理，新建集装箱作业区原则上要同步规划建设进港铁路，提高多式联运效率。要完善高铁站货运配套设施及综合功能，推进高铁货运发展。航空主导型综合货运枢纽应集中布局货机站坪、货运库、航空快件处理中心、邮政快递处理中心等设施，优化作业流线，扩大货运区域进深尺度，预留拓展空间。要促进邮政快递处理中心与综合货运枢纽统一布局建设，提升枢纽寄递配套能力。要推动国家物流枢纽与综合货运枢纽统筹规划建设，加大存量资源整合优化力度，补齐铁路专用线、联运转运等设施短板。

### （三）枢纽集疏运及连接系统

对于综合客运枢纽集疏运及连接系统，要推动大型综合客运枢纽通过专用通道、高架匝道等形式便捷接入高速公路、快速路，优化枢纽出入站及周边交通组织；推动国际、区域枢纽机场、大型铁路客站等与轨道交通高效连通，强化多向衔接；鼓励通过城市轨道交通、快速公交等方式，强化主要客运站间便捷衔接；加快大型综合客运枢纽间直达轨道交通建设。

对于综合货运枢纽集疏运及连接系统，要推动完善铁路货站、公路货运站、港口、机场等集疏运铁路、公路，提升综合货运枢纽集疏运能力。根据货运物流需求，要完善综合货运枢纽等各类物流设施之间的线路连接，优化枢纽周边车辆通行管控等措施，提升设施间衔接联动水平。

## 四、综合交通枢纽高质量发展要求

新时期，国家对综合交通枢纽的建设发展提出了更高要求，必须按照高质量发展目标，把综合交通枢纽建设成为智慧枢纽、绿色枢纽、平安枢纽、人文枢纽、经济枢纽。

### （一）智慧枢纽

一是推动综合客运枢纽智慧化升级。要按照"出行即服务"理念，打造智慧综合客运枢纽，实现旅客全流程引导、无纸化出行；推动枢纽配置智能联程导航、自助行李直挂、智能标识引导等设施，发展全程电子化服务模式，推动售取票、检票、安检、登乘、换乘、停车等客运服务"一码通行"；推进5G、人脸识别等技术及全自动安检等先进装备应用。

二是加快发展智慧综合货运枢纽。要推进综合货运枢纽建设智能仓储配送、数字月台等设施，积极应用无人机、无人配送车、无人叉车、智能安检、智能拣选机器人、无人智慧闸口等先进装备；推广仓储数字管理、安全生产预警、车货自动匹配、智能调度等应用；推动取货、配送、仓储、转运、查询、保险等环节无纸化作业和相关作业单证电子化，积极推进各环节信息交换共享。

### （二）绿色枢纽

一是打造绿色综合客运枢纽。要改善综合客运枢纽城市轨道交通、城市公共汽电车、自行车等方式候乘、停靠及中转设施，提升绿色出行比例，助力国家公交都市建设和绿色出行创建行动实施；优化枢纽周边交通组织，缓解城市交通拥堵，减少车辆排放；鼓励枢纽利用太阳能、风能、地热能等可再生能源以及外墙保温、门窗隔温等措施，促进节能减排；推动枢纽配置充电桩、换电站、智慧照明、智能通风控制等设施，为新能源和清洁能源车辆使用提供便利。

二是推动综合货运枢纽绿色化发展。要发挥综合货运枢纽在运输结构调整中的重要作用，通过完善联运转运设施，加强集疏运体系建设，推进煤炭、矿石等大宗货物和中长距离运输"公转铁""公转水"；鼓励城市重点依托枢纽推进绿色货运配送示范工程创建工作，强化配送组织模式创新；推动枢纽作业机械、设施设备等加快应用新能源和清洁能源，强化能源智能供配、岸电设施等应用。

### （三）平安枢纽

一是提高综合客运枢纽安全应急管理水平。要推动综合客运枢纽建立协同应急指挥机制，加强安全风险辨识评估，完善应急预案，提升防灾减灾能力；重点关注日常客流监测、高峰客流预警、高风险领域运行，实现对枢纽运营全过程、重点区域、关键设施设备的动态管控、智能预警；增强枢纽安全应急功能，推广应用人脸识别、座席监测、体感监测系统等设施设备，提升枢纽应急保障服务能力。

二是提高综合货运枢纽安全应急管理水平。要完善综合货运枢纽业务操作规程、安全管理规则及应急预案，探索建立第三方安全风险评估制度；以重大危险源、危险化学品存储场所和风险集中区域为重点，加强枢纽安全双重预防机制建设；推进枢纽运行主体、管理和服务机构、入驻企业、相关政府部门之间建立协同的应急联动机制，强化对易燃、易爆等危险品货物的实时、集中监管；推动区位条件好、设施设备适用、靠近应急储备物资产（销）地的枢纽完善功能，健全重点战略物资运输保障体系；贯彻国防要求，推动具备条件的枢纽完善相关功能和标准。

### （四）人文枢纽

一是提高综合客运枢纽人性化、精细化服务水平。要完善枢纽设施功能、设备配置，满足不同群体出行多样化、个性化要求；新建综合客运枢纽要合理配置无障碍设施设备和便民设施，提高特殊人群出行便利程度，创造适老化、无障碍出行环境；鼓励改扩建综合客运枢纽配置专用候车座椅、双向电梯、自动扶梯、楼梯升降机、盲道等无障碍设施设备，以及盲文标志等无障碍标识，实现连续地引导特殊人群进出枢纽主要区域。

二是增强综合货运枢纽人文化水平。要在货车司机集中的综合货运枢纽、公路货运站等区域，建设一批功能实用、经济实惠、服务便捷的"司机之家"项目，改善司机等人员从业环境，加强枢纽人文建设。

## （五）经济枢纽

一是开拓临空经济发展新空间。要依托枢纽机场，构建以航空运输为基础、航空关联产业为支撑的临空经济区；积极发展壮大航空物流、专业会展、电子商务、总部经济、国际贸易等现代服务业；引进发展航空设备研发制造及维修、电子信息、生物医药、智能制造等高端制造业；强化综合货运枢纽对国家临空经济示范区的支撑服务，促进枢纽与相关产业深度融合。

二是发展邮轮经济与临港经济。要依托邮轮港口，培育邮轮旅游市场，扩大服务腹地范围，丰富旅游产品，促进邮轮旅游生态圈的建设；拓展邮轮港口服务功能，培育邮轮设计建造、邮轮运营、配套服务等新兴产业，推进邮轮产业链发展；增强港口物流资源要素配置能力，推进国际航运中心建设，推动航运服务、现代物流、国际贸易、临港制造等产业聚集；强化港口与临港工业园、自由贸易试验区、大宗商品交易中心等联动，促进港产城融合发展。

三是培育临站经济新业态。要科学推进铁路站区及周边综合开发建设，发展现代物流、商贸、会展、电子商务等站城一体融合的临站经济；结合城镇空间格局，合理规划布局建设高铁新城、新区，培育发展高铁特色小镇；结合城市更新行动，加强既有枢纽港站提质改造，增进既有城镇发展活力；依托铁路货站、公路货运站等，促进物流、商贸、加工、制造等产业聚集，具备条件的地区打造物流特色小镇。

# 第四章 研发先进适用、完备可控的交通装备

## 第一节 现代载运工具和特种装备的相关理论

### 一、现代载运工具和特种装备的内涵

载运工具是用来改变运输对象空间位置的交通装备。特种装备是指在交通基础设施建设、运输与应急抢通保通等生产工作中使用的运输工程机械和专用车辆装备。载运工具和特种装备共同组成了交通装备体系。技术升级是交通装备的发展理念和目标方向。

#### （一）载运工具

载运工具是使运输对象空间场所移动成为可能的主要技术手

段，是实现运输的工具和载体，是交通运输的重要组成部分，是社会生产和消费中必不可少的主要组成部分。

### 1. 铁路载运工具

铁路列车（俗称火车）是铁路运输的载运工具，由铁路机车和铁路车辆组成。铁路列车具有运力大、运营费用低、运行计划性强、准时性好、耐久性强、安全性高等特点，适合规律稳定的大宗货物运输、中长距离货物运输、城市间的旅客运输和大型城市公共交通运输。

铁路机车为铁路车辆提供基本动力。由于铁路车辆大多不具备动力装置，需要把铁路车辆（客车或货车）连挂成列，由机车牵引沿着钢轨移动。铁路机车按照用途可分为客运机车、货运机车和调用机车等，按照牵引动力可分为蒸汽机车、内燃机车、电力机车、电力高速机车和磁悬浮机车等。

铁路车辆是运送旅客或货物的工具，一般通过机车牵引在线路上运行。铁路车辆按照用途可分为客车、货车和特种用途车，按照轴数可分为四轴车、六轴车和多轴车；货车按照载重量可分为50吨、60吨、75吨、90吨等多种。

城市轨道交通是指采用专用轨道导向运行的城市公共客运交通系统，包括地铁系统、轻轨系统、单轨系统、有轨电车系统、磁浮交通系统、自动导向轨道系统，以及市域快轨系统等。城市轨道交通的技术要求、投资要求和建设周期要求较高，适用于大型城市或都市圈的公共交通出行服务，是城市公共交通的骨干，具有运量大、准时、快捷、舒适、安全、污染低等优势。提高城市轨道交通服务水平，提高公共交通吸引力，进而提升城市公交出行比例，也是城市交通减排降碳的重要手段之一。

## 2. 公路载运工具

汽车是公路运输的载运工具。汽车是指由动力驱动，具有四个和四个以上车轮的非轨道承载的车辆，主要用于载运人员和（或）货物、牵引载运人员和（或）货物及其他特殊用途。根据《汽车和挂车类型的术语和定义》（GB/T 3730.1—2001），汽车可分为乘用车（主要用于载运乘客及其随身行李）和商用车辆（如客车、货车和半挂牵引车）。汽车按照动力装置类型可分为内燃机汽车和电动汽车等。除客车、货车、乘用车以外，专门承担运输或专项作业任务的车辆归类为专用汽车。

## 3. 水路载运工具

船舶是水路运输的载运工具，具有运输量大、单位运量能耗低、单位运输成本低、续航能力高等优点和可达性低、运输速度慢等不足，适用于运量大、对时效性要求不高的运输任务。

运输船舶按照用途可分为客船、货船、渡船和驳船。其中，客船按照航行区域可分为远洋客船、近海客船、沿海客船和内河客船，货船按照货运类型可分为干货船、液货船、冷藏船、全集装箱船、滚装船、载驳货船和其他货船。船舶按照动力装置可分为蒸汽动力装置船、内燃机动力装置船、核动力装置船、电力推进船和非机动船等。

## 4. 航空载运工具

飞机等航空器是航空运输的载运工具，具有速度快、不受地形限制、机动性高、舒适、安全、适用范围和用途广泛等优势，同时具有运输成本高、受天气影响大等特点，适合时效性强、运输量小、附加值高的运输任务。

飞机按照用途可分为军用飞机和民用飞机。民用飞机包括客机、货机、民用教练机、农业或林业飞机、体育运动飞机、多用途轻型飞机等。

### (二) 特种装备

特种装备主要用于保障交通基础设施建设、安全生产与应急救援、物流装卸、露天矿采等大型作业。特种装备按照使用场景可分为轨道交通特种装备、道路交通特种装备、水域作业装备和空中作业装备。

#### 1. 轨道交通特种装备

轨道交通特种装备包括轨道施工机械和轨道养护维保装备，其功能是保障铁轨铺设符合设计要求，用于轨道线路设备的定期养护和维修，保持轨道的良好状态，延长轨道线路的使用寿命，确保列车安全、平稳、快速运行。常见的轨道交通特种装备包括捣固车、动力稳定车、道砟清筛机、配砟整形车、钢轨打磨车、接触网作业车等。

#### 2. 道路交通特种装备

道路交通特种装备主要用于道路基础设施的建设与维养。常见的道路交通特种装备包括重型矿山机械、掘进机械、起重机械、混凝土机械、挖掘铲运机械、安全生产与应急救援机械、压实机械，以及除雪车等路面维护机械。

#### 3. 水域作业装备

水域作业装备可分为港口机械装备（如门式起重机、卸船机、堆料机等）、高技术船舶装备（如大型液化天然气船、极地船等）、水下机器人装备和海工装备（如深水工程勘察船、深水半潜式钻井平台等），主要用于水域物流运输、勘测检测、极地科考、基础设施建设及矿采等任务。

#### 4. 空中作业装备

空中作业装备，如无人机、地效飞行器等，具备一般航空器巡航速度高、机动性强的优点，也可弥补普通民用飞机"门到门"属性不足的缺陷，可用于"最后一公里"物流运输、紧急医疗救护、资源勘探、搜索救援、旅游观光等。

## 二、交通装备发展的相关理论

交通装备的发展是交通运输行业发展的技术基础，在社会发展、经济活动和国际交流中扮演重要角色。总体来说，客货运输装备期望具备的性能包括快速、大容量、低费用、安全可靠、环境污染小、舒适等。因此，交通装备的发展主要是以提高运载速度、运载能力、保证运行安全、提高运行与运营管理自动化水平为目标，同时要满足绿色低碳等方面的新要求。

### （一）铁路载运工具和轨道交通特种装备发展理论

#### 1. 铁路载运工具

一是高速化。自 20 世纪 50 年代开始，以日本新干线为代表的高速铁路开始出现，引发了世界范围内的"铁路革命"。

我国的高速铁路（简称高铁）定义为两类：一是既有线改造时速达到 200 公里和新建时速达到 200～250 公里的线路。在这部分线路上运营的时速不超过 250 公里的高速列车称为"动车组（D 车）"。二是新建时速达到 300～350 公里的线路。在这部分线路上运营的时速达到 300 公里及以上的高速列车称为"高速动车组（G 车）"。

相比于公路运输和航空运输，以高速铁路为载体的高铁客运为出行者提供了更快速、更舒适、成本更低的出行方式，也推动了高铁快递等新型邮件快件多式联运模式的发展。高速铁路网是我国综合立体交通网的重要组成部分。

二是高安全。社会经济的发展大大提高了客、货运输需求，铁路列车运行间隔距离越来越短，这对列车控制和信息系统的性能提出了更高要求。

列车运行控制系统是保证列车运行安全、提高运行效率十分有效的信号设备，包括机车信号设备、列车速度控制系统和地面信息发送系统。现代机车信号设备大量应用了数字信号处理技术，以全数字化系统代替传统的模拟电路，使信号信息更加稳定、可靠。列车速度控制系统是机车信号与制动机构的中间环节，采用自动限速系统进行超速防护。地面信息发送系统发送速度等级和线路参数信息，列车通过信道向控制中心传送列车速度、位置等信息，由控制中心根据线路状况、前后车速度和距离，得出后车与前车的安全间隔、运行速度，向后车传送信息，从而达到列车速度自行控制的目的。

三是大型化。铁路运输显著的特征是运力大、运营成本低，具有非常明显的规模经济效应。大型化是提高铁路运输规模经济效应的重要手段之一。

20世纪60年代以来，铁路重载运输得到了越来越多国家的重视。普通列车由一台机车牵引，列车质量为2000～3000吨，而重载列车由一台大功率机车或几台机车牵引，列车质量可达5000吨至上万吨。在一些幅员辽阔、资源丰富、煤炭矿石等大宗货物运量占比较重的国家，发展重载运输尤为重要。

重载列车编组长、重量大，给运输组织工作和列车运行安全提出了许多设备和技术上的新要求，例如，制造大功率内燃机车和电力机车、采用新型轨下基础改进信号与通信设备、采用智慧行车调度和运营管理自动化等。

大型化可以充分发挥铁路运输在大宗货物运输中的优势，有助于推动大宗货物实现"公转铁"，深化我国运输供给侧结构性改革。

### 2. 城市轨道交通载运工具

一是多层级。城市轨道交通的发展历史与全球城市化建设、城市人口增长和城市规模扩张紧密相关。我国城市轨道交通建设起步于 20 世纪中期，在 20 世纪末期开始真正以服务城市交通为目的，21 世纪以来，则进入高速发展阶段。随着城镇化进程的不断深入，我国城市轨道交通系统逐步由城市内部扩展到城郊和都市圈，地下、地面等多种建设方式相互结合。统筹考虑出行需求和相关运营成本，城市轨道交道载运工具也呈现出多层级发展的特征，例如，轻轨、地铁等多种轨道交道载运工具合理规划，相互衔接。

二是智能化。城市轨道交通的运行系统升级与城市轨道交通的高质量发展息息相关。随着城市轨道交通网络覆盖面的逐步增大，轨道交道列车和轨道交道运行系统的智能化升级将有助于提高城市轨道交通系统的运行效率、便捷性和安全性。在全自动运行系统的指挥下，城市轨道交通的智能化运行、发车、入库等过程能够有效降低人力成本，同时促进互联网技术在轨道交通中的全面应用，有助于城市多模式出行的动态衔接。

### 3. 轨道交通特种装备

为适应铁路运输的高速化、大型化发展，轨道交通特种装备

(如捣固车等）也呈现重型化发展趋势。不同国家、不同轨道交通路段对轨道交通特种装备的技术要求存在较大差异。因此，定制化、系列化也是轨道交通特种装备的发展需求。近年来，轨道交通特种装备还展现出信息化、数字化和智能化发展趋势，以适应复杂的大型装备操作要求，改善人工效率低下的问题。

### （二）公路载运工具和道路交通特种装备发展理论

#### 1. 公路载运工具

一是智能化。汽车智能化是现代汽车的发展趋势之一，也是公路运输智能化发展的重要设备基础。汽车智能化主要是通过安装在车内或车身的摄像头、红外、雷达等感应设备的升级，实现汽车自动控制能力、自动操纵能力和信息化程度的大幅度提升。

汽车智能化技术在近年来得到了广泛应用。例如，汽车的定位系统可以显示汽车所处位置，为前方道路状态预警、行驶路线优化提供信息；驾驶员疲劳监视系统可以识别驾驶员瞌睡、醉酒等不正常状态，及时向驾驶员或运营单位发出警示，避免事故发生；智能防碰撞系统可以在汽车即将与障碍物碰撞时使汽车自行减速、制动，避免财产损失和人员伤亡；智能巡航系统可以自动控制汽车行驶速度，在一定程度上减少驾驶员的操作。除此之外，汽车的自动控制系统（如发动机电控系统、车门锁遥控系统等）的应用，也是智能化发展的重要特征。

二是环保化。交通运输是我国第三大碳排放源，其中公路运输碳排放占交通运输总碳排放的80%以上。此外，汽车尾气排放也是大气环境的主要污染源之一。汽车的节能减排一直受到人们的高度重视。

汽车节能减排的路径包括：制定更高要求的排放标准；采用更清洁的能源方式。近年来，《联合国气候变化框架公约》的签署和全球各国碳中和目标的提出，推动了以电动汽车、氢燃料电池车为代表的清洁能源车的发展。

三是高安全。相比于其他运输方式，公路运输最显著的缺点之一是其安全性不够高。提高行车安全性一直是人们研究的重要课题。

汽车的安全性可分为主动安全性和被动安全性。主动安全性是指汽车车身具有的事先预防发生安全事故的能力。提高主动安全性的方法包括采用电子控制的自动防碰撞系统、发生事故前的预警系统和防止车轮拖动产生侧滑的防抱死装置等。被动安全性是指汽车发生安全事故时，使汽车和人受到的损伤降低到最低程度的能力。提高被动安全性的方法包括安装智能型安全气囊、安全气垫及采取其他与车身结构设计相关的措施等。

四是轻量化。汽车轻量化是指在满足汽车使用功能的前提下，减小汽车质量、提高布置紧凑性、提高空间利用率。汽车的轻量化发展有助于提升汽车动力性、燃油经济性和行驶稳定性。

## 2. 道路交通特种装备

道路交通特种装备的发展与各类基础设施工程建设的要求高度相关。为了以机械代替人工，道路交通特种装备的发展往往呈现专门化特征。由于适用场景不同，道路交通特种装备的发展还呈现出小型化和重型化的两极分化趋势。为了提升装备的工作效率、降低人工操作成本、提高操作精准度、提高装备经济性，道路交通特种装备的发展也呈现智能化、多功能化趋势。此外，道路交通特种装备产品的更新换代周期较短，其发展往往是成套的、系列化的。

### （三）水路载运工具和水域作业装备发展理论

#### 1. 水路载运工具

一是大型化。船舶大型化是世界经济和贸易发展的必然结果，是航运在激烈的市场竞争中求生存、谋发展和船队结构调整的必要手段，有利于发挥水路运输的规模效应，降低运输成本，提高竞争实力。在标准化程度较高的集装箱船和规模效应较明显的油轮方面，船舶大型化趋势尤为显著。

二是专业化。随着经济建设速度不断加快和运输需求迅速增长，船舶专业化趋势逐渐凸显。以货物运输为例，传统货船的装卸搬运工艺已不能满足日益增长的运输需求，且装卸效率低、劳动强度大、船舶在港时间长、船舶周转速度低。船舶的专业化发展改进了各种运输方式之间的换装作业，简化了货物的整体运输流程，加速了船舶周转。科学技术的进步促进了港口建设、装卸设施、船舶结构、货运设备等方面的发展，为船舶专业化奠定了基础。

三是高速化。从运输效率的角度来说，提高船舶速度有利于减少航线上配备的船只数量，也可以满足货主快速送达货物的需求。然而，船舶在水中运动速度的提高受到船舶阻力特性的限制，也受到经济性等因素的影响。因此，设法减少水对船舶航行的阻力，成为高速船舶的基本设计思想之一。

在所有船舶类型中，短途客船的高速化发展较为明显。这类高速客船的船体一般由铝合金材料焊接而成，其目的在于减轻船舶自身的重量，提高装载能力。在大幅度提升船舶航速的同时，需要解决高速航行船舶自适应的稳定性问题和安全性问题。

四是自动化。船舶自动化即利用自动化装置代替人工直接操纵和管理船舶。船舶自动化技术可以分为轮机自动化、导航自动化和舾装自动化技术。定位导航系统、自动雷达标绘仪、电子海图显示与信息系统、船舶交通管理系统、船舶船岸信息一体化等技术在船舶上的广泛应用，有利于降低水路运输对人力资源、传统业态和行业架构模式的依赖，提升水路运输的安全性，提高货物装卸的效率，帮助航运业走出发展困局，引发船舶和水路运输管理模式的深刻变革。

五是绿色化。船舶对大气环境和水体的污染主要源于船舶航行过程和港口停靠、作业过程的废物排放。船舶的增加、航区的扩大、航线的加密，虽然会促进水路运输行业的发展，但必然使环境保护面临更严峻的挑战。为了保护大气环境和水环境，船舶绿色化是必然的、迫在眉睫的发展趋势。

船舶绿色化要求对船舶排放的所有废气、废液、废固进行一定的装置和设备处理，使其全面符合国际公约和国内法规的排放标准。当前，绿色船舶相关技术主要集中在三个方面：绿色船舶设计技术、绿色船舶制造技术、绿色船舶运营技术。

## 2. 水域作业装备

船舶的大型化、专业化发展与港口货物装卸装备的效率提升紧密相关。如果港口对大型、专业化船舶的装卸效率不能同步提高，船舶的在港停泊成本将随之增加，带来资源的浪费。因此，港口配套设施具有较明显的大型化、高效化发展特征。作为普通船舶的完善与补充，高技术特种船舶（包括科考船、溢油回收船、海上救助船、气体运输船等）也呈现大型化发展趋势。此外，为了提高水域作业精度，提升作业效率，实现远程、智能、自动化、快速和同步检测，需要提升水下机器人等装备的信息化和智能化水平。

### (四) 航空载运工具和空中作业装备发展理论

#### 1. 航空载运工具

一是高安全。由于运行空间的特殊性，飞机对安全性的要求极高。现代化飞机使用通信、导航、监视等方面的技术设备，通过卫星通信系统、卫星导航系统、自动监视系统、防撞警告系统和微波着陆系统等技术应用，保证飞行过程的安全平稳。

二是大型化。民用大型飞机是指起飞重量超过 100 吨的大型客货机，及其派生的加油机、海上巡逻机等。大型飞机技术是反映一个国家科技水平、工业水平和综合国力的重要指标之一，是全世界各国的"战略性产品"。大型飞机的代表包括空中客车公司的 300、330、350、380 和波音公司的 747、777、787 等。C919 是我国首款按照国际先进适航标准研制，具有完全自主知识产权的大型干线客机。

#### 2. 空中作业装备

空中作业装备在发明之初大多用于军事目的，随着技术的发展和普及，才逐渐进入民用领域。以无人机为例，其发展经历了萌芽期、发展期和蓬勃期。21 世纪以来，无人机实现了小型化、便捷化转型，稳定性也得到了改善。这些技术改进将无人机带入了民用发展阶段，并使无人机呈现智能化、个性化、精准化发展趋势，以满足紧急救援、物流配送等使用需求。

## 第二节　我国现代载运工具和特种装备的发展现状

### 一、发展概况与现有成就

现阶段，我国正处于交通运输结构持续优化、综合交通运输体系逐步构建成型的关键时期，《交通强国建设纲要》提出要"构建安全、便捷、高效、绿色、经济的综合交通运输体系"，这与载运工具和特种装备的发展密不可分。

#### （一）现代铁路载运工具和特种装备

我国从1953年开始自行设计生产铁路客运车辆，按照车长划分，有21型、22型、25型三个系列，其中25型为第三代客车，自1993年被确定为主型客车使用至今。铁路货车则经历了三次升级换代。进入20世纪90年代，我国迎来了自主研发制造高速动车组的高潮，出现了新曙光、大白鲨、蓝箭、先锋、中华之星等许多准高速动车组。2003年，铁道部确定了"引进、消化、吸收、再创新"的铁路装备发展战略。2006年8月，CRH2、CRH1先后下线，我国又引进生产了CRH3、CRH5系列动车组。2008年，CRH380A下线，这是我国首列具有自主知识产权的高速列车。2017年6月，中国标准动车组"复兴号"上线，最高运营时速达到350公里。我国铁路货车的发展历程如图4-1所示。

我国铁路交通载运工具种类齐全，功能完备，常见的有传统列车、高速动车组、地铁列车、轻轨列车和有轨电车，按照用途可以分为旅客和货物载运工具。

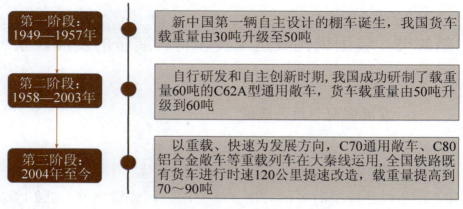

图 4-1 我国铁路货车的发展历程

我国铁路载运工具发展已经在重载和高速、自主知识产权、智能化、电气化和环保化等方面取得了巨大成就。在货运方面，现在有载重量 70~90 吨级的各型货车，还有 1 万~2 万吨的重载运输列车。在客运方面，经过六次大提速，以及和谐、复兴系列动车组的全面应用，我国客运铁路目前已覆盖时速 120~350 公里的各个速度等级。

在铁路交通特种装备领域，轨道养护维保装备是铁路交通特种装备的主要组成部分。我国已系统掌握了清筛机、捣固车、稳定车、打磨车、路基处理车、移动焊轨车、配砟整形车、重型轨道车等的关键技术，主型养路机械设备国产化率已超过九成。

### （二）现代公路载运工具和特种装备

我国各类公路交通载运工具的发展进程不尽相同。客车的发展始于 1928 年，但于 20 世纪 80 年代才真正翻开新的一页。进入 21 世纪后，我国客车的发展已然走在世界前列。新中国载货汽车和乘用车发展则起步于 20 世纪 50 年代。如今，为适应多种运输要求，载货汽车有向专用化发展的趋势，民用乘用车也在公路运输中成为一股新生力量。我国公路客车、货车的发展历程如图 4-2、图 4-3 所示。

第四章 研发先进适用、完备可控的交通装备

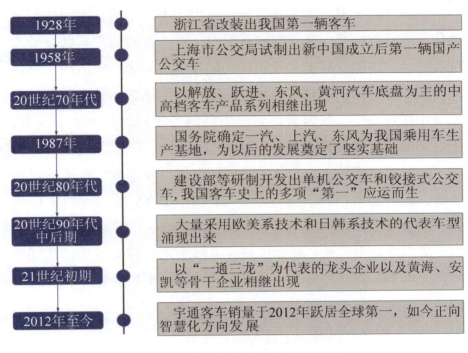

图 4-2 我国公路客车的发展历程

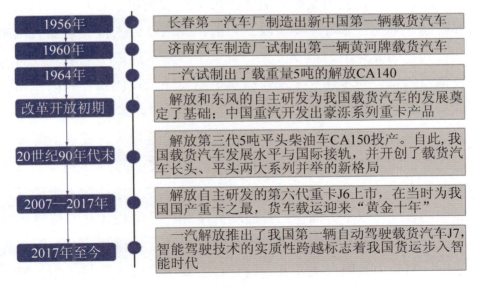

图 4-3 我国公路货车的发展历程

我国公路运输载运工具的发展取得了不俗成绩，电动化与智能化程度日益提升。在智能网联方面，国产新能源汽车已突破先进传感器、智能计算平台等领域关键技术。如今，中国的车路协同技术领先全球，可对车辆和公路进行智能化协同管理控制。经过多年探索发展，我国公路载运工具的自主创新能力逐步提升，正处于由大变强的关键时期。

公路运输特种装备包括公路特种设备以及部分特种工程机械装备，包括起重机械、场（厂）内专用机动车辆、重型矿山机械、铲土运输机械和军用工程机械等工程装备。目前，我国自主生产的汽车起重机械、路面机械、混凝土泵送装备等均已达到国际领先水平。除此之外，我国研制的万吨级平板运输车、盾构机也已达到世界领先水平。

### （三）现代水路载运工具和特种装备

近代以来，我国船舶制造业经历了废墟起步、对外开放、世界跨越、继往开来等主要阶段。当前，我国已迈入世界造船大国的行列，国际竞争力达到世界一流水平，基本形成了船舶现代科技创新体系，初步建立了现代高水平的船舶工业体系。我国水路载运工具的发展历程如图4-4所示。

在综合交通运输体系中，水路运输有着运量大、成本低等显著优势，随着交通强国建设加快推进，中国港、自动化码头、海巡船等水运"名片"深入人心。我国现代水路交通载运工具的发展主要表现在以下方面：一是船型开发和产品结构优化升级进展迅速，主流船型基本实现了大型化、系列化、批量化，90%以上的出口船舶为我国自主开发、拥有自主知识产权的品牌船型，船舶制造业正朝着设计智能化、产品智能化、管理精细化等方向发展。二是船舶工业产学研融合取得新进展，行业发展创新生态初步建立，成立了如中国深远海海洋工程装备技术产业联盟、中国海洋材料技术创新联盟等合作组织。三是自主研发能力和船用设备配套能力逐年提高，一批自主品牌动力装备研发取得突破，常规产品优化、创新能力日益增强，高技术、高附加值产品开发能力不断提升，船舶工业核心竞争力逐渐增强。

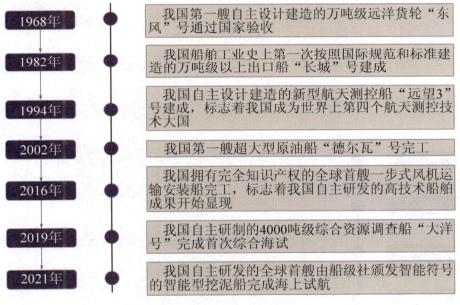

图 4-4　我国水路载运工具的发展历程

近年来，我国水路载运工具的发展取得了令人瞩目的成就，就船舶工业出口水平而言，我国与韩国、日本已成为世界公认的三大船舶工业大国。以企业为主体的科技创新体系逐步完善，能力大幅提升。根据中共中央宣传部发布会公开数据，截至 2021 年底，我国水运基础设施体系总体规模保持世界第一，我国控制的海运船队的运力规模是 3.5 亿载重吨，居世界第二位，全球港口货物吞吐量、集装箱吞吐量前十名的港口中，我国分别占据 8 席和 7 席。

我国水路特种装备同样发展飞速，战略性、前瞻性载运工具的研发稳步推进，制造本土化率逐步提升。在过去20年中，中国船舶集团有限公司自主研发并制造了超大型油船、大型液化天然气船、超大型液化气船、大型矿砂船、超大型集装箱船、30万吨级超大型浮式生产储卸油装置、3000米水深半潜式钻井平台、极地科考破冰船等特种载运工具与设备，引领中国船舶工业向高端转型，取得了一系列历史性突破。

## （四）现代航空载运工具和特种装备

经过七十多年的发展，我国的飞机制造业经历了从修理到制造、从仿制到自主研制、从自主发展到国际合作的成长过程。我国客机、直升机的发展历程如图4-5、图4-6所示。

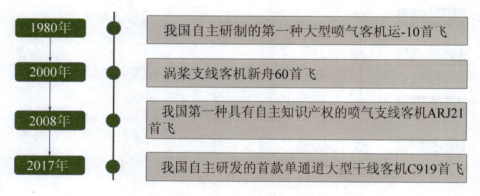

图4-5 我国客机的发展历程

近年来，我国航空交通载运工具在技术发展上取得了阶段性成就，空中运输行业随之日新月异。我国已建立起较为完整的航空技术体系、产品谱系和产业体系，特别是新舟系列小型飞机已交付百架，ARJ21等支线客机已经投入航线，C919大型客机实现首飞，小型无人机和通航飞机正处于快速发展之中。此外，我国民航交通运输业的发展也较为迅猛。"十三五"期间，我国民航运输的总周转量、旅客运输量、货邮运输量年均增长分别达到 11%、10.7% 和 4.6%。在国际金融危机导致经济下滑、我国经济结构调整致使经济出现阵痛的不利环境下，航空运输产业对经济发展的贡献仍然不断增大，技术突破与产业新兴相辅相成的局面在航空领域格外凸显。

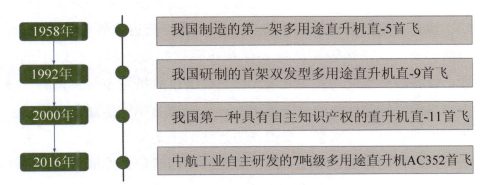

图 4-6　我国直升机的发展历程

此外，我国已具备较为全面的特种飞行装备自主研发能力，基本能够满足航空载运工具固定用途之外的定制化需求。中国航空工业集团有限公司自主设计研发了 DXF100 地效飞行器、A2C 超轻型水上飞机、翼龙-2H 应急救灾型无人机、翼龙-2H 气象型无人机以及 AG600 水陆两栖飞机，引领我国特种飞行装备达到国际先进水平，为国计民生作出了重要贡献。

## 二、现存问题与发展趋势

21 世纪以来，我国载运工具的发展已取得了长足进步，特种装备领域也在一定程度上填补了部分尖端共性技术的空白。未来，我国将重点研发交通装备动力、感知、控制等核心零部件及突破通信导航等核心技术，并在特种装备领域攻克行业特色关键技术。

### （一）现代铁路载运工具和特种装备

#### 1. 铁路载运工具

铁路运输运载能力较大、速度较快、受重量和体积的限制较小，适合大量产品远距离运输，综合来看，其运输效率非常高。目前，我国铁路运输系统主要存在妨碍运输效率提升的以下问题：设备故障率较高；应对重大自然灾害事故措施不足；运载能力难以满足日益增长的运输需求；运输管理系统的信息化、智能化程度有待提高。未来，我国铁路运输的主要发展方向包括：发展先进的智能化轨道运输系统；客运铁路高速化；发展重载运输铁路和高速货运路线；掌握更多具有自主知识产权的核心技术，核心部件完备可控，实现国产化。

#### 2. 铁路特种装备

经过几十年的发展，我国已实现全部线路大修、维修主型机械的国产化，国产设备占比已超过九成。我国养路机械装备的主要发展方向包括：提高自主创新能力，突破关键装备核心技术，实现知识产权自主化；研发高速、重载铁路维修养护作业模式和所需设备；研制线路、桥梁、隧道一体化综合维修设备，开发多功能综合作业技术模式；研发适应国际市场需求的系列化产品。

### （二）现代公路载运工具和特种装备

#### 1. 公路载运工具

当前，我国公路载运工具面临核心技术自主创新不足、智能网联汽车尚未得到大规模普及应用、城市及规模化示范探索不足、国产专用车在智慧物流领域的市场渗透率低于发达国家等问题。未来，我国公路载运工具将向着智能化方向发展，成为综合交通运输系统的重要组成部分。公路载运工具的发展将坚持创新、协调、绿色、开放、共享的新发展理念，继续助力推动我国公路交通运输高质量发展。

### 2. 公路特种装备

在我国公路特种装备行业规模和市场空间都在不断提升的大背景下，公路特种装备的发展呈现出智能化、信息化、节能环保化、机电一体化等特点，特种装备的无人化操作、综合信息管理、高精度操纵、智能状态自检等均得到了快速发展。但重型特种装备的发动机、变速器等关键总成仍重度依赖进口，适用性、载重能力、掘进能力、经济环保性与信息自动化等性能仍有待提升。

## （三）现代水路载运工具和特种装备

### 1. 水路载运工具

我国对自主研制船舶的需求呈现出快速增长的趋势，但目前我国船舶制造业仍难以满足日益增长的市场需求，巨大的供需缺口只能由国外船舶来弥补，这在一定程度上影响了我国的经济利益，并大大削弱了我国船舶在世界航运市场上的竞争力，不符合我国"海洋强国"战略的根本要求。未来，我国船舶制造业需要加速向智能、绿色、安全、高效方向转型，并大力提高自主建造水平，提升大型船舶建造能力。

### 2. 水路特种装备

《中国制造2025》（国发〔2015〕28号）将海洋工程装备及高技术船舶作为十大重点发展领域之一，明确指出了未来10年的发展重点和目标。"海洋强国"战略对特种船舶制造则提出了更高要求。未来，要提高船舶工业科技发展水平，增强特种船舶工业可持续发展潜力，加快转变我国经济发展方式，依靠科技力量，以数字化、智能化为主线，提高产品设计制造的科技水平，实现特种船舶工业的高端可持续发展。

### （四）现代航空载运工具和特种装备

#### 1. 航空载运工具

多年来，我国航空交通载运工具坚持走自主创新的发展道路，在民用客机研发制造领域形成了谱系完备、军民融合的大中型客机体系；民用直升机研发制造领域形成了从 1 吨到 13 吨较为完整的产品谱系和"一机多型、系列发展"的产品格局。尽管我国航空工业有着拓展全谱系现代航空载运工具的发展趋势，但总体而言，我国与国际先进水平相比仍存在较大差距，主要表现在产业规模小，规模效应尚未充分体现；航空产品种类偏少，技术水平不高，市场竞争力不强；航空发动机、机载系统和设备等瓶颈问题制约严重；适航能力明显不足等方面。

#### 2. 航空特种装备

尽管我国围绕应急救援、气象观测等实际应用研制了一系列特种飞行器，但民用特种飞行器的技术水平与军用特种飞行器仍相差甚远。此外，由应急救援航空特种装备带动的航空应急救援产业发展尚不充分。因此，以持续加速"军转民"技术落地为前提，出台切实可行的政策扶持与航空特种装备相关的产业，是我国航空特种装备未来的发展趋势之一。

当前，我国综合交通运输体系正处于结构优化的关键时期。为构建现代综合交通运输体系，实现设施网络更完善、运输服务更高效、技术装备更先进、安全保障更可靠与治理能力更完备的发展目标，应立足提高客运出行服务品质与建设高效物流服务网络两大需求主线，在总结发展趋势与关键技术短板的同时，强化多运输方式一体融合衔接，推动超大、特大城市的大型综合客运枢纽间通过轨道交通互连，加快实现联系紧密的综合货运枢纽间通过联络线或专用通道互连，以建立先进完备的多式联运体系为导向，进行新型交通装备研发和重点技术升级。

## 第三节 研发先进适用、完备可控的交通装备的重点任务

### 一、新型载运工具研发和技术升级的重点任务

2021年8月，交通运输部、科学技术部联合发布《关于科技创新驱动加快建设交通强国的意见》（交科技发〔2021〕80号），提出要"加强前沿引领技术和颠覆性技术研发，开展新型载运工具研制"。

#### （一）新型铁路载运工具

1. 重载列车

重载铁路有载重高、自重轻、效率高的优点，要加快研发三万吨级重载列车，着重解决以下问题：提高货车轴重，开发30～40吨轴重车辆；开发三万吨重载铁路的线路桥梁技术、耐久性钢轨技术和道岔技术；研发同步响应更快、延时更低的高性能同步控制系统。我国的重载货运列车如图4-7所示。

图 4-7　重载货运列车

## 2. 高速货运列车

要以中国标准动车组的成熟技术体系和产品平台为基础，以提高动车组经济性和实用性为目标，研制符合国情的低成本、大容积、大载重量、货物安全、满足一体化运输要求的时速 250 公里高速度等级货运动车组。

## 3. 超高速客运列车

高速磁悬浮系统和低真空管道列车（俗称超级高铁）是超高速客运列车研发的两个方向。磁悬浮列车悬浮于轨道上，消除了轮轨摩擦阻力，环境适应性强，可全天候运行，选线灵活，全生命周期经济性高。超级高铁采用低真空环境和无接触的磁悬浮技术，利用管道创造出 10 千帕左右的低真空环境，几乎没有空气阻力和轮轨阻力，列车时速可达 1000 公里。

## 4. 高速变轨距列车

我国铁路系统采用 1435 毫米的标准轨距，而"一带一路"沿线部分国家使用 1520 毫米宽轨，部分国家使用 1000 毫米窄轨。为实现不同铁路系统间互联互通，要研发高速变轨距列车（图 4-8），其关键在于开发可变轨距的高速转向架。

图 4-8　高速变轨距列车

未来,我国铁路载运工具要不断迭代产品,实现技术升级,做到世界高端。首先,要有先进的设计理念;其次,要建设中国标准产品设计平台;再者,要开发安全可靠、功能完备、普适性强的智慧化铁路载运工具。

### (二)新型公路载运工具

#### 1. 智能车辆

近年来,智能车辆已经成为我国公路载运工具领域研究的热点和汽车工业增长的新动力。智能车辆是一个集环境感知、规划决策、多等级辅助驾驶等功能于一体的综合系统,它集中运用了计算机、现代传感、信息融合、通信、人工智能及自动控制等技术。目前,国内对智能车辆的研究主要集中于提高汽车的安全性、舒适性,以及提供优良的人车交互界面。

#### 2. 自动驾驶车辆

随着我国新型公路载运工具的快速发展,自动驾驶车辆可以被理解为智能车辆的高级发展形态。当前,以京东、百度、阿里等企业为代表研制的无人物流配送车都已达到了较高的自动驾驶水平。以京东为例,其研发的小型无人配送车和自动驾驶重型载货汽车都已达到高度自动驾驶级别。自动驾驶的预期市场规模庞大,物流配送是重要的自动驾驶应用场景,在物流领域尽早实现自动驾驶的商业落地对我国交通运输行业意义重大。我国的自动驾驶车辆如图 4-9～图 4-11 所示。

图 4-9　一汽自动驾驶重型载货汽车

图 4-10　京东小型无人配送车

图 4-11　百度无人驾驶出租车

### 3. 车路协同项目

在交通"新基建"与交通强国建设的背景下，我国的车路协同项目也迎来快速发展期。未来，我国将按照"单车智能＋车路协同"双轨并行策略，打造更可靠的自动驾驶实施场景。伴随着汽车产业"智能化、网联化、电动化、共享化"的发展趋势和 5G 网络的广泛应用，车路协同将成为公路运输等相关产业发展的核心推动力，产业前景十分广阔。

### 4. 多源动力汽车与飞行汽车

在"弯道超车"理念及"双碳"背景下，我国在多源动力汽车领域持续发力，许多极具特色的新能源载运工具（如醇醚燃料汽车和氢动力汽车等）不断涌现。多源动力汽车采用非常规车用燃料作为动力来源，受国际市场油价波动掣肘影响小，易与地方能源发展项目形成协同优势。此外，飞行汽车作为一种陆空两用的新型载运工具，《交通领域科技创新中长期发展规划纲要（2021—2035 年)》对其进行了明确部署，在核心技术、供应链、运用场景、适航法规等方面都需要重点突破。

未来，我国新型公路载运工具的升级重点在于提升交通装备关键技术自主化水平，促进公路载运工具运行智能化、动力清洁化、结构轻量化，研发核心基础零部件，实施公路运输关键核心技术攻关升级，强化智能网联等前沿关键科技研发，从而保障公路运输智能高效发展。

## （三）新型水路载运工具

### 1. 大中型邮轮

自 2006 年邮轮母港市场开始萌芽，邮轮旅游业呈现井喷式增长，至 2016 年我国已经成为全球第二大邮轮市场。2018 年，中国船舶工业集团有限公司与美国嘉年华集团、意大利芬坎蒂尼集团在中国首届国际进口博览会上正式签订了 2+4 艘 Vista 级 13.55 万总吨大型邮轮建造合同，标志着中国船舶工业正式开启了大型邮轮建造新时代。

### 2. 大型液化天然气船

液化天然气船是将天然气从液化厂运往接收站的专用船舶。作为 21 世纪最热门的清洁能源之一，天然气的未来市场一直被人们看好。大型液化天然气船的研发重点在于：第一，保证液货舱具有可靠的低温绝热性能；第二，开发特殊焊接技术；第三，确保船体保持绝缘性；第四，保证使薄膜和船体相连接的殷瓦预制件质量。大型液化天然气船如图 4-12 所示。

图 4-12　大型液化天然气船

### 3. 极地航行船舶

2019 年 7 月，我国首艘自主建造的极地科考破冰船"雪龙2"号交付使用，显示了我国极地船舶建造技术正在逐步提升。这是一艘以极地水域科学考察为首要任务，兼具极地考察站后勤物资运输功能的"绿色"极地考察破冰船。船舶除采用双向破冰设计外，同时拥有智能船体、智能机舱等各种先进设备。"雪龙2"号极地破冰船如图 4-13 所示。

第四章 研发先进适用、完备可控的交通装备

图 4-13 "雪龙 2"号极地破冰船

4. 智能船舶

智能船舶的功能较为丰富，集合众多先进技术，可以实现智能航行、智能机舱、智能船体等的智能集成，促使船舶功能向智能多样化转型。我国研发建造智能船舶需突破的主要技术包括：信息感知技术、通信导航技术、能效控制技术、航线规划技术、状态监测与故障诊断技术、遇险预警救助技术等。

5. 新能源船舶

当前，锂离子电池推进船的主要问题在于充电设施不完善，电网供电能力有限，难以满足长距离、大吨位的运输需求。船舶电动化发展可以从动力系统或充电桩建设等方向入手推动。

上海海事大学在 2005 年推出了以氢燃料电池为动力的游艇"天翔 1 号"。总体而言，我国氢燃料船在降低损耗成本、提高效率和材质稳定性等方面还需进行深入探索。

未来，我国发展新型水路载运工具的重中之重在于打造集综合化、智能化、舒适化于一体的水路载运工具，实现对载运工具内外信息的综合分析与处理，结合信息感知、高精度定位等技术保障水路运输的安全稳定。

## (四)新型航空交通载运工具

### 1. 大型飞机

中俄联合研制的远程宽体客机 CR929 将成为我国新型航空载运工具的研发重点。CR929 采用双通道客舱布局,航程为 12000 公里,280 座级;通过采用先进气动设计、大量应用复合材料、装配新一代大涵道比涡扇发动机等提高飞机综合性能指标。除此以外,为了解决我国航空工业的"心脏病",研制匹配 C919 的"长江 1000"发动机和匹配 CR929 的"长江 2000"发动机也是我国大飞机三部曲计划的重中之重。CR929 样机如图 4-14 所示。

图 4-14　CR929 样机

### 2. 重型直升机

虽然我国的民用直升机发展非常迅速且多线布局,但在 20 吨以上重型直升机领域,仍然存在空白。重型直升机在空运大型武器装备、民用抢险救灾中具有难以替代的作用。我国新一代重型直升机将使用先进的综合航空电子系统、玻璃化座舱和复合材料旋翼系统,并使用复合材料减轻重量,其性能将达到世界先进水平。国产 AC313A 大型直升机如图 4-15 所示。

图 4-15　国产 AC313A 大型直升机

3. 通用航空器

2022 年 1 月，交通运输部、科技部联合印发《交通领域科技创新中长期发展规划纲要（2021—2035 年)》（交科技发〔2022〕11 号），提出要加快智能化通用航空器研发。智能飞行器是人工智能、现代信息技术与航空器的深度融合，具备信息深度自感知、智慧优化自决策、精准控制自执行等强大功能，是根据用户个性化需求生产的高度智能、安全可靠的航空器。

总的来说，我国新型航空载运工具的设计、研发与制造还处于追赶国际先进水平的阶段。未来，要以填充飞机谱系中的空白型号为重要目标，对标国际成熟适航标准体系，实现航空载运工具的先进适用、完备可控。

## 二、特种装备研发和技术升级的重点任务

特种装备是保障交通基础设施建设、应急救援与大型作业安全运行的重要载体，《交通强国建设纲要》明确提出了"交通装备先进适用、完备可控"的重点任务。特种装备研发和技术升级要秉承优创新、强基础、补短板、促转型的发展方针，为交通强国建设提供关键基础支撑。

## (一) 铁路特种装备

### 1. 发展功能全面的养路机械

要研发功能全面的养路机械,将分步作业转变为同步作业模式,大幅度提高综合作业能力。开发先进的连续式四轨捣固稳定车,开发曲线激光准直测量和惯性测量系统,提高养路机械装备的作业精度。

### 2. 发展智能化养路机械

要广泛采用网络控制、激光扫描、超声波探测、卫星定位系统测量、在线检测等技术,重点研发智能打磨技术和智能道岔管理技术。

### 3. 发展环保型养路机械

要采用吸尘和集尘装置、废气催化装置、烟雾过滤装置、降解型合成液压油等,降低作业环境对设备操作人员和施工人员身体健康的影响。此外,要研发双动力模式大型养路机械,发展采用接触网向养路机械供电的清洁技术。

未来,在铁路特种装备领域,要在捣固车(图 4-16)、钢轨打磨车(图 4-17)、接触网作业车、道砟清筛机、配砟整形车等装备方向加强核心技术知识产权自主化,开发具有自主知识产权的高铁无砟道床铺装和养护设备,填补该领域空白,实现装备技术升级,为我国庞大的高铁运输网络的养护维保工作提供支撑。

## (二) 公路特种装备

### 1. 研发智能化、掘进能力更强的隧道掘进装备

以盾构机为代表的大国重器的工程应用是推动隧道工程发展的重要助力。我国"双 X 撑靴式""异形式""矩形式"盾构机

已经达到世界领先水平,但应用于公路、铁路、城市轨道、引水隧洞领域的盾构机和管廊作业的微型盾构机仍需进一步提升性能。我国已应用的土压平衡盾构机如图 4-18 所示。

图 4-16　捣固车

图 4-17　钢轨打磨车

图 4-18　土压平衡盾构机

**2. 研发专业化、适用性更强的应急救援装备**

应急救援装备是为应对突发事件研制的救援机械设备和特种载运工具。我国已应用的消防应急救援机器人如图4-19所示。未来，应急救援装备应具备更强的环境适应性和更高的作业执行精度。此外，我国的冷气溶胶、细水雾全泡沫等消防特种车辆相较于国外水平仍有不足，也需加强研发应用。

图 4-19　消防应急救援机器人

**3. 研发重型化、多轴化的特种运输装备**

承担火箭、桥体、航母零件、潜艇等的运输任务的特种运输平板车需要完成千万吨级货物装载、毫米级对接控制和超重量级伸缩、转向、起竖等作业。因此，研发具有更高载重能力的超万吨级重型运输车具有重要战略意义。我国的5万吨级平板运输车如图4-20所示。此外，我国矿用车的关键零部件配套能力、智能化研发水平仍与国外矿用车存在较大差距，需进一步加强对矿用车轻量化的研发力度。

总体而言，在盾构机领域，常压换刀技术、掘进状态感知等技术将成为升级突破的重点。而高精度定位和通信系统、环境感知和仿生技术将成为应急救援装备技术突破的关键。未来，更先进的液压控制、臂架伸展、环境检测和智能自检技术也将持续作为我国消防特种车辆的研发重心。超万吨级重型运输车需要从牵引系统、承载悬架等方面进行技术改良升级。

图 4-20　5 万吨级平板运输车

**（三）水路特种装备**

**1. 水下机器人**

开发利用海洋资源，面向三大洋（太平洋、大西洋、印度洋）、南北极及海斗深渊，向地内、地外海洋拓展是未来的发展趋势。技术研发方面，需在现有自主水下机器人（图 4-21）的基础上，努力改进和提升八种能力，即自适应生存力、强大运载力、复杂使命执行力、智能决策力、自主管控力、协同力、信息化能力和重大科学平台支撑力。

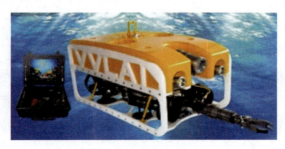

图 4-21　水下机器人

## 2. 深潜水装备

深海探测和资源开发利用已成为新兴战略性领域，我国以"奋斗者"号为代表的三型具备国际先进水平的载人潜水器（图4-22）已先后投入服务。随着我国南海深水海域油气资源开发范围的不断扩大和开发速度的不断加快，我国要加快全面掌握当代国际先进的大深度水下潜水作业核心技术，并付诸海上工程作业实践。

图4-22　深潜水装备"奋斗者"号

## 3. 大型溢油回收船

传统的水面溢油回收处理装备存在效率低、耗人工、环境影响较大等一系列问题。我国溢油回收船（图4-23）的装备技术升级重点在于：研发负压式回收技术；在溢油回收船上应用智能一体化控制技术；研发路径规划、自动靠泊等无人船先进技术，实现水面清污回收智能船全自动控制工作。

## 4. 大型深远海多功能救助船

为强化深远海航行安全保障，自主研发大型深远海多功能救助船至关重要。大型深远海多功能救助船可承担水面遇险人员搜寻救助、深远海遇险船舶拖曳救助、海空立体搜寻救助支持、对外消防灭火、应急抢险救助、深水扫测打捞、援潜救生设备搭载、水下救助打捞作业支持等任务，且符合我国南海深水海域特殊海况环境要求。

图 4-23 溢油回收船

总的来说，我国将以信息化、智能化、无人化、网络化为切入点，全面推动水路特种装备升级。要在系统配置和深潜水作业方面提升自主研发能力，并付诸实际海上工程作业，实现设备配套国产化，全面提升我国水域作业装备的国际影响力。

## （四）航空特种装备

### 1. 无人机

我国虽然在无人机领域已取得长足进步，研发了如翼龙-2H 应急救援无人机（图4-24）等种类繁多的无人机产品，但仍存在投资重复、高端无人机技术落后的问题。我国无人机的技术升级在很大程度上受制于发动机的研制：一方面，我国无人机发动机的研制基础较为薄弱；另一方面，无人机特定的高空低雷诺、大过载飞行条件对发动机也提出了特殊要求。目前，我国无人机的动力来源主要以活塞和燃气涡扇发动机为主，如 AEF50E 涡扇发动机（图 4-25），发展涡扇发动机有助于突破无人机的飞行速度和飞行续航瓶颈。

### 2. 水陆两栖飞机

围绕应急救援，大型灭火/水上救援水陆两栖飞机是目前我航空特种装备的研发重点之一。为满足森林灭火和水上救援的迫切需要，AG600水陆两栖飞机是由我国研制的国家应急救援体系和自然灾害防治体系建设急需的重大航空装备。该机具有载重量大、航程远、续航时间长的特点，可在水源与火场之间多次往返，投水灭火。

图4-24 翼龙-2H应急救援无人机

图4-25 AEF50E涡扇发动机

总的来说，我国航空特种装备体系较为完备，尤其是无人机已处于国际先进水平，但无人机发动机等关键技术仍受制于人。未来，技术升级应聚焦于实现由内部发动机到外部复合材料的完全自主化。

# 第五章 建设便捷舒适、经济高效的运输服务体系

## 第一节 运输服务体系的相关理论

### 一、基本认识

#### （一）运输服务的基本内涵

运输服务是综合运输体系的重要组成部分，其本质是依托基础设施网络，运用载运工具，通过适当的运输组织方式，实现人和物的位移。

根据《国民经济行业分类》（GB/T 4754—2017），交通运输、仓储和邮政业隶属于第三产业即服务业。这里的交通运输是指狭义的运输，即运输服务，其具有三个基本特点：一是生产的产品是非实物的，但能满足生产和消费的某种需要，具有价值和

使用价值双重属性。由于运输服务的过程不产生新的物质产品，因此，运输服务的生产和消费为同一过程。二是范畴在不断发展延伸。随着产业升级和新兴业态的迅速发展，运输服务在生活服务业、生产服务业、社会服务业等领域有了新的发展变化，特别是近些年网约车、网络货运、运游融合等一系列新模式新业态的出现，使得运输服务的边界范畴不断延伸。三是与经济社会发展水平相适应。运输服务的产生和发展是由社会生产力水平决定的，在不同的发展阶段，运输服务所包含的范围和内容存在较大差异。运输服务的上述特点与隶属于第二产业的交通运输基础设施建设和运输设备制造具有明显差异。

## （二）运输服务的基本属性

运输服务具有基础性、生产性、公共性、经营性和外部性。从经济属性来看，具有生产性和经营性；从社会属性来看，具有基础性、公共性和外部性。

### 1. 基础性

运输服务对社会发展和经济活动起着基础性作用，是国民经济运行的重要组成部分，对生产、流通、消费等各个环节有着广泛的影响，是国家对外贸易、生产力与城镇布局、地区间经济社会联系的必要条件，关系着经济竞争力和国家安全。

### 2. 生产性

运输服务是为实现人和物的载运和输送而开展的相关工作，需消耗大量原材料和时间，可吸纳大批就业，因而具有生产属性。运输生产是在流通中进行的，贯穿于客货位移的过程当中，服务的过程不产生新的物质产品，生产和消费为同一过程。因此，运输服务具有特殊的生产性。

### 3. 公共性

运输服务既提供公共产品，又提供私人产品。公共产品又分为纯公共产品和准公共产品。公共产品的提供者一般为政府，提供公共产品的资金来源于政府向社会成员收取的税金和费收，因此，部分运输服务具有非营利性和公益性。运输服务向国家和社会公众提供的公共性和准公共性服务包括但不限于：应急救灾、军事运输、优惠运输、脱贫地区的普惠性运输服务等。

### 4. 经营性

运输服务在提供私人产品时具有明显的经营性，依托运输市场、运输价格、运输需求与供给变化等，促进运输资源分配，优化运输结构，提供优质的经营性服务。

### 5. 外部性

运输活动会产生环境污染、能源消耗、交通事故、交通拥堵等问题，影响其他消费或者生产群体的利益，但不会作出任何形式的支付或补偿。因此，运输服务具有显著的外部性。

## （三）运输服务的体系构成

运输服务的体系构成可以从要素构成、服务分类、参与主体、供需构成等四个维度进行分析。

### 1. 要素构成

从运输参与要素来看，运输服务体系包括运输组织系统、运输保障系统以及运输管制系统等。运输组织系统是合理配置运输资源，使装、卸、集、散、运、储紧密衔接，提高运输效率和效益的手段；运输保障系统是通过科技、信息、人才等创新优化运输服务的动力；运输管制系统是遏制行业垄断，避免过度竞争，管理外部性和提供公共服务产品的规制基石。

## 2. 服务分类

从服务分类来看，运输服务体系分为客运服务体系和货运服务体系。其中，客运服务体系包含中长途客运出行服务、城市客运出行服务、城乡客运出行服务，以及方式间的联程运输等。货运服务体系按货种货类，包含干散货运输服务、危险品运输服务、集装箱运输服务、快件运输服务；按服务对象，包含干线货运服务、城市货运配送服务、农村物流服务、国际物流供应链服务，以及方式间的多式联运等。

## 3. 参与主体

从参与主体来看，运输服务体系由需求方、供给方、中介方和政府方构成。需求方主要指各种客货运输的需求者，如居民、生产企业、军队等。供给方主要包括各种运输方式的运输业者或运输业者的行业组织，如运输企业等。中介方主要包括在供需双方之间，以中间人的身份提供各种运输相关服务的货运代理公司、信息服务公司等。政府方主要是各级交通运输管理部门及相关机构，政府方以管理、监督、调控者身份出现，不参与市场主体决策过程，但会通过经济手段、法律手段和必要的行政手段制订运输市场运行的一般规则。

## 4. 供需构成

从运输供需构成来看，运输服务体系由需求侧和供给侧构成。运输服务需求主要体现在人和物因为位移和输运而产生的需求，涉及客货流量、流向、运输距离、运输价格、时间与速度、运输需求结构等内容。运输供给对应运输需求，并与运输需求在相互调整中均衡发展，主要体现在所提供的运输产品、运输政策、运输价格等方面。

## (四) 价值取向

《交通强国建设纲要》提出要构建安全、便捷、高效、绿色、经济的现代化综合交通体系，并将运输服务便捷舒适、经济高效作为重要的一章内容单独阐述。总体来看，"安全、便捷、高效、绿色、经济"是综合交通体系的价值遵循，运输服务体系作为综合交通体系的重要组成部分，其发展也应统筹"安全、便捷、高效、绿色、经济"十字方针。综合本书上下文关系，"安全"和"绿色"有单独章节进行阐述，本部分将结合"运输服务便捷舒适、经济高效"的重点任务，围绕"便捷、舒适、经济、高效"四个方面重点论述。

### 1. 便捷

"便捷"是运输服务的应有之义。要重点从用户体验角度衡量运输服务成效，着眼人和货的空间位移方便、快捷，实现运输服务方便可得、快捷顺畅。

### 2. 舒适

"舒适"是公众对于出行满意与否的重要体现。要使公众在使用交通运输产品及服务的过程中体验感好、获得感强，系统运行稳定可靠，客运服务或货物配送准点率高，社会公众有通畅表达意愿心声、反映利益诉求的渠道，以满足人民日益增长的美好生活需要。

### 3. 经济

"经济"是运输服务支撑市场经济运行的基本前提。首先，要立足于满足公众客货运输需求，以合理的时间成本和经济成本使运输服务最大限度惠及全体人民，提高运输服务的可负担性；其次，要使政府财力可承受，确保行业不发生系统性债务风险；

此外，运输业作为国民经济的重要产业部门，要全面适应经济社会发展需要，并支撑引领经济社会发展。

### 4. 高效

"高效"是对运输组织的内在要求。要重点从载运工具、运输港站、运输网络、运输企业生产和经营等不同角度，合理配置运输资源，强调系统运行效率，实现少投入、多产出的运输效益，充分发挥各种运输方式的比较优势和组合效率，实现高效的运输服务。

## 二、相关理论

### （一）出行链与供应链理论

#### 1. 出行链理论

出行链用于描述个体在某一时段内不同出行的顺序，能够反映个体出行在空间上的活动规律。出行链可以体现个体为完成一项或几项活动，在一定时间顺序上的不同出行目的的链接形式，如：家—单位—购物—家。除了链接不同出行目的地外，出行链还包括出发时间、离开时间、活动持续时间、行程时间、使用的交通工具等反映时空分布、方式特征的出行信息。这些信息相互联系、相互作用，贯穿于整条出行链。例如，在一定的时空条件下，个体在选择出行目的时，同步选择出行方式，且前一次出行方式的选择对后一次出行方式的选择有较大的影响。对出行链的研究最早可以追溯到1956年，研究人员通过整合消费者在一次购物行为中形成的出行链，分析了消费者在多个商店购买不同商品的出行行为。20世纪60年代以后，对出行链的研究逐步延伸到交通运输领域。

随着经济社会的发展，特别是交通基础设施的完善、运输工具的革新以及运输服务水平的提高，个体出行空间范围不断扩大，出行行为变得复杂多样。面对不断涌现出的个性化、多元化、品质化出行趋势，网约车、共享汽车等运输新业态以及出行即服务（MaaS）等服务新理念应运而生。MaaS 是出行链理论的重要实践，借助移动互联网，MaaS 能够实现车、站、人的互联，通过整合多种运输方式的出行服务，转变个体选择出行方式的模式，降低出行过程中因换乘等待、支付转换、服务滞后等带来的成本浪费，为个体一次完整的出行链出行提供优质的出行服务，进而提高个体的出行效率。从发展进程来看，欧洲和北美洲国家最早开始应用 MaaS 模式，如瑞典 UbiGo 项目、芬兰 Whim 项目、加拿大 Transit 项目等，国内部分共享出行企业和互联网企业在上海、深圳、无锡等地开展了 MaaS 模式的小规模试点，但整体上我国仍处于 MaaS 模式探索阶段。

2. 供应链理论

运输是现代物流体系的核心环节和重要基础，是物流供应链的重要组成部分。供应链的定义有很多种，其中较权威的是我国颁布的《物流术语》（GB/T 18354—2021）中的定义，即"生产及流通过程中，围绕核心企业的核心产品或服务，由所涉及的原材料供应商、制造商、分销商、零售商直到最终用户等形成的网链结构"。而一个完整的物流服务的供给过程，是从市场需求开始到满足需求为止的时间范围内，所从事的经济活动中所有涉及的物流活动形成的链条，也可以称为物流服务供应链。

功能型物流企业—第三方物流企业—物流服务需求方是物流

服务供应链的基本结构。其中,功能型物流企业主要指传统的运输、仓储、包装、流通加工企业。第三方物流企业是指依靠自身先进的物流信息系统和较强的物流管理能力,通过整合功能型物流企业的资源,为客户提供一体化物流服务的企业。物流服务需求方的种类较多,大致可概括为三类:第一类是制造类企业,第二类是商贸流通类企业,第三类是功能型物流企业自身。在这条供应链中,以需求方的物流服务需求为导向,通过功能型物流企业的供给,第三方物流企业最终才能提供客户所需要的完整的物流服务。

构建物流服务供应链的目的,是通过集成整合服务供应链中各个成员的优势资源,为物流服务需求方提供个性化和网络化物流服务,最终的目的是提高物流服务水平,降低物流服务成本。在构建完善物流服务供应链的过程中,需要重点考虑以下四个方面内容:一是功能完备的物流管理信息平台,二是高效可靠的物流配送网络,三是公平合理的利益协调机制,四是科学客观的绩效评价体系。

## (二)运输市场理论与政府规制理论

### 1. 运输市场理论

市场是一种依靠流通和价格把独立的利益单位和行为主体有效地联系起来实行资源分配的机制。运输市场是指运输生产者和运输消费者之间进行运输交易的场所和区域。狭义的运输市场是指承运人提供载运工具和运输服务来满足旅客或货物对运输需要的交易活动场所,以及进行运输能力买卖的场所;而广义的运输市场是指进行运输劳务交换所反映的各种经济关系和经济活动现象的总和。20世纪70年代以来,运输市场化改革的浪潮席卷全球，渗透铁路、公路、水路、航空等各个运输领域。改革的初衷是引入竞争机制，防止垄断，提高效率和服务质量。

市场化经营的核心在于通过竞争来优化资源配置，取得经济运行的高效率。运输市场的运行过程就是运输资源的配置过程。现代市场经济是一种规范化、制度化、法治化的市场经济。在市场经济体制健全的国家，市场化经营能够更好地适应经济环境、资源配置的动态性和不确定性要求，规避垄断，建立完善的社会化分工协作体系，实现运输资源的优化配置。然而，市场机制并不总是奏效的，存在失效即市场失灵的情况，其产生的原因主要包括三个方面：一是市场竞争不充分。在运输市场中，垄断竞争、寡头垄断、完全垄断和完全竞争市场并存，如铁路领域的寡头垄断或完全垄断市场、航空领域的不完全竞争市场等，建立完善的市场环境十分困难。二是市场具有外部性。运输活动外部性的存在使得运输资源难以通过市场机制实现有效配置。三是社会需要公共产品。例如，农村地区所需的公共交通运输资源具有低流量、高成本的特征，使其难以通过市场机制实现均衡配置。

运输市场的类型可以从运输对象、运输方式、市场竞争程度等角度进行划分。从运输对象的角度，运输市场可以分为客运市场和货运市场；从运输方式的角度，可以分为铁路运输市场、公路运输市场、航空运输市场等；从市场竞争程度的角度，可以分为完全竞争市场、不完全竞争市场、寡头垄断市场和完全垄断的运输市场四类。

**2. 政府规制理论**

政府规制是指政府根据有关法律法令、规章制度，对市场主体（包括公共部门和私人部门的企业组织、事业单位及个人）的经济活动进行规范和制约。从本质上讲，规制问题是政府与企业组织、政府与事业单位、政府与居民个人的关系问题。理论上，市场竞争会带来资源的有效配置，但这在现实中很难实现，经济系统会产生许多市场失灵的情形，如铁路运输、航空运输或出租汽车服务在完全自由的竞争状态下无法得到有效的市场和价格，通常要通过适时公布费率或强制执行有效的市场机制进行管理。正是由于这类市场失灵情形的存在，政府机构需要对市场经济进行干预，以弥补市场经济的不足，达到优化资源配置的目的。

　　市场规制的主要目的和作用有以下几点：一是抑制垄断权力，对垄断者设定价格，提高市场准入条件，以维护消费者的利益。二是提供公共产品，如邮政普遍服务，其具有非竞争性（服务均等）和非排他性（服务普遍）特点，需要政府机构对这类服务合理规制，以填补市场充分竞争下的供给不足问题。三是引导资源合理分配，如对老人、残障人士、儿童等，需通过合理规制引导和配置运输资源，以满足特殊出行需要。四是管理外部性，如某些企业在制定决策时不会考虑运输产生的污染、拥堵等额外成本，因此，需要政府机构适时完善相应制度措施，以降低排放、减缓交通拥堵。五是对不充分信息进行补偿，降低消费者得到信息的成本。规制的方式，一种是政府公开披露信息或要求经营者主动公开；另一种是建立或实施产品质量标准或向生产厂商发放生产经营许可证。例如，为规范网络车运营服务，交通运输部于2016年10月发布了《网络预约出租汽车运营服务规范》（JT/T 1068—2016），网约车平台企业在运营前需取得网络预约出租汽车经营许可证等。

政府规制的内容包括准入规制、价格规制、投资规制和质量规制等。其中，准入规制包括许可制、注册制、申报制等；价格规制包括自然垄断产品的价格规制、费率规制及最高限价和最低限价等。政府规制的方法包括以公平报酬率确定、许可证发放、质量标准制定等为主的传统规制方法和结构规制与行为规制相结合的方法。

## 第二节　我国运输服务体系的发展现状

### 一、我国运输服务体系建设取得的成就

新中国成立以来，在党的领导下，我国交通运输秉承与经济社会协调发展、与自然生态和谐共生的理念，自立自强，艰苦奋斗，努力建设人民满意交通，从根本上改变了基础薄弱、整体落后的面貌。进入中国特色社会主义新时代，我国加快构建现代化综合交通运输体系，不断解决交通运输从"有没有"到"够不够"再到"好不好"的问题，在综合交通运输基础设施网络日益完善的基础上，不断提升运输服务水平，持续增进民生福祉，为服务经济社会发展，特别是决战决胜脱贫攻坚和全面建成小康社会提供了有力支撑。我国运输服务体系建设取得的具体成果总结如下。

#### （一）旅客出行服务便捷舒适

构筑以高铁、航空为主体的大容量、高效率区际快速客运服务体系，提升了主要通道旅客运输能力。根据《2021 年交通运

输行业发展统计公报》，2021 年铁路、公路、水路、民航承担的客运量占比分别为 31.5%、61.2%、2.0%、5.3%。动车组已成为铁路旅客运输的主力军，动车组列车承担的铁路客运量约占 70%，网络售票比例超过 80%。民航航班正常率连续三年超过 80%。道路客运转型升级步伐加快，城乡客运服务体系不断完善，公交优先战略深入实施，服务水平明显提升。贵州省黔南州长顺县农村公路如图 5-1 所示。

图 5-1　贵州省黔南州长顺县农村公路

公铁、空铁、公空、空海等联运服务模式不断创新发展，联运票务一体化、高铁无轨站、异地候机楼、行李直挂运输等专业化服务不断完善。杭州萧山国际机场、深圳宝安国际机场等机场的部分城市候机楼结合公路航空联运初步实现了跨运输方式行李直挂。综合客运枢纽综合信息服务平台功能日益完善，旅客联程运输公共信息服务能力不断提高。北京大兴国际机场固安城市航站楼如图 5-2 所示。

图 5-2　北京大兴国际机场固安城市航站楼

## （二）现代货运系统绿色高效

近年来，我国聚焦提高货运服务体系的综合效率，不断优化货物运输结构，持续推动大宗货物运输"公转铁""公转水"，提高运输组织水平，不断优化货运结构，助力推进交通运输高质量发展。根据《2021年交通运输行业发展统计公报》，2021年全国完成铁路货物发送量47.74亿吨，水路货运量82.40亿吨，铁路、水路在大宗货物中长距离运输领域的骨干作用进一步凸显。截至2021年底，环渤海地区、山东省、长三角地区沿海主要港口的煤炭集港已全部改由铁路或水路运输，铁矿石采用铁运、水运和皮带机疏港的比例超过六成。

将多式联运作为促进物流业降本增效和可持续交通发展的重要抓手，多式联运发展成效显著。公铁联运、空铁联运、铁水联运、江海联运、水水中转、滚装联运等高效运输组织模式不断创新发展。2021年，全国港口完成集装箱铁水联运量754万标准箱（TEU），组织开展了三批70个多式联运示范工程项目，在基础设施建设、组织模式创新、技术装备研发应用、信息互联互通等方面不断探索，取得了一批创新型科技成果和先进的工作经验。宁波舟山港梅山港区如图5-3所示。

图 5-3　宁波舟山港梅山港区

加快建设高效货运服务网络，大力发展高铁快运，加强航空货运能力建设，提升了道路货运规模化、集约化水平，完善农村物流服务网络，提升了城市配送服务水平。发展"互联网+"高效物流，近2000家网络平台道路货运企业在城乡配送、多式联运、线路整合、甩挂运输、冷链物流等领域探索创新运营模式，整合社会零散运力近360万辆，提高了运输效率。推进了电商物流、冷链物流、大件运输、危险品物流等专业化物流发展。加快快递扩容增效和数字化转型，壮大了供应链服务、冷链快递、即时递送等新业态新模式。

### （三）新业态新模式竞相迸发

"互联网+"改变着社会发展的方方面面，也正在深刻改变人们的出行模式。网络预约出租汽车已覆盖全国300多个城市，定制客运、网约车、互联网租赁自行车、分时租赁、网络平台货运等新业态新模式不断涌现。定制客运模式加快推广，超过20个省（自治区、直辖市）开展了道路客运定制服务。网约车管理制度日趋完善，省级网约车实施意见陆续出台，260个地级及以上城市出台实施细则，160多家网约车平台公司获得经营许可，全国网约车日均订单量达到2100万单，杭州、广州、深圳等17个中心城市合规网约车数量已超过巡游车。互联网租赁自行车日均订单量达到4700余万单。全国已投入分时租赁车辆22.9万辆，运输服务与旅游加速融合，"车票+门票""车票+门票+住宿"等运游融合产品不断涌现，景区直通车蓬勃发展，基本实现了AAAA级以上景区旅游客运线路全覆盖。北京的定制公交如图5-4所示。

图5-4　北京的定制公交

## （四）运输服务信息化水平明显提升

全国铁路开通电子客票的车站突破1000个，内地高铁和城际铁路实现了电子客票全覆盖。全国及各省省域道路客运联网售票系统基本建成，二级及以上客运站联网售票覆盖率超过98%，道路客运电子客票试点有序开展。民航开展国际国内货物电子运单试点，上海浦东国际机场电子运单使用量位居世界机场首位。重点营运车辆联网联控系统应用成效显著，超过73万辆"两客一危"车辆实现动态监管；708万辆货车数据接入全国道路货运车辆公共监管与服务平台；12328交通运输服务监督电话2021年共受理有效业务量2234.96万件；互联网道路运输便民政务服务系统上线试运行，面向社会公众提供"一站式"网上办事服务；建成道路运输信用系统并上线试运行，归集各类信用信息约3500万条。

## 二、我国运输服务体系建设存在的问题

与满足人民日益增长的美好生活需要和建设交通强国的宏伟目标相比，当前，我国综合运输服务体系还存在一定不足，集中表现在以下方面：综合运输服务一体化水平不高，多层级、一体化综合运输枢纽体系尚未形成，旅客联程运输和货物多式联运总体处于起步阶段；供给结构不合理、服务品质不优，旅客出行服务体验有待提升，大宗物资中长距离公路运输占比较高，冷链物流、国际物流供应链等短板明显；新老业态融合发展不充分，先进运输组织模式和先进技术推广应用不足，行业转型升级步伐总体缓慢；数字化、智能化和绿色化水平不高，跨方式跨部门信息资源互联共享不充分，绿色低碳发展任务艰巨；行业安全稳定基础仍不牢固，应急运输体系韧性不强；行业治理水平不高，法律法规建设滞后，从业人员素质有待提升，综合交通运输管理体制

机制尚未完全理顺，统一开放有序的运输市场尚未全面形成。

### （一）一体化运输服务能力有待提升

一是综合枢纽整体运输组织水平和运行效率不高。已建成的综合客运枢纽系统内部联络还不够顺畅、设施布局不尽合理，零距离换乘衔接程度较低。部分城市中心城区外围轨道交通站点的换乘接驳体系不完善，城乡客运换乘不够便捷。综合货运枢纽一体化服务能力较为薄弱，集疏运体系不健全，港口铁路集疏运比例较低，货物运输难以实现"无缝衔接"。二是旅客联程、货物联运发展水平亟待提升，不同运输方式之间沟通衔接不畅、组织协同不够、联运转运效率不高，"最后一公里"梗阻现象突出。多式联运占比不高，港口集装箱铁水联运比例偏低。三是运输服务融合发展水平不高。跨区域一体化融合发展的体制机制障碍亟须创新突破。城市、城乡客运线路、站点等资源统筹不充分，仅通达、未便捷。城乡客运基本服务均等化水平不高，还不同程度存在基础设施不完善、发车频次较低、信息化程度低等问题。

### （二）传统运输业态转型升级相对缓慢

一是传统道路客运经营面临空前压力。近十年来，受高铁和民航等运输方式快速发展、网约车冲击、私家车增多等影响，传统道路客运市场整体呈现下滑趋势，道路客运量降幅明显。二是货运企业规模化、集约化、专业化发展不足。道路货运市场呈现"多、小、散"发展格局，84.5%以上为个体运输业户，有10辆及以上车辆的道路货运企业仅13.3万户，经营高度分散。三是出租汽车新老业态融合发展不充分，新业态监管有待加强，汽车租赁行业监管有待进一步强化。

### (三)运输结构调整仍需进一步加强

一是货物运输结构仍不完善,受公路路网不断完善、道路运输企业市场开放等因素影响,公路运输承担了过多煤炭、钢铁、粮食等大宗货物长距离运输任务,铁路在大宗物资运输方面运量大、能耗低的比较优势未能充分发挥。2021年,全国公路货运量占比高达75.0%,铁运和水运占比分别为9.2%和15.8%。二是货物运输结构调整手段不够丰富,主要依靠行政手段,尚未形成以合理比价关系为核心的市场长效发展机制,财税、金融等配套支持政策较为薄弱。多式联运运价竞争优势不明显,部分地区铁路班列集装箱运价比公路高,地方铁路运价远高于国铁价格等。三是部分港口集疏运铁路、物流园区和大型工矿企业铁路专用线建设滞后,利用率较低,一定程度上影响了"公转铁"。

### (四)治理体系和治理能力有待进一步提高

一是综合交通运输管理体制机制尚未完全理顺,法律法规建设相对滞后,难以适应行业新业态监管需要,智慧监管和信用管理服务水平亟待提升,综合运输应急能力建设有待加强。二是全链条、全过程事前事中事后监管体系尚未形成,行业管理理念、手段、方式不适应新形势下的改革发展需要。信用信息共享应用有待拓展,信用信息归集覆盖面不全,重点领域信用监管力度不足。三是统计监测体系有待优化,与运输结构调整、运输产业发展等新要求有关的运输数据缺乏常态化、科学化的统计和监测。

# 第三节 建设便捷舒适、经济高效的运输服务体系的重点任务

## 一、构建舒适便捷的客运出行服务系统

### （一）构建快速便捷的城乡客运服务系统

提升城际客运服务能力水平。构筑以高铁、航空为主体的大容量、高效率的城际快速客运服务，基本实现城市群内部2小时交通圈。加快道路客运转型升级，鼓励和规范发展道路客运定制服务。推广使用经济适用、客货统筹的农村客运车型。有序推进老旧道路客运站改扩建，因地制宜增设邮政快递、旅游集散等服务设施，鼓励在保障运输服务基本功能的前提下开展综合开发利用。完善水路客运服务质量标准规范，改善陆岛运输条件。加快完善航空服务网络，提高边远地区航空网络通达性，推进干支有效衔接，提高航空服务能力。

加快城乡客运一体化发展。持续巩固拓展具备条件的乡镇和建制村通客车成果，保障农村客运连续服务，严防"通返不通"。完善农村客运基础设施，提升农村客运安全通行条件。在城镇化水平较高、经济基础较好、客流集中的地区，鼓励灵活采用城市公交延伸、班线客运公交化改造等模式，提升城乡客运均等化服务水平。推广集约化农村客运发展模式，推动农村客货邮融合发展，提高农村客运组织化程度和抗风险能力。强化农村客运安全和运营服务动态监管。完善农村客运发展支持政策，推动落实属

地责任，通过政府购买服务、建立运营补贴机制等方式，保障农村客运开通并可持续稳定运营。提升农村水路客运基础设施、船舶供给能力，提升农村水路客运服务水平。

加快推动运游融合发展。完善主要旅游景区公共客运基础设施，鼓励既有道路客运站增建旅游集散中心或拓展旅游集散服务功能。增强城乡客运线路服务乡村旅游能力，支撑全域旅游发展。发展定制化运游服务，打造"车票＋门票＋酒店"等"一站式"服务产品。因地制宜开发都市水上游、运河文化游、海岛风光游，推出一批水上文化旅游示范航线。有序发展沿海水上旅游客运。支持邮轮企业依法开辟国际邮轮航线，落实邮轮港服务标准，研究制定国际邮轮运输服务评价规范，稳慎推进邮轮海上游试点航线开航，支持本土邮轮发展，积极支持五星红旗邮轮建设运营。研发长江游轮运输标准船型，支持国产中大型邮轮研发设计建造。鼓励运游融合新业态发展，多部门协同有序发展慢行火车、旅馆列车、低空飞行、游艇旅游等体验式交通旅游。

## （二）构建舒适顺畅的城市出行服务系统

优先发展城市公共交通。持续深化国家公交都市建设，构建适应城市特点的公共交通出行服务体系。科学规划、调整城市公交线网，优化发车频率和运营时间，扩大公交服务广度和深度。加快城市公共交通枢纽建设，提升集疏运效能和换乘便捷性。完善多样化公交服务网络，构建快速公交、微循环公交服务系统，发展定制公交、夜间公交、水上公交巴士等特色服务产品。建立健全城市公共交通用地综合开发增值效益反哺机制。深化城市公交管理体制改革，健全完善政府购买服务机制，建立健全票制票价机制。提高城市公交无障碍服务能力，促进低地板公交车推广应用，完善无障碍出行服务体系。

提高城市轨道交通服务能力。指导城市分类实施线网绩效评估，加快推进增建复线支线、联络线，扩容站厅站台通道，增设出入口等补短板改造，全面提升城市轨道交通线网利用水平。优化大小交路、快慢车、跨线运营、灵活编组等运输组织模式。推进城市轨道交通一码通行、一键问询、信息推送等客运服务。推动全自动列车、智慧车站、无人值守设备房规范化运行，提升城市轨道交通智慧化水平。优化适老化、无障碍出行环境。开展城市轨道交通运营服务品牌线路创建活动，提升线网服务的便捷性高效性。

推进出租汽车行业转型升级。深化巡游出租汽车经营权制度改革，落实无偿有期限使用，推动利益分配制度改革，理顺运价调节机制，健全作价规则。完善巡游出租汽车行业服务质量评价与监督机制，加强诚信体系建设，促进市场良性竞争。鼓励巡游出租汽车应用移动互联网技术，不断创新经营模式，提高市场竞争能力和服务水平，促进出租汽车新老业态融合发展。加快网络预约出租汽车驾驶员和车辆合规化进程，面向社会公众提供车辆和驾驶员合规信息查询服务，规范平台经营行为。提升出租汽车适老化服务水平，保持巡游出租汽车电召服务，完善约车软件老年人服务功能。

规范汽车租赁和互联网租赁自行车健康发展。强化小微型客车租赁车辆管理，规范租赁经营合同，保护经营者和承租人合法权益。充分利用信息技术，提升线上线下服务能力，强化租赁车辆智能组织调配，动态优化租赁车辆布局。鼓励城市商业中心、大型居民区、交通枢纽等人流密集区域的公共停车场为分时租赁车辆停放提供便利。规范互联网租赁自行车发展，完善互联网租赁自行车运力投入机制，强化运营服务质量考核，优化自行车停车点位规划设置，规范车辆停放秩序和用户资金管理。

加强城市交通拥堵综合治理。加大公共交通发展投入力度和优先通行能力，提升公共交通服务可靠性和吸引力。加强交通需求管理，引导小汽车合理使用，规范静态交通秩序。加快完善慢行交通系统，提升城市步行和非机动车出行比例，因地制宜建设自行车专用道。加强轨道交通站点与公共汽电车、自行车出行的无缝换乘衔接，实现轨道交通主要出入口周边100米范围内公共汽电车、自行车便捷换乘。

## 二、构建经济高效的货运物流服务系统

### （一）构建集约高效的货运与物流服务系统

推动干线货运规范高效发展。鼓励提供优质干线运力服务的大车队模式创新发展，创新道路货运组织方式，提升集疏运效率和质量。创新货车租赁、挂车共享、集装单元化等新模式。推进货运车辆生产、登记、使用和检验各环节的标准衔接，研究制定门类齐备、技术合理的货运车型标准体系。联合相关部门继续开展货运车型标准化专项行动，全面推进货运车辆标准化、厢式化、轻量化。积极发展符合国家标准的中置轴汽车列车、厢式半挂车，加快轻量化挂车推广应用。积极发展铁路重载直达、班列直达、高铁快运等方式。加快推进内河船型标准化，提高航道和船闸等通航设施利用率，提高内河航运竞争力。持续提升航空物流安检和通关效率。鼓励大型物流企业市场化兼并重组，鼓励物

流企业向多式联运经营人、物流全链条服务商转型。

推动道路货运高质量发展。加快道路货运业运输组织模式创新，优化货运市场结构，推进车辆装备技术升级，促进货运企业专业化、集约化发展；建立分类分级监管体系，完善动态监测分析体系，有效引导市场供需平衡；规范网络货运新业态发展，规范市场经营行为；进一步提高行业治理能力，改善货运市场从业环境，切实维护货车驾驶员合法权益，推动道路货运业组织更有效率、技术更加先进、市场更富活力、运行更为安全、发展更可持续。

提升城市货运配送服务水平。完善以综合物流中心、公共配送中心、末端共同配送站为支撑的配送网络，促进城际干线运输和城市末端配送有机衔接。优化城市配送车辆通行区域、配送时间，探索设置城市公共临时停车位或临时停车港湾。推动城市建设货运配送基础公共信息服务平台。鼓励发展共同配送、统一配送、集中配送、分时配送等集约化配送模式。发展"云仓"等共享物流模式。

完善农村物流服务网络。推动既有客货运输站场、邮政快递站点、公路养护工区、电子商务和农村供销网点等资源整合、功能升级和综合开发利用。研究制定农村物流节点建设和运营服务标准，推动农村物流节点科学布设和灵活经营。支持各地引导企业因地制宜培育农村物流服务品牌，完善农村物流网络，加强与城际干线运输衔接，促进城乡双向流通。创新农村物流服务模式，鼓励运输企业跨行业联营合作，推动建立"种植基地＋生产加工＋商贸流通＋物流运输＋邮政金融服务"一体化农村物流服务体系。

推动专业化物流创新发展。加快公用型冷链物流园区、农产品产地冷链物流园区建设，提升产地预冷、冷链运输、保鲜储存、低温加工能力。强化冷藏保温车管理，推广应用冷藏保温箱等标准化装载单元。发展基于跨境生鲜贸易的多式联运组织模式，探索开行"点对点"快速货运冷链班列。建立冷链运输分级分类精准监管体系，完善冷链货物分类管理、电子运单、温度监测等制度，加强冷链道路运输市场运行动态监测，开展冷链车辆、从业人员的服务质量评价。完善大件运输跨省联合审批机制，优化审批流程，推动线路制定智能化。深入实施邮政、快递"进厂""进村"工程，推进寄递物流与先进制造业、现代农业、跨境电商协同融合。推动无人机（车）投递、智能配送、无接触寄递、即时直递等新模式发展。

### （二）构建安全畅通的国际物流供应链服务体系

加快完善海运全球服务网络。优化煤炭、原油、矿石、集装箱、液化天然气等专业化海运系统，鼓励企业完善全球海运干线网络，拓展以在境外投资的港口为节点的国际航线，推动对北极航道的商业化利用和常态化运行，进一步提高第三国航线规模，推进基于区块链的全球航运服务网络建设。优化海运船队规模结构，发展液化天然气船船队，进一步提高集装箱、原油、干散货、特种运输船队国际竞争力。深化国际贸易"单一窗口"建设，优化进出境船舶与货物监管流程，支持口岸大数据共享平台建设，促进海运便利化。培育若干世界一流码头建设和运营商、综合服务商，加强港口与中欧班列、西部陆海新通道、中欧陆海快线等高效衔接，服务支撑陆海内外联动、东西双向互济的开放格局。

推进中欧班列高质量发展。推动中欧班列西、中、东通道

"卡脖子"路段升级改造，积极开辟境外新路径。大力发展加挂补轴、阶梯集结等中转集结班列，促进开行模式由"点对点"向"枢纽对枢纽"转变。科学合理制定中欧班列开行方案，动态调整开行线路，促进线路资源集约利用。严格控制去程班列空箱，支持回程班列开展以集装箱为单元的国际班列内外贸货物混编运输业务，努力实现"重去重回"。持续推进"运贸一体化"发展，推动建立供应链综合服务平台，积极发展"电商班列"。

提升航空货运服务能力。支持航空物流企业做大做强，鼓励传统航空货运企业与物流龙头企业战略合作、资产重组，壮大航空货运机队规模，科学有序发展全货机运输。整合客机腹舱资源，提高既有航线和运力利用效率。加大国际航权谈判力度，支持国内航空公司拓展我国至南亚、非洲、拉美等地区国际航空货运航线网络。加快枢纽机场货运设施改造升级。在货物供应能力较强的机场，完善货运航班时刻政策，进一步优化航班时刻资源配置，支持航空公司构建货运航班波。在京津冀、长三角、粤港澳和成渝等地区具备条件的国际航空货运枢纽机场实现"7×24"小时通关，满足航空货运快速通关需求。建立航空公司、货代、货站等互通共享的物流信息平台，提升航空货运数字化、信息化水平。

提高国际道路运输便利化水平。充分发挥国家便利运输委员会机制作用，提高互联互通和便利化水平。推动落实边境口岸汽车出入境运输中央财政事权改革，落实中央支出责任。推进双边国际道路运输合作文件商签和实施工作，打通中欧公路直达运输通道。推广跨境甩挂运输，推进中韩陆海联运等跨境联运发展，积极构建中国—东盟多式联运联盟。完善基于北斗的国际道路运输管理与服务信息系统，推进与海关、移民边检、公安交管等部门信息交换共享。研究推动与俄罗斯、蒙古国、哈萨克斯坦、土耳其等"一带一路"沿线国家国际道路运输相关信息数据互换。推动优化国际道路运输营商环境，引导企业做大做强，支持企业"走出去"。

提升国际寄递物流服务水平。加快发展面向日韩、东南亚、俄罗斯等周边重点区域的寄递服务，扩大连接西欧、中亚、美洲等地区的寄递通道，推动进出口寄递业务量双向提升。推进寄递服务与跨境电子商务联动发展，加快国际快件航空转运中心规划和建设布局，打造具有全球竞争力的邮政快递核心枢纽。鼓励利用中欧班列等方式加强与沿线各国邮政业务合作，推动班列双向运邮常态化。鼓励寄递企业与先进制造、科技企业"协同出海"，支持快递企业在制造业海外生产基地附近建设仓储运营中心，提供入厂物流和全球销售服务。依托万国邮联机制，增强全球网络通达性和稳定性。

## 三、构建综合低碳的一体化运输服务体系

### （一）构建协同融合的一体化服务系统

加快打造旅客联程运输系统。落实《交通强国建设纲要》"打造旅客联程运输系统"的要求，推广"出行即服务"理念，发展基于智能终端的"一站式"出行服务。积极发展空铁、公铁、公空、公水、空水等模式，大力发展"行李直挂""徒手旅行"等服务。推进"高铁无轨站"、国际枢纽和区域枢纽机场城市候机楼建设，推行异地候车（机）、行李联程托运等服务。推动运输方式间票务数据信息互联共享，发展旅客联程运输电子客

票，努力实现"一站式购票、一票（证）通行"。加快推行跨运输方式安检双向或单向认可，开展安检流程优化试点工作。

加快城市群都市圈运输一体化发展。优化京津冀、长三角、粤港澳大湾区、成渝地区双城经济圈等重点城市群一体化轨道交通网，全面提高通勤化水平。推进城市轨道交通与干线铁路、城际铁路、市域（郊）铁路融合发展，构建运营管理和服务"一张网"，实现设施互联、票制互通、安检互认、信息共享、支付兼容。在城市群、都市圈推进市域（郊）铁路和城际道路客运公交化运营，推进都市圈中心城市轨道交通适当向周边城市（镇）延伸，有序推动毗邻地区实施城乡客运公交化改造。完善连接枢纽场站的公交专线、夜间班次和应急运输保障服务，在运营时刻、组织调度、运力安排等方面加强协同衔接和应急响应。推动交通一卡通全国通用与多种运输方式一卡通用。

加快优化调整运输结构。提高道路货运组织化、集约化程度，充分发挥道路货运在枢纽集疏运体系方面的比较优势，持续推动大宗货物和中长途货物运输"公转铁""公转水"。大力发展内河集装箱运输、江海（河海）直达运输，提高航运枢纽水水中转比例。全面加快集疏港铁路建设，具备条件的沿海及内河主要港口的重点港区基本接入集疏港铁路。新建及迁建大宗货物运输量150万吨以上的大型工矿企业及物流园区，鼓励同步规划建设铁路专用线。加快城市周边地区铁路外围集结转运中心和市内铁路场站设施改造，构建"外集内配、绿色联运"的公铁联运配送体系。深化铁路运输价格市场化改革，严格落实港口经营服务性收费相关规定，完善港口收费政策。引导重点货运源头单位安装称重检测和视频监控设备并联网运行，建立违法超限超载常态化倒查工作机制。

深入推进多式联运发展。推动铁水、公铁、陆空等联运发展，加强铁路（高铁）快运、航空货运能力建设，创新"干线多式联运+区域分拨"发展模式，深入推进多式联运示范工程建设，构建空中、水上、地面与地下融合协同的多式联运网络。有序推进内陆集装箱多式联运体系建设。推进内陆集装箱（系列2集装箱）、陆空联运标准集装器、多式联运交换箱等标准化载运单元应用。加快高铁货运动车组等装备研发应用，大规模推广应用铁路专用平车、滚装船等专用载运机具。积极推进江海联运、铁水联运发展，推进江海直达船型研发和推广应用。加快全国多式联运公共信息互联互通，推动铁路、公路、水运、航空以及海关、市场监管等信息交互共享。积极推进多式联运"一单制"，加快应用集装箱多式联运电子化统一单证。

## （二）打造绿色智能运输服务体系

建立低碳转型政策体系。在交通运输碳排放达峰行动方案框架下，研究制定旅客运输、货物运输和城市交通等领域低碳转型政策措施。建立运输装备、运输活动等重要基础数据共享机制，完善运输服务领域能耗和碳排放监测、报告和核查体系，为研究制定运输服务领域碳交易制度奠定基础。加强对重点企业监督管理，建立运输行业碳减排评估考核制度和管理绩效激励制度，推动重点运输企业碳排放核查和低碳运输企业认证，建立运输企业能效领跑者激励机制。

深入推进绿色出行。大力提升公共交通服务品质，优化慢行系统，增加绿色出行吸引力。提升绿色出行装备水平，推进新能源车辆规模化应用，加快充电基础设施建设，开展绿色出行"续航工程"。大力培育绿色出行文化，完善公众参与机制，建设形成布局合理、生态友好、清洁低碳、集约高效的绿色出行服务体系。

深入推进城市绿色货运配送发展。加快新能源城市物流配送车辆应用，稳步提高城市物流配送新能源汽车比例。完善城市配送节点网络、优化车辆便利通行政策、推进城市配送全链条信息交互共享、引导城市配送组织模式创新，推动标准化周转箱等物流单元循环共用，加快推进城市货运配送绿色化、集约化转型。

提升客运信息化服务水平。推广移动互联网技术在客运领域的应用，提升定制客运服务水平。打造服务全国范围的道路客运信息服务平台，提升道路客运联网售票服务水平，普及应用道路客运电子客票，服务群众便捷出行。因地制宜推广农村交通运输信息平台，实现农村客运、物流配送、旅游服务等信息融合共享。进一步扩大水路旅客运输联网售票、电子船票应用覆盖度。

推动城市交通智能化发展。全面提升城市交通基础设施数字化管理水平，推动大数据、5G、人工智能等技术在城市出行服务领域的应用，构建城市交通运行监测与信息服务平台。深化基于大数据的多模式资源优化、协同调度技术应用，实现智能动态排班、跨模式的协同调度和各要素的全局优化配置。提升城市交通运行分析和预判能力，研究推进都市居民交通调查，构建城市交通数据采集体系，推动城市交通精准治理。

推进互联网+货运物流融合发展。健全网络货运管理制度，研究将交易撮合类货运平台纳入行业监管，研究制定网络货运经营服务规范，强化市场运行监测。引导网络货运新业态规范健康发展。大力发展"互联网+"高效物流，创新智慧物流营运模式。鼓励物流园区、港口、机场、货运场站广泛应用物联网、自动化等技术，推广应用引导运输车、智能输送分拣和装卸设备。鼓励各类市场主体构建综合物流服务平台，实现智能匹配、智能跟踪、智能调度。

  提升数字监管服务水平。加快推广应用道路运输电子证照、水路运输电子证件和危险货物道路运输、集装箱多式联运电子化单证。加快互联网道路运输便民政务服务系统建设应用，推动道路运输政务服务高频事项跨省通办。以全国道路运政管理信息系统为基础，强化重点营运车辆联网联控、危险货物道路运输安全监管等信息系统的数据共享融合与质量提升。加快北斗系统在运输服务领域推广应用，修订道路运输车辆动态监督管理部门规章，推动技术升级改造。进一步畅通 12328 交通运输服务监督热线投诉举报渠道，调整优化投诉举报处置流程，深化拓展系统功能。持续发布中国运输生产指数，研究发布道路货物运输价格指数，科学评估运输服务运行动态，加强运输市场运行监测分析，规范市场竞争秩序。

# 第六章 建设完善可靠的交通运输安全保障体系和反应快速的应急管理体系

## 第一节 交通运输安全保障和应急管理的相关理论

### 一、交通运输安全保障的相关理论

交通运输领域安全理论发展大致经历了以改进交通运输设备为主的技术完善时期、以研究交通运输参与人员因素为主的人本时期、以交通运输系统组织管理为核心的系统安全时期三个阶段（图6-1）。第一个阶段是技术完善时期。早期，在交通运输设备逐渐完善的过程中，机械故障是导致交通运输事故的主要原因。因此，当时的安全管理以"亡羊补牢"型为主，以"生产-事故-改进-继续生产"为特征。这一时期，随着交通运输技术设备的逐步改进以及安全规章标准的逐步制定，安全水平显著提高。第二个阶段是人本时期。20世纪70年代以后，人们开始注重人机的相互作用，解决安全问题的主要方式也开始由侧重技术完善转变为侧重研究交通运输参与人员的因素。第三个阶段是系统安全时期。随着对人为因素的深入研究以及对大量交通运输事故的调查分析，人们发现人只是导致事故发生的关系链上的一环，事故链中的大部分环节在系统组织控制之下，每一次事故都是一次系统组织失效，要使系统更安全，必须从系统组织方面采取行动。因此，自20世纪80年代后期起，交通运输安全管理开始侧重于研究交通运输系统组织管理对事故的影响，强调组织及系统在安全管理中的整体作用。

图6-1 交通运输安全理论发展阶段

（一）事故致因理论

事故致因理论是从本质上阐明事故因果关系，说明事故发生、发展过程和后果的理论。

为了防止事故，必须弄清事故为什么会发生，造成事故发生的原因——事故致因因素有哪些。在此基础上，研究如何通过消除、控制事故致因因素来防止事故发生。

事故是一种可能给人类带来不幸后果的意外事件。千百年来，人类主要是"从事故学习事故"，即根据事故发生后残留的关于事故的信息来分析、推论事故发生的原因及其过程。事故发生的随机性质以及人们知识、经验的局限性，使得人们认识事故发生的机理十分困难。

在科学技术落后的古代，人们往往把事故的发生看作人类无法违抗的"天意"或"命中注定"。随着社会的发展和科学技术的进步，特别是工业革命以后工业事故频繁发生，人们在与各种工业事故斗争的实践中不断总结经验，探索事故发生的规律，相继提出了阐明事故为什么会发生、事故是怎样发生的以及如何防止事故发生的理论。由于这些理论着重解释事故发生的原因以及针对事故致因因素如何采取措施防止事故，所以被称作事故致因理论。事故致因理论是指导事故预防工作的基本理论。

事故致因理论的发展与生产力发展紧密相关。在生产力发展的不同阶段，生产过程中出现的安全问题有所不同，随着生产方式的变化，人在生产过程中所处的地位发生变化，会引起人们安全观念的变化，因而产生了反映安全观念变化的不同的事故致因理论。

20世纪50年代以前，工业生产方式是利用自动化机械并迫使个人适应机器，一切以机器为中心。与这种情况相对应，人们往往将生产中的事故原因推到操作者的头上。1939年，法默和钱伯明确提出了事故频发倾向理论；1936年，海因里希在《工业事故预防》一书中提出了事故因果连锁理论。

第二次世界大战后，科学技术有了新的飞跃，不断出现的新技术、新工艺、新能源、新材料及新产品给工业生产及人们的生活面貌带来了巨大的变化，也带来了更多的危险，同时也引发了人们安全观念的变化。越来越多的人认为，不能把事故的发生简单地说成是人的性格缺陷或粗心大意，应该重视机械的、物质的危险性在事故中的作用，强调实现生产条件、机械设备的固有安全，才能切实有效地减少事故的发生。

1961年，由吉布森提出并由哈登完善能量转移论，这是事故致因理论发展过程中的重要一步。该理论认为，事故是一种不正常的或不希望的能量转移，各种形式的能量构成了伤害的直接原因。因此，应该通过控制能量或控制能量载体来预防伤害事故。同时，该理论提出了防止能量对人体产生危害的措施。

20世纪70年代以来，随着生产设备、工艺及产品越来越复杂，人们开始结合信息论、系统论和控制论的观点、方法进行事故致因分析，提出了一些有代表性的且现在仍发挥较大作用的事故致因理论。如SHEL模型，其名称代表组成系统的四个要素：软件（Software）、硬件（Hardware）、环境（Environment）和生命件（即人，Liveware）。SHEL模型强调研究人与软件、人与硬件、人与环境和人与人之间的界面，认为界面间不匹配就可能引发人的差错。

这些理论均从人的特性与机器性能和环境状态之间是否匹配和协调的观点出发，认为机械和环境的信息不断地通过人的感官反映到大脑，人若能正确地认识、理解、判断，作出正确的决策和实施合适的行动，就可以避免事故发生或事故对自身或他人造成伤害。

20世纪90年代，詹姆斯·里森提出了著名的安全管理瑞士奶酪模型（又名Reason模型）。该模型认为每一次事故都是一次安全管理的缺失，是一次组织和系统的错误配合。在安全系统中，防御层在危险源、潜在损失之间进行干预，在理想状态下，每个防御层都完好无损。但在现实中，它们类似一片片瑞士奶酪，上面有很多漏洞，而且这些漏洞是在不断变化的——不断地打开、关闭和移动它们的位置。在某一片上存在漏洞，通常不会造成坏的结果，但如果各片上的漏洞连成一条线，事故发生的概率就会更高。防御层上出现漏洞有两个原因：主动失效和潜在条件。主动失效是由那些直接接触系统的人（如系统设计者、建设制造者、程序撰写者、维护作业人员和管理人员等）犯下的差错。主动失效对防御系统的影响通常是短暂的，类似短暂地开放和关闭一个漏洞。潜在条件可能在很多年都处于休眠状态，只是结合主动失效和其他触发条件，就会引起事故。理论上讲，其表现形式可以在事故发生之前被识别出来。

进入21世纪，随着人们对系统复杂性认识的深入，基于复杂性科学和系统科学的事故致因理论不断得到发展。2004年，莱韦森提出了基于系统理论的事故模型STAMP，从复杂性科学的角度出发，将安全视为复杂系统的一种整体涌现，认为事故发生源于在设计、制造、使用和维护过程中安全约束未被有效执行。

事故致因2-4模型（24Model）是中国矿业大学（北京）安全管理研究中心等在以往事故致因模型基础上经十余年研究形成的理论。作为一个现代事故致因模型，该模型将事故的原因分为组织内部原因和组织外部原因。其中，组织内部原因又包含组织行为和个人行为两个层面。组织行为可以分为安全文化（根源原因）、安全管理体系（根本原因）两个阶段；个人行为可以分为习惯性行为（间接原因）、一次性行为与物态（直接原因）两个阶段，共四个阶段。这四个阶段连接起来即构成了一个行为事故致因模型。这就是它的名字"事故致因2-4模型"的由来。事故致因2-4模型既是用于事故原因分析的模型，也是用于事故预防对策设计的事故预防模型，在实验室规划与建设、安全领域人才培养方案设计、安全管理组织结构设计、安全培训等事故预防实务运行中都可应用，可作为安全管理实践的理论依据。事实上，除了在安全学科中的应用以外，24Model 也是一个通用管理模型，可用于组织和个人管理任何事物。

### （二）事故预防理论

安全工程理论和实践的基本出发点是最大限度地消除隐患，避免发生事故。安全管理思想和体系是以预防为核心。

事故预防理论的典型代表是海因里希工业安全公理。海因里希在《工业事故预防》一书中对事故预防工作进行了深入研究，提出了工业事故预防的十项原则，称为海因里希工业安全公理。

尽管随着时代的前进和人们认识的深化，许多新观点、新理论相继问世，该"公理"中的一些观点已经不再是"自明之理"，但是该理论中的许多内容仍然具有强大的生命力，在现今的事故预防工作中仍具有重大影响，特别是其中的事故法则和事故预防的3E准则。

#### 1. 事故法则

事故法则即事故统计规律，又称 1∶29∶300 法则，即每 330 次事故中，包含可能会造成死亡或重伤事故 1 次、轻伤或微伤事故 29 次、无伤害事故 300 次。这一法则是海因里希在统计分析了

55万起工业伤害事故后提出的。人们经常将事故法则的比例关系绘制成三角形图，称为事故三角形（图6-2）。

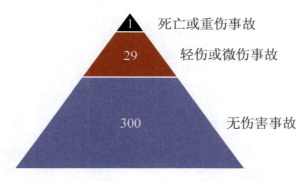

图6-2　事故三角形

事故法则告诉人们，要消除1次死亡或重伤事故以及29次轻伤或微伤事故，必须首先消除300次无伤害事故。也就是说，防止灾害的关键不在于防止伤害，而是要从根本上防止事故。所以，安全工作必须从基础抓起，如果基础安全工作做得不好，小事故不断，就很难避免大事故的发生。

**2. 事故预防的3E准则**

海因里希把造成人的不安全行为和物的不安全状态的主要原因归结为四个方面的问题：不正确的态度；技术、知识不足；身体不适；不良的工作环境。针对这四个方面的问题，海因里希提出了改进工程技术、说服教育、人事调整和惩戒四种对策。这四种安全对策后来被归纳为事故预防的3E准则（图6-3）。

工程技术（Engineering），即利用工程技术手段消除不安全因素，实现生产工艺、机械设备等生产条件的安全。

教育培训（Education），即利用各种形式的教育和训练，使人树立"安全第一"的思想，掌握安全生产所必需的知识和技能。

强制管理（Enforcement），即借助规章制度、法规等必要的行政乃至法律手段约束人们的行为。

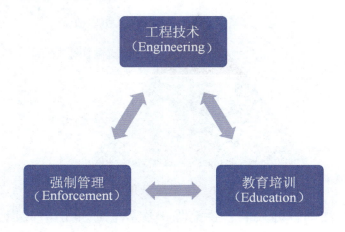

图 6-3 事故预防的 3E 准则

这里，安全技术对策着重解决物的不安全状态的问题，安全教育对策和安全管理对策则主要着眼于人的不安全行为的问题。安全教育对策主要使人知道应该怎么做，安全管理对策则要求人必须怎么做。

一般来说，在选择安全对策时应该首先考虑技术措施，然后是教育、管理。实际工作中，应针对不安全行为和不安全状态的产生原因，灵活采取对策。例如，针对职工的不正确态度问题，在安排工作时应参考心理学和医学方面的理论，对关键岗位上的人员要认真挑选，并且加强教育和管理，如能从技术上采取措施，则应该优先考虑；对于技术、知识不足的问题，应加强教育和管理，提高人的知识水平和操作技能；应尽可能地根据人机学的原理进行技术方面的改进，降低操作的复杂程度；为了解决身体不适的问题，在分配工作任务时也要参考心理学和医学方面的理论，并尽可能改进技术，降低对人员素质的要求；对于不良的物理环境，则应采取恰当的技术措施来加以改进。

为了防止事故发生，不仅要在上述三个方面实施事故预防与控制的对策，还应始终保持三者间的均衡，合理地采取相应措施，并综合使用上述措施，才有可能做好事故预防工作。

随着时代的发展，事故预防准则仍在不断完善。基于事故预防的3E准则和世界卫生组织推荐的伤害预防四步骤，人们提出了5E预防策略。5E预防策略是指将安全评估（Evaluation）、教育培训（Education）、环境管理（Environment）、工程技术（Engineering）、强制管理（Enforcement）相结合的综合事故预防模式（图6-4）。

图6-4　5E预防策略

## 二、交通运输应急管理的相关理论

从交通运输突发事件发生、发展到造成灾害直至人们采取应急措施的全过程，主要涉及三个主体：一是灾害事故本身，即突发事件。二是突发事件作用的对象，即承灾载体。三是为有效预防和应对处置突发事件所实施的日常防范、应急准备、监测预警、响应处置及应急恢复等活动，即应急管理。

根据《交通运输突发事件应急管理规定》，交通运输突发事件是指突然发生，造成或者可能造成交通运输设施毁损，交通运输中断、阻塞，重大船舶污染及海上溢油应急处置等，需要采取应急处置措施，疏散或者救援人员，提供应急运输保障的自然灾害、事故灾难、公共卫生事件和社会安全事件。突发事件具有突发性、紧迫性、复杂性、不确定性、危害性等特点。突发事件发生突然，其发展也非常迅速，随着突发事件的发展、演变，它所造成的损失可能会越来越大。因此，需要通过建立和发展应急管理体系，提高应急管理能力，实现快速应对突发事件。通过对突发事件的分析，可以了解其萌生、发生、发展和突变的演化规律，认识突发事件作用类型、强度和时空分布特性，进而为预防突发事件的发生、阻断突发事件突变成灾的过程、减弱突发事件作用提供科学支撑。

承灾载体是突发事件作用的对象，一般包括人、物、系统（人与物及其功能共同组成的社会经济运行系统）三方面。承灾载体是人类社会与自然环境和谐发展的功能载体，是突发事件应急管理的保护对象。

应急管理是针对灾害和危机等突发事件进行应急准备、预防监测、应急处置和恢复重建的全过程管理。应急管理是指针对即将出现或者已经出现的灾害而采取的一系列必要救援措施,包括灾害发生前的各种备灾措施、灾害期间的具体行动、灾害发生后的救灾工作,以及避免和减少由于自然灾害和社会相互作用而导致次生灾害的措施等。其目的是尽最大可能通过科学有效的组织协调来保护人民生命及财产安全,将经济财产损失降到最低程度并防范次生灾害。应急管理可以针对突发事件实施,从而减少突发事件的发生或降低突发事件作用的时空强度;也可以针对承灾载体实施,从而增强承灾载体的抗御能力。对应急管理的研究重点在于掌握对突发事件和承灾载体施加人为干预的适当方式、力度和时机,从而最大限度地阻止或控制突发事件的发生、发展,减弱突发事件的作用以及减少承灾载体的破坏。

在总结突发事件、承灾载体、应急管理及其相互关系的基础上,研究人员提出了交通运输突发事件三角形理论模型,如图6-5所示。突发事件、承灾载体、应急管理三者共同构成了一个三角形的闭环框架。此外,突发事件三角形理论模型框架中还存在物质、能量、信息三个关键因素,均为灾害要素。灾害要素作为一种客观存在,是无法被消灭的。人们所能做和需要做的,是采取各种有效的技术和方法,避免或减少灾害要素引发的突发事件。

对于交通运输系统而言,交通运输系统自身可能是承灾载体。此外,交通运输系统还是应急处置中的重要支撑保障模块。交通运输保障是应急保障措施的重要部分,无论是事故事件还是自然灾害事件,为了尽快恢复事件影响区域的生产和人们的生活，交通运输都不能中断，这种双重身份决定了其在应急管理体系中的重要地位。

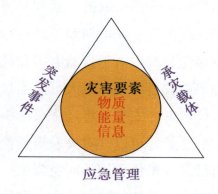

图 6-5　交通运输突发事件三角形理论模型

交通运输应急管理工作要坚持以防为主、防抗救相结合，坚持常态减灾和非常态救灾相统一，努力实现从注重灾后救助向注重灾前预防转变，从应对单一灾种向综合减灾转变，从减少灾害损失向降低灾害风险转变，全面提升全社会抵御自然灾害的综合防范能力。

### 三、交通运输安全和应急的关系

交通运输安全是指通过持续的危险源辨识和安全风险管理过程，将交通运输系统或其某一方面的人员伤害和财产损失发生的可能性降至并保持在可接受的水平或其以下的一种状态。交通运输应急管理是指为有效预防和应对处置交通运输突发事件所实施的日常防范、应急准备、监测预警、响应处置以及应急恢复等活动。

  需要说明的是，可以认为安全无论是在广度还是深度上都涵盖了应急的范围。应急管理涉及的突发事件预防与应对是安全管理工作的一个重要方面，对于控制灾害范围，减少灾害损失，进而提升安全水平具有重要作用。现今，人们对交通运输事故致因、预防及应急理论问题的研究广度和深度都在逐渐增加，在诸多方面取得了进一步成果。例如，研究各类交通运输事故的形成演化机理及其诱发传导机制和原理；研究交通参与者的性格、心理基础、物质基础等对不安全行为的影响及其与交通运输安全状态的相互作用反馈机理；根据各类交通运输事故的特点，对交通运输危害因素（危险源）进行辨识与分析，挖掘其与交通运输安全的潜在关联；从"时间、空间、强度"等方面系统总结和研究影响交通运输安全的各种灾害事件的萌生、发展、后果及应急管理等。

  值得注意的是，事故致因、预防及应急理论的发展还很不完善，尚没有给出应对事故的普遍而有效的方法。某个事故致因理论只能在某类事故的研究、分析中起到指导或参考作用。然而，我们必须认识到，对事故致因、预防及应急理论的研究可以使我们深入理解事故发生的机理，指导我们进行事故调查分析乃至开展事故预防及应急管理工作，为系统安全分析、危险评价和安全决策提供充分的信息和依据，最终促使对事故的研究从定性的物理模型向定量的数学模型发展，为事故的科学分析和预测、预防及应急管理的快速开展奠定基础，真正实现安全管理的科学化。

# 第二节　我国交通运输安全保障体系和应急管理体系的发展现状

我国交通运输始终坚持统筹发展和安全，牢固树立安全发展理念，将安全发展的要求贯穿于交通运输的全领域和全过程，提高交通运输防范化解安全风险和应急管理能力，不断提升交通运输行业整体安全水平，综合交通运输安全保障体系和应急管理体系建设取得了较为显著的成就。

根据《2021年交通运输行业发展统计公报》，2021年铁路交通未发生特别重大、重大事故，发生较大事故1件，比上年减少12件，铁路交通事故死亡人数比上年下降23.1%；2021年共发生运输船舶水上交通事故（等级事故）129起，比上年下降6.5%，死亡失踪153人、下降21.9%，沉船46艘、下降39.5%；全国各级海上搜救中心共组织、协调搜救行动1990次，在我国搜救责任区内成功搜救1171艘中外遇险船舶、13928名中外遇险人员；2021年公路水运工程建设领域未发生重特大事故，发生生产安全事故64起、死亡90人，比上年分别下降13.5%和4.3%；港口作业领域发生安全生产一般事故6起、死亡6人，比上年分别减少1起、1人，未发生较大及以上等级事故；2021年全国发生通用航空事故16起，比上年减少2起，死亡18人、增加5人。

## 第六章　建设完善可靠的交通运输安全保障体系和反应快速的应急管理体系

### 一、交通运输安全保障体系建设取得的成就

交通运输安全生产涉及领域广，与人民群众的美好生活和经济社会的可持续发展息息相关。我国交通运输坚持系统治理，持续推进安全生产体系建设，基本建成了系统完备、科学规范、运行有效的交通运输安全生产体系。

#### （一）牢固树立安全发展理念

安全管理工作将"人民至上、生命至上"作为根本宗旨，把保障人民的生命财产安全放在首位，统筹发展和安全，完善落实安全生产责任制，加强安全风险管控，开展安全生产专项整治，加强安全生产监管执法，提升交通运输从业人员安全素质，着力打造"平安交通"。加强安全生产公益宣传、案例警示教育，推动将交通安全纳入基础教育课程内容，提升全社会交通参与者的安全意识、技能及应急处置能力，努力营造了"人人关注平安交通，全民推进平安交通"的氛围。

#### （二）提高基础设施安全保障能力

我国实施高铁安全防护工程，推进人防、物防、技防"三位一体"安全保障体系建设，集中开展铁路沿线安全环境治理，消除了高速铁路沿线各类安全隐患和普通铁路沿线各类问题。加大危旧桥梁改造力度，开展公路长大桥梁结构健康监测系统建设，促进公路交通安全设施精细化提升，实施了"放心路、放心桥、放心车保安全工程"。推进农村公路安全设施建设，规范和完善了农村道路安全警示标志及设施。推进船舶碰撞桥梁隐患治理，

推进老旧码头改造、渡口升级改造、航道整治、航运枢纽大坝除险加固，完善了配套安全设施。加强港口、航道安全设施建设维护，完善了港口安全设施检测和日常管控。

### （三）提高运输工具及设施装备安全技术性能

安全管理工作注重通过完善车船安全技术标准，持续推进货运车型标准化，推动安装智能视频监控报警、防碰撞和整车整船安全运行监管技术装备升级，提高了运输装备本质安全水平。

### （四）提高从业人员安全素质

安全管理工作注重提高从业人员安全素质，深化从业人员安全素质提升工程，建立交通运输安全生产基础知识库，对从业人员开展经常化教育培训。积极推进企业主要负责人和安全生产管理人员安全知识和管理能力考核，督促企业依法配备注册安全工程师。开展了从业人员安全生产知识竞赛和技能比武。聚焦机长、船长、驾驶员、装卸管理人员等关键岗位，弘扬职业精神，推进了安全行为自律。

### （五）提高交通运输安全生产治理能力

安全管理工作注重完善安全生产相关法律法规，健全完善相关交通运输安全技术标准体系，出台了安全生产约谈、挂牌督办等管理制度。深化责任体系和履责能力建设，建立管理部门安全生产权责清单，落实了企业安全生产主体责任。构建安全风险分级管控和隐患排查治理双重预防机制，推动建立健全安全风险研判、风险评估、风险防控等机制，实施了全过程安全生产重大风险清单化精准管控。加强事故调查和整改落实，深入剖析典型事故和重大险情深层次原因，及时修订完善了有关制度政策。加大安全科技成果推广应用，充分运用科技装备、信息技术等提升了行业安全生产和监督管理智能化水平。

## 二、交通运输应急管理体系建设取得的成就

交通运输应急管理体系承担着应对交通运输行业各类突发事件，以及自然灾害、公共卫生、社会安全等事件的保通、保运等保障任务。我国交通运输坚持以持续提升应急处置能力为目标，深入推进交通运输应急管理体系和能力现代化。

### （一）应急预案体系建设持续推进

我国持续推进交通运输应急预案体系建设。国务院发布了《国家海上搜救应急预案》《国家城市轨道交通运营突发事件应急预案》。交通运输部发布了《国家重大海上溢油应急处置预案》，修订了《公路交通突发事件应急预案》和《水路交通突发事件应急预案》，并制定了《交通运输综合应急预案》等 5 项部门预案，进一步完善了应急预案体系。

### （二）应急管理体制机制法治不断完善

我国持续完善交通运输应急管理体制、机制和法治建设。交通运输部设立应急办公室，统筹各种交通运输方式，推动建立了综合交通运输应急指挥体系。

### （三）应急信息系统建设持续加快

综合交通运输应急指挥平台加快建设，建成了覆盖沿海、长江干线和其他内河通航水域的船舶自动识别系统（AIS），开通了我国海事船舶 AIS 信息服务平台，进一步增强了行业运行监测与

综合应急处置能力。

### (四) 应急储备和保障能力不断提升

我国加快推进国家区域性公路交通应急装备物资储备中心建设，地方依托高速公路、公路养护单位或物资储备单位，建设省市两级公路交通应急装备物资储备点，国家、省、市三级公路交通应急储备体系初步形成。水上交通安全监管救助能力持续提升，打造了以大中型专业救助船舶、救助直升机、大吨位打捞船舶、饱和潜水设备为主力的应急装备体系。海上装备设施不断完善，基本形成了覆盖港区及近岸水域的海事监管和服务系统，航海保障能力持续提升。

## 三、我国交通运输安全应急面临的形势与挑战

随着交通流量快速增长、交通运输体系日益复杂，以及交通出行方式和出行目的日趋多样，我国交通运输虽然取得了巨大的发展成就，但面临的安全形势仍然严峻。同时，我国正处于开启全面建设交通强国新征程的起步期，增强人民群众出行的获得感、幸福感和安全感这一目标，对构建有效维护行业安全运行、确保行业高质量发展的安全应急管理体系提出了更加明确的要求。

### (一) "人民至上、生命至上"的理念对交通运输安全应急提出了更高标准

交通运输领域重特大安全生产事故及事件仍偶有发生，暴露出了安全生产领域存在的突出问题及面临的严峻形势，如长深高

速江苏无锡"9·28"特别重大道路交通事故、云南临沧"11·26"在建隧道重大突泥涌水事故、东方航空"3·21"航空器飞行事故等，均造成重大社会影响。"人民至上、生命至上"的理念深入人心，必须高度重视交通运输安全应急管理，尽最大努力保障交通运输安全运行、井然有序。

### （二）交通运输领域的改革给安全监管带来了更大挑战

随着交通运输领域改革的推进，部分交通运输安全监管部门涉及职能整合。转型期间，若在相互配合、安全监管职责划分等问题上出现脱节，将会导致监管不到位，产生新的风险隐患。

### （三）新业态、新模式的发展给交通运输安全监管提出了更多要求

网约车、共享汽车、无人驾驶等交通运输新业态、新模式快速发展，给行业安全监管带来了新的考验和挑战，对加强和完善行业安全生产法治建设和制度标准建设都提出了迫切需求，亟须监管模式、管理手段等方面与时俱进。

### （四）极端自然灾害频发对交通运输安全的影响更加凸显

近年来，极端天气频发，自然灾害频繁影响交通安全，危害人民群众生命财产安全。例如，2021年汛期，河南等地发生极端特大暴雨，河南国省干线国道、省道多个路段因强降雨引起路面积水、塌方中断，导致了郑州"7·20"地铁5号线亡人事件。

### （五）非传统安全因素给交通运输安全带来了更多不确定性

我国正处于社会转型期，各种矛盾错综复杂，非传统安全因素对交通运输的影响不容忽视，给安全监管和应急运输保障工作带来了新问题。此外，驾驶员心理问题也极易诱发重大事件。

# 第三节　建设完善可靠的交通运输安全保障体系和反应快速的应急管理体系的重点任务

《交通强国建设纲要》明确要求提升本质安全水平、完善交通安全生产体系、强化交通应急救援能力。建设完善可靠的交通运输体系和反应快速的应急管理体系就是要充分利用现有的安全资源，研究相应的技术，预防和管控重大风险，避免重大事故的发生，并在事故发生后通过快速救援最大化减少造成的损失，全方位、立体化地提高综合交通运输系统的安全水平。其重点工作主要围绕本质安全建设、安全生产体系建设和应急救援体系建设这三点展开。

## 一、本质安全建设

本质安全指使生产设备或生产系统本身具有安全性，即使在误操作或发生故障的情况下也不会造成事故的功能。交通运输行业作为国民经济生产和社会生活的命脉，其快速有序发展对构建和谐社会十分重要。随着前沿引领技术、现代工程技术、颠覆性技术的出现及更迭，在交通领域，本质安全建设的重点在于采用智能检测监测、人工智能等技术，对轨道交通、道路交通、水路交通和航空交通中的载运装备以及基础设施安全性进行提升、优化，为建设交通强国等国家级决策提供强有力支撑。

## （一）智能安全载运装备

经济社会、科学技术的日益发展使各类载运装备智能化水平不断提高，交通基础设施规模不断扩大，交通运输能力及运营服务水平不断提升。载运装备作为交通系统中的重要组成部分，承担着运输旅客以及货物的重要任务，其安全性直接决定着运输系统能否高效、安全运营。

### 1. 提升载运工具及设施装备安全技术性能

现在，各领域载运装备正在向智能化方向迈进，在带来了巨大社会经济效益的同时也带来了不少安全问题。交通运输部门要不断通过制定部门规章等手段，完善安全技术标准，从防错设计、结构设计、运行数据保护等多方面对智能载运工具和设施安全技术性能关键指标进行规定，推动载运工具和设施的标准化、安全化，引领指导智能载运工具的发展。

### 2. 发展智能监测检测技术

智能监测检测技术要围绕"两客一危"等重点载运工具，推进车载智能视频监控报警、防碰撞和安全运行状态监管等设备的研制和安装，实现主要运输方式载运工具的自我检测、自主可控。同时，还要推动智能检测载运工具的研发，突破载运工具与基础设施之间的无线通信、载运工具之间的交互检测技术难关，并在此基础之上实现其主动风险防护、风险预警及应急等关键技术。

## （二）智能安全基础设施

基础设施是不同运输系统的基础，为载运装备的运行和管理服务的实施提供了必要基础条件。基础设施全生命周期包括了其设计、建造、运营养护乃至报废的全过程，为保证基础设施在全生命周期内的安全，要重点从前期建设、后期管养和治理等角度出发，以促进基础设施本质安全水平的提高。

### 1. 提高基础设施智慧建造技术水平

要以科技创新为驱动，以安全管理标准体系和管理体系为保障，依托跨江跨海工程、隧道工程、港口工程、航道工程等重点建设工程，突破相应智慧建造关键技术，加快机械化、自动化、信息化、智能化等先进建设装备的普及应用，推广使用新材料、新技术、新工艺，提高交通基础设施质量和使用寿命，打造全方位覆盖的"平安品质百年工程"。

### 2. 提升基础设施智慧管养能力

提升基础设施管养能力重点要从加大安全投入、加强运营养护和重点地段治理三个方面展开。要制定完善管养标准；推进危旧桥梁、老旧码头、渡口的升级改造以及航道整治等工作，并完善配套安全设施；以结构健康监测数据和历史事故材料为基础，对基础设施进行全方位的隐患辨识与治理，辨识出高危路段、桥梁、隧道、码头、航道等，并加以重点关注、养护和改造。

### 3. 推进设施状态智慧监控技术发展

要突破基础设施结构全生命周期健康监测、性能精准感知、风险自主预警等技术，开展基础设施智能检测、诊断、评估技术及装备的研究；同时以交通基础设施数字化建模、服役状态智能感知技术等为基础，研究交通基础设施运行状态和结构材料演化机理，构建综合交通基础设施状态预测预警与综合评价方法，研制开发相应的综合化监测平台。

## 二、安全生产体系建设

安全生产体系建设是一个复杂的系统工程，健全完善的安全生产体系能够有效指导综合交通运输安全运作，极大促进综合交通运输整体安全水平的提高。未来，综合交通运输安全生产体系的建设应重点围绕以下五个方面展开。

### （一）完善综合交通运输安全生产法规制度和标准规范

综合交通运输安全生产立法工作要坚持以习近平新时代中国特色社会主义思想为指导，结合《中华人民共和国民法典》《中华人民共和国安全生产法》等国家重点法律法规，以填补综合交通运输安全法规领域空白和短板，防范安全生产风险，化解重大事故，提升行业安全生产治理能力为目标，重点制定交通运输安全生产监督管理相关法律法规和标准规范，实现交通运输行业的长治久安。

在法律法规方面，要加强行业安全生产相关法律法规立改废释工作；坚持完善铁路建设工程竣工验收管理制度，填补铁路相关领域安全监管立法空白。重点围绕公路水运工程建设规章制度、水路和港口安全法律、民航安全治理法律等，推进《中华人民共和国内河交通安全管理条例》《交通运输安全生产监督管理规定》等法规制修订。加强地方性安全生产法规制度建设；健全完善安全法规动态评估完善机制。

在标准规范方面，要重点围绕基础设施建设与运营、运输工具与装备设施、生产作业、养护及安全生产监督管理等方面，系统构建以国家标准为主体，行业、地方、团体和企业标准相结合的交通运输安全生产标准规范体系。重点推进落实交通运输重特大突发事件监测预警总体技术要求；铁路危险货物运输技术要求；危险货物集装箱查验规范；危险货物港口作业、客轮码头安全管理和技术要求；公路、水路行业安全生产风险辨识评估、城市轨道交通运营危险性事件安全警示、液化天然气罐式集装箱船舶运输安全技术要求；邮政业安全生产设备及操作、智能安检系统技术规范等文件。同时，积极开展国际规则、公约和标准规范的对标工作，酌情推进国际标准国内化进程。

## （二）深化责任体系和履责能力建设，强化监管能力和推进重点领域专项治理

《中华人民共和国安全生产法》明确要求，要强化和落实生产经营单位主体责任与政府监管责任，建立生产经营单位负责、职工参与、政府监管、行业自律和社会监督的机制。综合交通运输安全生产的主体包括交通运输企业和相关管理部门，在明确界定两者职责内容的基础上，管理部门要充分发挥自身力量，强化自身监管能力，推进重点领域的专项治理。

针对交通运输企业，管理部门要全面压实企业安全生产主体责任，完善企业安全生产管理制度，持续推进企业安全生产标准化建设。监督运输企业要对本单位安全生产负全面责任，建立全过程安全生产管理制度，实行全员安全生产责任制度，做到安全责任、管理、投入、培训和应急救援"五到位"；同时，要建立企业生产经营全过程安全责任追溯制度，建立健全企业自我约束、持续改进的内生机制，落实安全风险管控和隐患排查治理责任。

针对管理部门，要坚持"党政同责、一岗双责、齐抓共管、

失职追责""管行业必须管安全、管业务必须管安全、管生产经营必须管安全"和"谁主管谁负责"等理念原则，进一步厘清综合交通运输安全生产监管与行业监管的职责和界限，建立健全安全生产权责清单，规范履责行为，落实监管责任；采用信息化等手段，推进安全监督管理工作系统化、规范化、精细化。

同时，管理部门还要加强安全生产执法能力和基层监管能力建设，完善交通安全监管设施和系统平台，提高自身的监管能力，充分接受社会监督，建立全社会共建、共享、共治的综合交通运输安全监督格局。对工程建设、道路客运、水路运输、城市客运、危险货物运输、港口运营、公路治超等重点领域，要扎实开展安全生产专项整治行动，破解制约行业安全发展的关键难点问题。

## （三）加强风险分级管控和隐患治理，建立并完善综合交通运输行业双重预防机制

交通运输行业管理部门要积极引导、指导、监督交通运输企业的双重预防工作机制的建设工作，发挥自身优势，促进帮助企业加强安全生产管理工作，防范系统性风险。进一步完善风险分级管控和隐患排查治理双重预防机制相关政策文件，确保双重预防工作机制建设工作有法可依、有规可循。

同时，要带头建立健全行业内安全风险和重点风险监测防控体系，加强安全生产形势研判和安全生产网格化管理，深化道路客运、危险货物道路运输、城市轨道交通等重点领域安全风险分级管控和隐患排查治理双重预防机制，建立重大风险清单和管控措施清单。还要建立以安全为导向的市场退出机制，及时清退存

在重大安全隐患的企业和严重违法违规的从业人员。

### （四）推进综合交通运输安全科技创新和信息化建设

安全生产不仅要依靠法律法规和管理体系的支撑，也要坚持科技引领、创新驱动，坚持科技兴安理念，深入开展安全生产保障与管控技术研究，推进综合交通运输安全科技创新和信息化建设工作，从科技层面为综合交通运输安全保驾护航。

在安全科技创新机制方面，要完善政府、企业、科研院所、社会等多方面联合协同创新体系，推进以理论创新、政策研究、关键技术攻关和专业技术辅助为重点职能的行业安全研究机构的建立；做好安全从业人员基础待遇、经费支撑等方面的保障工作，加强研究设备投入，吸引国内外人才积极参与交通运输安全科技创新研究工作；以行业重大关键问题为导向，设立重点研发计划项目，提升行业突出问题治理和重大风险防控能力。

在安全科技研发方面，管理部门要及时分析收集行业关键技术需求，编制重点研发任务指南，明确行业重点鼓励、引导和支持的研究方向和任务。特别是以突发公共事件为背景，要针对重点区域、设施推进交通运输网络运行状态动态监测预警、风险智能评估、高效智能管控等技术研发，全面提升交通运输安全风险预警、防控机制和能力。

在安全科技成果推广方面，政府要牵头成立安全技术推广应用平台，发布交通运输安全技术和产品推广目录和强制淘汰目录，促进技术和产品的新陈代谢。同时，要出台配套监督和鼓励措施，引导企业引进和应用安全技术和产品，推进安全科技成果在安全生产各环节的深入应用。

在安全信息化建设方面，要推动大数据、云计算、人工智能等技术在综合交通运输安全生产领域的应用，推进面向交通流精准感知的城市交通智能调度技术研究应用，同时健全关键信息基础设施安全保护体系，提升车联网、船联网等重要融合基础设施安全保障能力，加强交通信息系统安全防护，加强关键技术领域的创新力度，提升自主研发能力和交通运输安全保障信息化水平。同时，针对综合交通运输从业人员，要建设交通运输关键岗位适岗状态网联智能监测预警平台，研发交通运输关键岗位人员适岗性身心健康快速检测及评价、在岗状态多维多模态智能感知监测和诊断、基于历史数据和状态监测出岗状态快速智能评估及风险识别、人机交互主动干预等技术装备。

### （五）加强教育培训和专业人才队伍建设

人才是保证综合交通运输安全保障体系良好运行的基础，要注重向大众宣传交通安全生产知识，加强行业内安全从业人员技能水平和专业人才队伍建设。

在宣传教育方面，可尝试推进以案例警示教育为主要内容，多种展现方式和扩散渠道相结合的安全法律法规和知识普及等工作；鼓励建立交通运输安全生产体验馆和教育基地；同科研院所展开合作，以提高安全知识传播效率为目的，探究宣传教育的新方式、新内容，帮助大众建立安全防范意识、掌握应急救援技能。

在从业人员技能水平方面，在以企业为主体的基础上，政府要充分发挥引导监督作用。政府要组织并协助企业建立行业安全生产基础知识库，搭建适合企业自身情况的线上线下相结合的安全生产教育平台，通过定期、不定期开展巡视检查，组织竞赛比武等形式，监督促进企业管理人员、安全管理人员和从业人员学习巩固安全知识。

在专业人才队伍建设方面，要加强同从业企业、科研院所等单位的合作，组织建立综合交通运输安全保障专业人才专家库，建设高素质的安全巡查、事故调查队伍，推进重点企业建立自身的专业安全技术研发和管理团队。

## 三、应急救援体系建设

良好的应急救援体系能够科学、及时、有效地应对综合交通运输系统重大安全事故，最大限度减少人员伤亡和财产损失，确保社会交通正常运转。《"十四五"国家应急体系规划》《关于加强交通运输应急管理体系和能力建设的指导意见》等文件明确提出交通应急救援体系建设工作应主要围绕应急组织管理体系、风险防控能力、应急处置能力和应急保障能力四个方面展开。

### （一）构建科学完备的应急组织管理体系

构建科学完备的应急组织管理体系，要以法律法规为基础，提升应急管理法治化水平；完善交通运输应急预案体系；健全现有应急管理体制机制；优化交通运输应急管理协同联动机制。

在提高应急管理法治化水平方面，首要在于完善交通运输应急救援相关法律制度。要针对不同类型突发事件的情况，根据不同运输方式应急管理特点，从应急启动条件、实施方式和责任分配等应急全过程角度出发，补充完善应急救援相关法律制度。

在完善预案体系方面，要以国家突发事件总体应急预案为纲领，重点开展交通运输突发事件应急预案编制、应急演练及评估、防控技术规范编制；完善道路运输应急运力储备要求；编制城市轨道交通运营应急资源网络化布局规则和应急救援规范；完善海事空中巡航技术要求；完善救助直升机夜间海上搜救、危化品船舶事故应急救援技术要求；完善航空集装箱生化隔离系统技术要求；完善寄递企业应急预案编制要求等工作，建成科学协调的综合交通应急运输保障预案体系。同时，各地还要结合自身条件，因地制宜、因时制宜，不断修订完善自身应急预案体系，特别是重大活动保障、重要目标防护以及"巨灾"场景下的应急预案。

在健全现有应急管理体制机制方面，首先要明确应急管理职责，建立以各级党委（党组）负主体责任的职责体系。同时，深度参与国家和各地应急指挥体系，充分发挥交通运输部门在日常应急管理和突发事件应急处置中的作用，健全国家、省、市、县各级部门间和内部的应急管理和值守职责分工，建立边界明确、权责一体、上下联动、协同高效的交通运输应急管理体制机制。还要充分借助科技力量，提高应急管理信息化水平，打造集"专业应急值守""智能信息交互""应急调度指挥"等多功能集一体的综合应急服务保障平台。

在优化交通运输应急管理协同联动机制方面，要强调多部门联动、多方式协同、多主体参与。同公安、自然资源、农业农村、应急管理、气象等部门一同建立形成常态化的联络和协商机制；同时，还要充分考虑铁路、公路、水路、民航、邮政等多种运输方式和主体的特点优势，建立合理的应急管理协调机制，能够在应急情况下及时相互补充完善，快速恢复交通运输。

## （二）提升系统全面的风险防控能力

提升系统全面的风险防控能力应重点围绕风险监测预警、隐患排查治理、提升防御响应能力，以及提升交通网络系统的韧性和安全性方面展开。

在风险监测预警和隐患排查治理方面，要充分利用双重预防体系建设成果，运用信息化、智慧化的新技术和新手段提高风险感知预警和安全态势研判能力；同时，针对重点区域开展隐患排查治理专项行动，不断修复完善系统的风险防控能力。

在提升防御响应能力方面，要重点针对自然灾害，与气象、自然资源等多部门建立良好的联络协调机制，建立针对交通行业的预警联合发布标准体系和发布程序，基于风险监测预警体系建立面向突发事件的响应工作程序和应对措施，从而形成反应灵敏、响应迅速的防御响应体系。同时，要加快推进城市群、重点地区、重要口岸、主要产业及能源基地、自然灾害多发地区多通道、多方式、多路径建设，提升交通网络系统韧性和安全性。

## （三）增强现代高效的应急处置能力

增强应急处置能力的关键核心在于人才队伍的建设。要组织配备常态化的应急救援队伍，不断提升现有队伍专业技能水平，加强装备使用能力培训；充分调动社会面能力，培养一定规模具备基本救援技能的社会志愿者；优化交通运输应急专家队伍构成，建立完善专家辅助决策机制。

增强应急处置能力特别要强化面对特殊情况的救援能力；要充分考虑各运输方式的特点和救援难点，特别是跨区域、跨国等运输方式，要有针对性地制定救援方案、配置救援装备、训练人员技能，以提升交通运输行业救援力量的专业水平。

充分的后勤保障能力是实现应急处置的基础。在应急物资储备方面，要建立灵活多样的应急物资储备模式，对接各地政府物资储备系统，不断提升和完善部、省、市、县各级部门、各交通运输方式的综合物资储备能力，强化重点区域物资保障水平，提升物资储备管理的信息化水平，提高管理精度和广度，实现应急物资储备的最大化利用。在应急运输保障方面，要加强多区域间统筹协调能力，发挥不同运输方式能力优势，完善综合交通应急运输网络建设，提高物资运输、配送和分发使用的调度管理水平，提升应急运输保障效率。

信息化建设为应急处置能力提升提供了充分助力。首先，要建立基于大数据的综合交通运输方式的协同管理指挥应急平台，提高应急管理效率；其次，要提升重点基础设施、交通要道等关键位置、移动载运装备的现场安全态势感知和预警能力，建立安全数据存储和转运中心，提升数据处理和传输能力，实现指挥平台对现场情况的快速感知，提高应急响应效率。

要提升应急处置保障关键技术和装备的研发。要研发面向不同交通运输方式的现代化、专业化和智能化交通运输应急装备，推动应急运输的标准化、模块化和高效化；重点研发面向特殊交通基础设施和特殊运输方式等突发事件的应急处置技术装备。采用大客流非接触式快速安全检测及健康检疫筛查、载运工具快速消毒、客运车辆快速安检、生物隔离集装箱等公共卫生安全保障技术及装备。

此外，还要依据相关法律法规，规范各级、各方式交通运输应急工作流程，优化应急信息报送程序；借助多种工具，实现从应急响应到现场救援和事后处置等整体应急处置流程的信息化、智能化，从而全面提升应急管理和处置的规范化水平。

## （四）强化全面有力的应急保障能力

应急保障能力建设要以人为核心，做好面向专业队伍的演练和处置评估工作以及面向社会人员的宣传教育工作。

在演练和处置评估工作方面，要定期开展不同压力场景下的多部门、多方式、多主体参与的多样性应急演练，提高实战能力；同时，建立基于第三方评价的应急处置后评估和案例研究，形成交通运输应急案例库，以演练结果和案例分析为导向，引领应急管理体系和能力的建设完善。

在宣传教育方面，要加强宣传和科普能力建设，组织形式多样、面向不同年龄群体、易于理解接受的宣传教育活动，提升社会交通运输安全和应急知识水平；建立和完善应急新闻发布机制，拓展应急知识和信息的宣传渠道。

应急保障不仅要依靠政府部门参与，更要发挥生产经营单位的主体作用，强化生产经营单位的应急处置能力。要推进行业重点领域规模以上和其他具备条件的企业单位完善自身的应急处理能力，督促企业单位加强职工应急能力培训和双重预防体系建设，指导企业单位制定符合自身条件的应急预案，为企业单位建立企业与政府间、企业与企业间、企业与社会间等多层级的应急救援力量联合协作机制提供支撑。

要强化应急救援理论研究工作，为应急管理体系建设提供理论指导。要加强同科研院所和第三方机构的合作，培育应急领域人才队伍，开展前瞻性理论和应急管理标准等研究。重点突破综合交通运输事故演化机理、应急物资优化配置理论、应急救援协同理论等研究。

　　提升应急保障能力还需积极开展国际交流与合作。要依托国家"一带一路"倡议、上海合作组织、金砖国家论坛等，积极推进自然灾害和应急管理国际合作机制的建立和完善，开展交通运输应急领域的国际合作交流，参与国际重大灾害应急救援、紧急人道主义援助。

# 第七章 建设现代综合交通运输体系的支撑保障

## 第一节 推进现代综合交通运输体系的治理现代化

### 一、推进交通运输治理现代化的总体思路

**(一)交通运输治理的提出**

1989年,世界银行在《从危机到可持续增长——撒哈拉以南非洲:长期的展望研究》报告中使用了"治理危机"(Crisis of Governance)一词。"治理"一词也被广泛地运用到政治学、经济学、社会学等领域。在我国,术语"公司治理"(Corporation Governance)或"公司治理结构"(Corporation Governance Structure)在讨论公司转型和企业改制时被广泛使用,同时也被政治

学家和社会学家采用，用于研究和探讨政府治理或公共治理。

2013年11月12日，习近平总书记在党的十八届三中全会第二次全体会议上作重要讲话，对国家治理体系和治理能力的概念首次予以阐述。这是一个带有鲜明中国特色的全新政治理念。国家治理体系和治理能力是一个国家制度和制度执行能力的集中体现。国家治理体系是在党的领导下管理国家的制度体系，包括经济、政治、文化、社会、生态文明和党的建设等各领域的体制机制、法律法规安排，也就是一整套紧密相连、相互协调的国家制度。国家治理能力则是运用国家制度管理社会各方面事务的能力，包括改革发展稳定、内政外交国防、治党治国治军等各个方面。

交通运输治理中的"治理"来源于"国家治理体系和治理能力"。交通运输治理是在国家治理体系和治理能力下交通运输行业制度及其执行能力的集中体现。2014年12月，为深入贯彻党的十八大和十八届三中、四中全会精神，交通运输部印发《关于全面深化交通运输改革的意见》（交政研发〔2014〕242号），首次面向行业将交通运输治理现代化作为交通运输行业全面深化改革的目标提出。2017年，党的十九大报告作出建设交通强国的战略部署后，交通运输治理成为交通强国战略的主要目标和重点任务之一。2019年9月，中共中央、国务院印发《交通强国建设纲要》，提出"到2035年，基本实现交通治理体系和治理能力现代化；到本世纪中叶，交通治理能力达到国际先进水平"。同时，将"完善治理体系，提升治理能力"作为九大任务之一。2020年10月，为深入贯彻落实党的十九届四中全会决策部署，交通运输部印发《关于推进交通运输治理体系和治理能力现代化若干问题的意见》（交政研发〔2020〕96号），明确了新发展阶段推进交通运输治理现代化的总体设计。2021年2月，中共中央、国务院印发《国家综合立体交通网规划纲要》，将"提升治理能力"作为重点任务进行部署。

**（二）推进交通运输治理现代化的基本原则和主要目标**

为明确如何推进交通运输治理现代化，交通运输部根据社会主义现代化国家建设要求，基于交通运输治理呈现出的特征和趋势，提出了四个方面的推进思路。一是更加注重战略性。交通运输是兴国之要、强国之基，要跳出行业，更多立足全球视角和经济社会发展大局，形成更加契合国家顶层设计和战略定位的行业治理格局。二是更加注重系统性。交通基础设施网络化、运输服务一体化的特征日益凸显，要加快形成跨领域、跨区域、全要素、全流程的行业治理，进一步增强治理的整体性、系统性、协同性。三是更加注重创新性。交通运输是新技术应用、新业态发展的重要领域，行业治理要更多应用数字化、网络化监管手段，进一步创新监管模式，不断提升治理的精准性、时效性、多样性。四是更加注重稳定性。面对复杂严峻的内外部环境，以及新技术、新业态、新模式等带来的变化和挑战，行业治理将不断接受考验，要加快形成结构稳定、机制灵活、反应迅速的治理模式，不断增强治理的可靠性、稳定性、适应性。

在上述思路的基础上，交通运输部明确了推进交通运输治理现代化的基本原则和主要目标。

基本原则包括四个方面：一是突出改革创新。以制度建设为主线，加强改革的战略性、前瞻性，在关键性、基础性重大改革上守正创新，推动交通运输各项制度不断完善和发展。二是坚持依法治理。发挥法治的引领和推动作用，在法治下推进改革，在改革中完善法治，用法治思维和法治方式推进交通运输治理体系和治理能力建设。三是体现共治共享。在充分发挥市场在资源配置中的决定性作用、更好发挥政府作用的基础上，进一步发挥社会协同共治作用，推动形成共建共治共享的交通运输治理格局。四是加强系统集成。增强治理的协同高效，形成跨领域、网络化、全流程的现代治理模式，激发交通运输治理的整体效应。

推进交通运输治理现代化的总体目标是，到中国共产党成立一百年时，在交通运输各方面制度更加成熟更加定型上取得明显成效；到 2025 年，交通运输高质量发展的制度体系基本形成，行业现代治理能力和治理效能明显提升，有力支撑交通强国建设，服务现代化经济体系建设和民生改善的作用更加突出；到 2035 年，行业各方面制度更加成熟更加定型，基本实现交通运输治理体系和治理能力现代化，适应基本建成交通强国需要；到新中国成立一百年时，全面实现交通运输治理体系和治理能力现代化，行业制度更加巩固、优越性充分展现，有力支撑全面建成交通强国，适应社会主义现代化强国建设需要。

## 二、推进交通运输治理现代化的主要任务

一是依法治理方面。"改革与法治如鸟之两翼、车之两轮"，落实全面依法治国基本方略，将法治放在首位，主要任务是建立健全交通运输法治体系，包括：健全综合交通法规体系、深化交通运输综合行政执法改革、深化交通运输法治政府部门建设。

二是政府、市场、社会治理方面。主要任务是完善交通运输

行政管理体系、完善交通运输市场治理体系、完善交通运输社会协同共治体系，构成行业协同共治的三个维度。其中，完善交通运输行政管理体系包括：完善综合交通运输管理体制机制、健全交通运输发展战略规划体系、完善交通运输发展指标与标准体系、深化交通运输"放管服"改革、深化交通投融资机制改革；完善交通运输市场治理体系包括：激发交通运输市场主体活力、完善交通运输市场制度、优化交通运输市场要素资源配置、完善现代化交通运输产业体系；完善交通运输社会协同共治体系包括：完善社会参与机制、构建以信用为基础的新型监管机制、健全行业矛盾纠纷预防化解机制、繁荣发展交通运输先进文化体系。

三是基础设施、出行服务、货运物流领域治理方面。主要任务是建立健全交通基础设施高质量发展政策体系、完善交通出行保障政策体系、建立健全现代物流供应链体系，涵盖三项交通运输行业最主要的职责任务。其中，建立健全交通基础设施高质量发展政策体系包括：完善综合立体交通网络发展机制、健全交通基础设施全生命周期管理体系、构建传统和新型交通基础设施融合发展机制；完善交通出行保障政策体系包括：完善公众基本出行保障制度、推进出行服务一体化便捷化、完善交通运输新业态发展制度；建立健全现代物流供应链体系包括：加快推进国际物流供应链体系建设、健全城乡物流高效发展机制、创新运输组织模式。

四是安全、智慧、绿色、开放领域治理方面。主要任务是完善交通运输安全与应急管理体系、完善交通运输科技创新体系、完善交通运输绿色发展体系、完善交通运输开放合作体系，分别对应四个方面的行业治理理念和价值导向。其中，完善交通运输安全与应急管理体系包括：完善交通运输安全生产体系、完善交通运输应急管理体系、完善交通运输重大风险防范化解机制；完善交通运输科技创新体系包括：完善交通运输科技研发应用机制、完善交通运输技术创新体系、优化交通运输科技创新环境；完善交通运输绿色发展体系包括：全面建立交通运输资源高效利用制度、健全交通运输节能减排和污染防治制度、完善交通运输生态环境保护修复机制；完善交通运输开放合作体系包括：支撑服务自贸区自贸港发展、完善交通运输多双边合作格局、积极参与交通运输全球治理体系建设。

五是治理基础方面。主要任务是完善高素质交通运输人才体系，包括：完善交通运输科技人才培育机制、加强交通运输技能人才队伍建设、完善交通运输干部培养选拔机制。

六是治理保障方面。主要任务是坚持和加强党对交通运输治理现代化的领导，包括：将不忘初心、牢记使命当作终身课题，落实全面从严治党制度，健全权威高效的制度执行机制。

## 第二节　建设现代综合交通运输体系的法治保障

### 一、发展现状

建设现代综合交通运输体系离不开法治保障。现代综合交通运输体系的法治保障体系包括四个方面：完备的交通运输法律规范体系、高效的交通运输法治实施体系、严密的交通运输法治监督体系、有力的交通运输法治保障体系。本节重点介绍完备的交通运输法律规范（法规）体系。

### （一）综合交通法规体系的提出

我国综合交通法规体系的形成与综合交通运输发展和法治建设的历程紧密相关。从立法步骤看，走的是"先分后合"的路线。我国开始是按照不同运输方式进行立法，铁路法规系统、公路法规系统、水路法规系统、民航法规系统、邮政法规系统及其子系统先后形成。随着多式联运的兴起与发展，以及综合交通运输行政体制改革的深入，填补跨运输方式法规系统空白的需求和建设综合交通法规体系的需求才被逐步提出。

从交通运输部《关于完善综合交通运输法规体系的实施意见》（交法发〔2016〕195号）确定的内容看，综合交通运输法规体系是一个理论概念，也是一个总括概念，原有按不同运输方式分别立法建立的系统不需进行大改，制定跨运输方式的《综合运输促进法》《多式联运法》即可。

2017年，交通运输部交通运输战略规划研究项目"国内外综合运输立法模式研究"在其成果中提出，结合国内外交通运输立法的经验，应当制定一部统领各种交通运输方式的"龙头法"。在交通强国战略研究中，一些专家同样提出适应交通强国建设、适应大部门体制，应当制定一部"龙头法"。在这种背景下，制定《交通运输法》的建议被提了出来。该建议虽还未在全国人民代表大会常务委员会的立法计划中立项，但交通运输部《关于完善综合交通法规体系的意见》（交法发〔2020〕109号）已经正式确定其为交通运输法规体系中跨运输方式的一部法律，这部法律的主要任务包括：明确交通运输业在国民经济发展中的地位；明确综合交通运输发展的总体目标和基本原则；确立综合交通运输管理体制；明确综合交通运输规划的定位和重点任务；促进不同运输方式的规划、政策、标准的统筹和衔接，推进各运输方式融合发展，促进多式联运发展；强化交通运输安全发展和相关保障要求；打破不同运输方式信息壁垒，促进信息归集、共享和公开。《关于完善综合交通法规体系的意见》提出的综合交通法规体系是跨运输方式的法规系统＋铁路法规系统＋公路法规系统＋水路法规系统＋民航法规系统＋邮政法规系统，在每种法规系统下再进一步划分"子系统"。从这一正式文件看，综合交通法规体系是六个法规系统的总和。综合交通法规体系的逻辑结构是"体系、系统、子系统"，其中"系统"按照不同运输方式确定，"子系统"有的是按照该运输方式的构成要素划分，有的是按照行政管理子行业职责划分；在"子系统"中，调整基础设施、安全等关系的法律法规名称不加"运输"二字，调整客货位移等相关关系的法律法规名称加"运输"二字。

交通运输部《关于完善综合交通法规体系的意见》（交法发〔2020〕109 号）提出的综合交通法规体系如图 7-1 所示。

### （二）综合交通法规体系的现状

按照"系统"分类，主要法规有：

一是铁路法规系统。《中华人民共和国铁路法》于 1990 年 9 月 7 日第七届全国人民代表大会常务委员会第十五次会议通过。根据 2009 年 8 月 27 日第十一届全国人民代表大会常务委员会第十次会议《关于修改部分法律的决定》第一次修正。根据 2015 年 4 月 24 日第十二届全国人民代表大会常务委员会第十四次会议《关于修改〈中华人民共和国义务教育法〉等五部法律的决定》第二次修正。这部法律及其行政法规，形成了铁路法规系统。

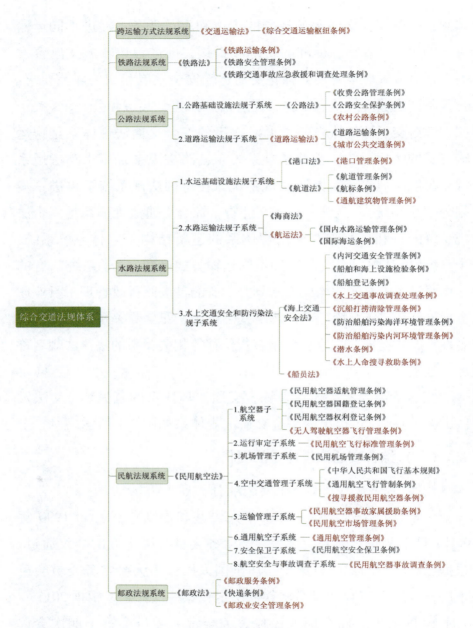

图 7-1 综合交通法规体系

注：图中红色字为待制定法律。

二是公路法规系统。《中华人民共和国公路法》于 1997 年 7 月 3 日第八届全国人民代表大会常务委员会第二十六次会议通过。根据 1999 年 10 月 31 日第九届全国人民代表大会常务委员会第十二次会议《关于修改〈中华人民共和国公路法〉的决定》第一次修正。根据 2004 年 8 月 28 日第十届全国人民代表大会常务委员会第十一次会议《关于修改〈中华人民共和国公路法〉的决定》第二次修正。根据 2009 年 8 月 27 日第十一届全国人民代表大会常务委员会第十次会议《关于修改部分法律的决定》第三次修正。根据 2016 年 11 月 7 日第十二届全国人民代表大会常务委员会第二十四次会议《关于修改〈中华人民共和国对外贸易法〉等十二部法律的决定》第四次修正。根据 2017 年 11 月 4 日第十二届全国人民代表大会常务委员会第三十次会议《关于修改〈中华人民共和国会计法〉等十一部法律的决定》第五次修正。这部法律及配套行政法规以及《中华人民共和国道路运输条例》等，形成了公路法规系统。

三是水路法规系统。《中华人民共和国海上交通安全法》于 1983 年 9 月 2 日第六届全国人民代表大会常务委员会第二次会议通过。根据 2016 年 11 月 7 日第十二届全国人民代表大会常务委员会第二十四次会议《关于修改〈中华人民共和国对外贸易法〉等十二部法律的决定》修正。2021 年 4 月 29 日，第十三届全国人民代表大会常务委员会第二十八次会议修订通过《中华人民共和国海上交通安全法》。《中华人民共和国海商法》于 1992 年 11 月 7 日第七届全国人民代表大会常务委员会第二十八次会议通过。《中华人民共和国港口法》于 2003 年 6 月 28 日第十届全国人民代表大会常务委员会第三次会议通过。根据 2015 年 4 月 24 日第十二届全国人民代表大会常务委员会第十四次会议《关于修改〈中华人民共和国港口法〉等七部法律的决定》第一次修正。根据 2017 年 11 月 4 日第十二届全国人民代表大会常务委员会第三十次会议《关于修改〈中华人民共和国会计法〉等十一部法律的决定》第二次修正。根据 2018 年 12 月 29 日第十三届全国人民代表大会常务委员会第七次会议《关于修改〈中华人民共和国电力法〉等四部法律的决定》第三次修正。《中华人民共和国航道法》于 2014 年 12 月 28 日第十二届全国人民代表大会常务委员会第十二次会议通过。根据 2016 年 7 月 2 日第十二届全国人民代表大会常务委员会第二十一次会议《关于修改〈中华人民共和国节约能源法〉等六部法律的决定》修正。这些法律及其行政法规，形成了水路法规系统。

四是民航法规系统。《中华人民共和国民用航空法》于 1995 年 10 月 30 日第八届全国人民代表大会常务委员会第十六次会议通过。根据 2009 年 8 月 27 日第十一届全国人民代表大会常务委员会第十次会议《关于修改部分法律的决定》第一次修正。根据 2015 年 4 月 24 日第十二届全国人民代表大会常务委员会第十四次会议《关于修改〈中华人民共和国计量法〉等五部法律的决定》第二次修正。根据 2016 年 11 月 7 日第十二届全国人民代表大会常务委员会第二十四次会议《关于修改〈中华人民共和国对外贸易法〉等十二部法律的决定》第三次修正。根据 2017 年 11 月 4 日第十二届全国人民代表大会常务委员会第三十次会议《关于修改〈中华人民共和国会计法〉等十一部法律的决定》第四次修正。根据 2018 年 12 月 29 日第十三届全国人民代表大会常务委员会第七次会议《关于修改〈中华人民共和国劳动法〉

等七部法律的决定》第五次修正。根据 2021 年 4 月 29 日第十三届全国人民代表大会常务委员会第二十八次会议《关于修改〈中华人民共和国道路交通安全法〉等八部法律的决定》第六次修正。这部法律及其行政法规，形成了民航法规系统。

五是邮政法规系统。《中华人民共和国邮政法》于 1986 年 12 月 2 日第六届全国人民代表大会常务委员会第十八次会议通过。2009 年 4 月 24 日，第十一届全国人民代表大会常务委员会第八次会议修订通过《中华人民共和国邮政法》。根据 2012 年 10 月 26 日第十一届全国人民代表大会常务委员会第二十九次会议《关于修改〈中华人民共和国邮政法〉的决定》第一次修正。根据 2015 年 4 月 24 日第十二届全国人民代表大会常务委员会第十四次会议《关于修改〈中华人民共和国义务教育法〉等五部法律的决定》第二次修正。这部法律及其行政法规，形成了邮政法规系统。

目前，综合交通法规体系中的前述八部法律、四十一部行政法规已经覆盖了交通运输的各个子行业，初步实现了有法可依。跨运输方式法规系统中的《交通运输法》《综合交通运输枢纽条例》已经列入规划。跨运输方式中的民事法律关系，主要适用《中华人民共和国民法典》第三编合同的第二分编典型合同，多式联运合同作为运输合同方式，为跨运输方式的发展奠定了民事法律基础。

## 二、发展重点

交通运输部《关于完善综合交通法规体系的意见》（交法发

〔2020〕109号）对综合交通法规体系中各系统、子系统"龙头法"的完善提出了具体的立法法律、行政法规以及规章目录。

**（一）"十四五"时期法律、行政法规的立法项目**

"十四五"时期，法律、行政法规的立法项目分为三类。

第一类是协调推动颁布实施的项目：《海上交通安全法（修订）》（已公布）、《公路法（修订）》《收费公路管理条例（修订）》《农村公路条例》《铁路法（修订）》《铁路交通事故应急救援和调查处理条例（修订）》《民用航空法（修订）》《无人驾驶航空器飞行管理暂行条例》《城市公共交通条例》《道路运输条例（修订）》。

第二类是推动取得重要进展的项目：《交通运输法》《海商法（修订）》《民用航空器事故调查条例》《港口法（修订）》《船舶和海上设施检验条例（修订）》《水上交通事故调查处理条例》。

第三类是加强研究储备的项目：《综合交通运输枢纽条例》《铁路安全管理条例（修订）》《内河交通安全管理条例（修订）》（研究适时上升为内河交通安全法）、《水上人命搜寻救助条例》《沉船打捞清除管理条例》《潜水条例》《航道管理条例（修订）》《民用航空器适航管理条例（修订）》《民用航空飞行标准条例》《铁路运输条例船舶登记条例（修订）》《防治船舶污染海洋环境管理条例（修订）》《邮政法实施细则（修订）》《国际海运条例（修订）》《船员条例（修订）》（研究适时上升为船员法）。

**（二）"十四五"时期部门规章的立法项目**

铁路领域：《铁路运输服务质量监督管理办法》《铁路危险

货物运输安全监督管理规定（修订）》《铁路安全质量监督检查办法》《铁路安全监督管理办法》《铁路建设工程竣工验收管理办法》《铁路建设管理办法（修订）》《铁路工程建设项目招标投标管理办法（修订）》《铁路旅客运输管理规则》《铁路货物运输管理规则》《铁路技术管理规程（修订）》《铁路交通事故调查处理规则（修订）》《铁路交通事故应急救援规则（修订）》《铁路运输企业准入许可办法（修订）》《铁路旅客运输规程》《铁路货物运输规程》《铁路车站及线路名称管理办法》《铁路建设工程安全生产管理办法》《铁路建设工程勘察设计管理办法》《铁路运输设备设施安全监督管理办法》。

公路领域：《农村公路建设管理办法（修订）》《农村公路养护管理办法（修订）》《收费公路权益转让办法（修订）》《〈道路运输条例〉配套规章（制修订）》《城市公共汽车和电车管理规定（修订）》《城市轨道交通运营管理规定（修订）》《公路养护工程施工招标投标管理暂行规定（修订）》。

水路领域：《港口和船舶岸电管理办法（修正案）》《船舶内河污染损害民事责任保险实施办法》《海事行政许可条件规定（修正案）》《海上海事行政处罚规定（修订）》《船舶检验管理规定、渔业船舶检验管理规定（合并修订）》《水上交通事故统计办法（修订）》（与应急管理部联合发布），《船舶安全监督规则（修订）》《船舶载运危险货物安全监督管理规定（修订）》《水上水下活动通航安全管理规定（修订）》《航运公司安全与防污染管理规定（修订）》《海事劳工条件管理规定》《海区港口航道测绘管理规定》《船员违法记分管理办法》《沿海航海保障综合服务管理办法》《内河船舶船员适任考试和发证规则（修订）》

《引航员管理办法（修订）》《沿海航标管理办法（修订）》《船舶引航管理规定（修订）》《水运工程建设项目招标投标管理办法（修订）》《水运工程定额管理办法（试行）（修订）》《内地与港澳间水路运输管理规定》《国际国境河流运输管理规定》《港口基础设施维护管理规定》《海员外派管理规定（修订）》。

民航领域：《公共航空运输旅客服务管理规定（修订）》《民用航空导航设备开放与运行管理规定（修订）》《民用航空通信导航监视设备飞行校验管理规则（修订）》《通用航空安全保卫规则》《民用航空器维修单位合格审定规定（修订）》《民航专业工程质量和安全生产管理规定（修订）》《一般运行和飞行规则（修订）》《特殊运营人运行合格审定规则》《民用航空器驾驶员学校合格审定规则（修订）》《一般商业运输和空中游览运营人合格审定规则（修订）》《民用航空器维修培训机构合格审定规定（修订）》《正常类飞机适航规定（修订）》《公共航空危险品运输管理规定（修订）》《民用无人机运行管理规定》《民用航空产品和零部件适航审定规定（修订）》《运输类飞机适航规定（修订）》《运输类飞机的持续适航和安全改进规定（修订）》《航空发动机适航规定（修订）》《民用航空用化学产品适航规定（修订）》《民用航空油料适航规定（修订）》《飞行训练中心合格审定规则（修订）》《民用航空空中交通通信导航监视设备使用许可管理办法（修订）》《民用航空空中交通管制培训管理规则（修订）》《民用航空空中交通管制员执照管理规则（修订）》《民用航空飞行签派员执照管理规则（修订）》《民用航空空中交通管理规则（修订）》《民用航空电信人员执照管理规则（修订）》《中国民航气象工作规则（修订）》《民用航空气象探测设

施及探测环境管理办法（修订）》《民航协同运行工作规则》《中国民用航空运行数据共享开放管理办法》《外国航空运输企业在中国境内指定的销售代理直接进入和使用外国计算机订座系统许可管理暂行规定（修订）》《外国航空运输企业不定期飞行经营许可细则（修订）》《外国航空运输企业航线经营许可规定（修订）》《中国民用航空国内航线经营许可规定（修订）》。

邮政领域：《邮件快件包装管理办法》《仿印邮票图案管理办法（修订）》《快递市场管理办法（修订）》《邮件快件收寄验视和安全检查管理办法》《邮政业标准化管理办法（修订）》。

此外，还有一些综合领域的规章，包括：《交通运输行政执法程序规定（修正案）》《交通运输安全生产监督管理规定》《公路水运工程质量监督管理规定（修订）》《公路水运工程安全生产监督管理办法（修订）》《公路水运工程监理企业资质管理规定（修订）》《交通运输信用管理相关规章》《公路水运公共交通企事业单位信息公开规定》。

## 第三节　建设现代综合交通运输体系的行政管理体制保障

### 一、发展现状

行政管理体系是指行政系统的组织结构、权力划分、职能配置、运行机制等形成的系统。综合交通运输行政管理体系是国家治理体系的重要组成部分，一般是指铁路、公路、水路、民航、邮政等运输相关领域的政府部门及其所属机构行政管理权限划分的体系。综合交通运输行政管理体系包括了各级交通运输行政管理体制及其运行机制，本节重点介绍国家层面的综合交通运输行政管理体制，采用综合交通运输行政管理体制的表述。

### （一）改革回顾

新中国成立以来，党和政府始终高度重视交通运输事业发展，不断探索和推进综合交通运输行政管理体制改革，取得了显著成效，为我国综合交通运输体系建设提供了有力的体制保障。

#### 1. 社会主义革命和建设时期（1949年10月—1978年11月）

新中国成立之初，实现由战争时期交通管制向和平时期交通管理转变是一项十分紧要的任务，新中国相继成立了交通部、铁道部、邮电部和军委民航局。其中，交通部主要负责公路和港航的建设与运输管理；铁道部由中央人民政府人民革命军事委员会划转中央人民政府政务院管理，一度实行双重领导；邮电部下设邮政总局，负责全国邮政行业管理；1949年11月，军委民航局成立，受空军司令部指导。这基本形成了新中国成立初期的交通运输管理体制架构。

第一次综合交通运输行政管理体制改革的探索始于1958年2月，民航局划归交通部领导，改称"交通部民用航空总局"。1962年4月，民用航空总局由交通部属局改为国务院直属局，其业务及干部人事工作等均直归空军负责管理。

第二次综合交通运输行政管理体制改革的探索是在1966—1976年间。1967年，中央决定对公路、水路、航空等运输方式实行军事管制。1970年，交通部、铁道部和邮电部（邮政部分）合并为交通部革命委员会。1975年，四届人大一次会议决定分开设置交通部和铁道部，各运输方式又回到了各自独立发展的轨道。

这一阶段，综合交通运输行政管理体制改革进行了两次有益探索，虽最终又回到了各种运输方式独立发展的行政管理体制，但为后续的综合交通运输行政管理体制改革积累了宝贵的历史经验。

**2. 改革开放和社会主义现代化建设新时期（1978 年 12 月—2012 年 10 月）**

改革开放初期，随着经济体制改革的深入和国民经济的快速发展，交通运输对国民经济发展形成严重瓶颈制约，推进综合交通运输行政管理体制改革的呼声日渐高涨。但长期以来，受计划经济体制影响，我国交通运输管理体制一直是政企不分的，这成为阻碍综合交通运输行政管理体制改革的"绊脚石"。1987 年，党的十三大提出要"加快发展以综合运输体系为主轴的交通业"。1988 年，国务院关于合并交通部和铁道部、组建新交通部的方案已经拟订，但由于存在政企不分、政事不分等问题，最终搁置。20 世纪 80 年代，交通部率先放开了公路和水路运输市场，同时推进国有交通运输企业政企分开；90 年代，又开始推行公路、港口领域政企分开改革和港口属地化改革。20 世纪 80 年代末，民航开始尝试政企分开，将管理局、机场和航空公司分设，并引入竞争机制；2002 年，进一步重组航空公司，开放市场，实现机场属地化，并改革空管体制。2003 年，铁道部将下属部分企业委托给国资委管理，并成立包括集装箱、特货和行包在内的三个专业运输公司。2005 年，邮政也实施了政企分开的体制改革。至此，公路、水路、民航、邮政领域均实现了政企分开，铁路也在政企分开上迈出了重要步伐，为构建综合交通运输行政管理体制创造了基本条件。2007年，党的十七大报告提出"加强基础产业基础设施建设，加快发展现代能源产业和综合运输体系"，并提出要"加大机构整合力度，探索实行职能有机统一的大部门体制"，以体制改革促进综合运输体系发展的思路再次提上日程。2008年，全国人大审议通过《关于国务院机构改革方案的决定》，使交通大部制改革迈出了实质性步伐。改革的主要内容包括：组建交通运输部，将原交通部、原中国民用航空总局的职责，原建设部指导城市客运的职责，整合划入新组建的交通运输部，同时组建中国民用航空局，由交通运输部管理。为加强邮政与交通运输统筹管理，国家邮政局改由交通运输部管理。

这一阶段，综合交通运输行政管理体制改革取得了重大突破，为综合交通运输体系建设打开了新局面，但在组织架构和职能划转上并不彻底，仍需进一步深化改革。

### 3. 党的十八大以来（2012年11月至今）

党的十八大以来，以习近平同志为核心的党中央高度重视综合交通运输改革发展。2013年3月，十二届全国人大一次会议审议通过《国务院机构改革和职能转变方案》，明确由交通运输部统筹规划铁路、公路、水路、民航发展，加快推进综合交通运输体系建设；组建国家铁路局和中国铁路总公司（现中国国家铁路集团有限公司），铁路政企分开取得实质性突破；国家铁路局由交通运输部管理，交通运输部形成"一部三局"的行政管理体制架构。自此，在国家层面，铁路、公路、水路、民航及邮政等置于一个部门管理的大部制管理架构基本形成，为进一步推进综合交通运输体系建设提供了体制保障。习近平总书记强调，综合交通运输进入了新的发展阶段，在体制机制、方式方法、工作措施上都要勇于创新、敢于创新、善于创新，各种运输方式都要融合发展。这为综合交通运输行政管理体制改革指明了前进方向。2018年2月，党的十九届三中全会审议通过《深化党和国家机构改革的决定》和《深化党和国家机构改革方案》，将农业部的渔船检验和监督管理职责划入交通运输部，整合交通运输系统内公路路政、道路运政等涉及交通运输的执法职责、队伍，实行统一执法，由交通运输部指导。2019年9月，中共中央、国务院印发《交通强国建设纲要》，提出要"建立健全适应综合交通一体化发展的体制机制"。2020年9月，中央财经委员会第八次会议提出"建设现代综合运输体系，形成统一开放的交通运输市场"。2021年2月，中共中央、国务院印发《国家综合立体交通网规划纲要》，提出要"建立健全适应国家综合立体交通高质量发展的体制机制"。党中央这一系列重要决策部署，为深化综合交通运输行政管理体制改革提出了明确要求。

这一阶段，以习近平同志为核心的党中央推动综合交通运输行政管理体制改革取得实质性突破，同时，对完善综合交通运输体制机制作出一系列重要决策部署，为下一步完善综合交通运输体制机制注入了强大动力。

### （二）改革成效

经过多轮综合交通运输行政管理体制改革，我国综合交通运输体制机制逐步完善，治理效能不断提升。

一是综合交通运输行政管理体制初步构建。明确了由交通运输部管理国家铁路局、中国民用航空局、国家邮政局，统筹规划铁路、公路、水路、民航以及邮政行业发展，承担综合交通运输规划、战略、政策、法律法规和标准的拟订及起草职能，三个国家局分别负责各自行业管理。工作程序方面，在政务工作、立法工作、规划工作、标准管理、机关的工作、干部人事工作等方面作出了明确详细的规定，使部与国家局之间的工作配合和沟通协调有章可循，提升了工作质量和效率。协调机制方面，在经济运行分析、纪律检查等领域初步建立了定期协调机制，加强了相关信息的共享，推动了相关工作的开展。

二是综合交通运输协调机制持续完善。议事协调机构是综合交通运输行政管理运行机制的重要体现形式。国务院成立了交通强国建设纲要起草组，办公室设在交通运输部，统筹协调推进交通强国谋划和建设。国务院还建立了物流保通保畅工作领导小组、国家便利运输委员会以及"春运"等部际协调工作机制，设立了交通运输新业态协同监管、国家海上搜救和重大海上溢油应急处置、铁路沿线安全环境治理等部际联席会议，办公室均设在交通运输部，统筹协调推进相关工作。同时，交通运输部还建立了多个专项协调机制和领导小组，由部主要领导担任组长、国家局主要领导或有关负责同志担任副组长，如加快建设交通强国领导小组、碳达峰碳中和工作领导小组、军民融合工作领导小组、推进"一带一路"建设领导小组、全面深化改革领导小组、服务构建新发展格局领导小组、人才工作领导小组以及服务国家战略领导小组等。通过协调工作机制建设，部与三个国家局统筹协调更加顺畅，这也成为综合交通运输行政管理体制改革的重要补充。

三是部门间综合交通运输管理职责日渐清晰。综合交通运输涉及的部门领域多，部际间职能划分日渐清晰。关于交通运输部与国家发展改革委，交通运输部负责组织拟订综合交通运输发展战略和政策，组织编制综合交通运输体系规划，拟订铁路、公路、水路的发展战略、政策和规划，统筹衔接平衡铁路、公路、水路、民航、邮政等规划，指导综合交通运输枢纽规划和管理；国家发展改革委负责综合交通运输体系规划与国民经济和社会发展规划的衔接平衡等。关于交通运输部与住房和城乡建设部，交通运输部负责指导城市地铁、轨道交通的运营；住房和城乡建设部负责指导城市地铁、轨道交通的规划和建设。关于交通运输部与公安部、工业和信息化部，交通运输部负责道路运输行业管理和安全监管，道路运输企业、个人和车辆的资质审批；公安部负责道路交通安全管理；工业和信息化部负责道路运输车辆生产标准的制定。此外，交通运输部与文化和旅游部、国家能源局之间也有相关职能划分。

四是地方综合交通运输行政管理体制改革取得新突破。山东、河北、江苏、陕西、云南、广西、北京、上海、天津、重庆等省（自治区、直辖市）已建立省级综合交通运输行政管理体制，负责承担铁路、民航、邮政等行业的地方职能以及负责承担与中央铁路、民航和邮政等部门的协调职能。此外，还有多个省建立了综合交通运输规划或协调机制，全国大部分省明确了交通运输主管部门承担综合交通运输体系的规划协调工作，会同有关部门组织编制综合运输体系规划的职责。截至2022年9月，有25个省（自治区、直辖市）由地方交通运输主管部门牵头编制了"十四五"综合交通运输规划，比"十三五"时期翻了一番；29个省（自治区、直辖市）建立了交通强国（强省）建设领导机制，其中23个省（自治区、直辖市）由党委或政府主要领导或分管领导担任领导小组组长。这些都有力推进了各地的综合交通运输体系建设。

## 二、发展重点

当前,虽然综合交通运输行政管理体制改革已取得很大成效,但与加快建设交通强国、努力当好中国现代化的开路先锋的要求相比,与满足人民日益增长的美好生活需要和建设人民满意交通的要求相比,与加快形成统一开放的交通运输市场、服务构建新发展格局的要求相比,与完善现代综合交通运输体系、推进行业治理现代化的要求相比,还有一定的差距。我们要清醒认识到,我国综合交通运输职能体系还有待健全,体制机制改革还有待深化,统一开放的交通运输市场体系亟待建立健全,各种运输方式间、区域间隐性壁垒仍然存在,亟须进一步深化综合交通运输行政管理体制改革。《交通强国建设纲要》提出了"建立健全适应综合交通一体化发展的体制机制"的明确要求,必须认真抓好贯彻落实。

一是坚持服务大局。要切实肩负起加快建设交通强国、努力当好中国现代化的开路先锋的历史使命,从立足新发展阶段、贯彻新发展理念、构建新发展格局、推动高质量发展的战略高度来谋划和推进综合交通运输行政管理体制改革。

二是坚持人民至上。要以满足人民日益增长的美好生活需要为奋斗目标,通过深化综合交通运输行政管理体制改革,解决不同运输方式间衔接不顺畅、信息不共享等问题,为人民群众提供安全、便捷、高效、绿色、经济的综合交通运输服务,奋力建设人民满意交通。

三是坚持系统观念。要坚持交通大部制改革方向,建立涵盖铁路、公路、水路、民航、邮政等领域的行政管理体制和运行机制，以体制机制保障各种运输方式的比较优势和组合效率更好发挥，形成系统最大效能。

四是坚持问题导向。要聚焦重点问题，进一步完善综合交通运输行政管理体制和运行机制，着力完善综合交通运输职能体系，强化部省间、部门间协同工作机制，加快建立有利于综合交通运输一体化发展的战略规划体系、组织管理体系、工作运行体系和政策制度体系，加快形成统一开放的交通运输市场，夯实加快建设交通强国的制度基础。

五是坚持上下联动。综合交通运输行政管理体制改革必须坚持全国一盘棋，统筹考虑国家和地方层面改革，通过国家层面的综合交通运输行政管理体制改革，指导和带动地方综合交通运输行政管理体制改革，同时又通过探索和推进地方综合交通运输行政管理体制改革，支撑和保障国家层面综合交通运输体制机制运转，从而形成全国上下协调、运行顺畅的综合交通运输体制机制。

## 第四节　建设现代综合交通运输体系的科技保障

### 一、发展现状

交通强国，首先是交通科技强国。科技创新必然是建设交通强国的第一动力。同时，交通强国建设也为建设科技强国提供了重要场景。健全交通运输科技创新体系，是贯彻创新驱动战略、落实建设交通强国重大决策的应有之义，是新时期推动交通运输发展由依靠传统要素驱动向更加注重创新驱动转变的重要抓手。党的十八大以来，以习近平同志为核心的党中央高度重视科技创新工作，把科技创新摆在经济社会发展全局的核心位置。《交通强国建设纲要》《国家综合立体交通网规划纲要》都将创新作为贯穿始终的一条主线。党的十九届五中全会进一步作出了加快建设科技强国、交通强国的战略部署，并在研究制定国民经济和社会发展第十四个五年规划时将创新驱动发展放在规划任务首位，再次凸显了以改革促创新、以创新促发展的重要性和紧迫性。

## （一）取得的成就

改革开放以来特别是党的十八大以来，交通运输行业注重发挥科技创新的驱动和引领作用，经过不懈努力，交通运输科技创新体系不断完善，交通运输科技创新能力大幅提升，取得一系列重大成果，有力支撑了交通运输实现跨越式发展，推动了我国交通科技从"跟跑为主"进入"跟跑并跑领跑"并行的新阶段。

一是交通超级工程举世瞩目。高速铁路、高寒铁路、高原铁路、重载铁路技术达到世界领先水平，高原冻土、膨胀土、沙漠等特殊地质公路建设技术攻克世界级难题。离岸深水港建设关键技术、巨型河口航道整治技术、长河段航道系统治理技术，以及大型机场工程建设技术世界领先。世界一次性建设里程最长的兰新高铁、世界首条高寒地区高铁哈大高铁开通运营，大秦重载铁路年运量世界第一，世界上海拔最高的青海果洛藏族自治州雪山一号隧道通车。川藏铁路雅安至林芝段开工建设。港珠澳大桥、西成高铁秦岭隧道群、洋山港集装箱码头、青岛前湾全自动化集装箱码头、长江口深水航道治理等系列重大工程举世瞩目。我国在建和在役公路桥梁、隧道总规模居世界第一。

二是交通装备技术取得重大突破。瞄准世界科技前沿发展"国之重器",交通运输关键装备技术自主研发水平大幅提升。具有完全自主知识产权的"复兴号"中国标准动车组实现世界上首次时速420公里交会和重联运行,在京沪高铁、京津城际铁路、京张高铁实现世界最高时速350公里持续商业运营,智能型动车组首次实现时速350公里自动驾驶功能;时速600公里高速磁浮试验样车、具备跨国互联互通能力的时速400公里可变轨距高速动车组下线。盾构机等特种工程机械研发实现巨大突破,最大直径土压平衡盾构机、最大直径硬岩盾构机、最大直径泥水平衡盾构机等相继研制成功。节能与新能源汽车产业蓬勃发展,与国际先进水平基本保持同步。海工机械特种船舶、大型自动化专业化集装箱成套设备制造技术领先世界,300米饱和潜水取得创新性突破。C919大型客机成功首飞,支线客机ARJ21开始商业运营。快递分拣技术快速发展。远洋船舶、高速动车组、铁路大功率机车、海工机械等领跑全球,大型飞机、新一代智能网联汽车等装备技术方兴未艾,成为中国制造业走向世界的"金名片"。

三是智慧交通发展步伐加快。推进"互联网+"交通发展,推动现代信息技术与交通运输管理和服务全面融合,提升交通运输服务水平。充分运用5G、大数据、人工智能等新兴技术,交通运输基础设施和装备领域智能化不断取得突破。铁路、公路、水路、民航客运电子客票、联网售票日益普及,运输生产调度指挥信息化水平显著提升,截至2020年底,233个机场和主要航空公司实现"无纸化"出行。全面取消全国高速公路省界收费站,高速公路电子不停车收费系统(ETC)等新技术应用成效显著,截至

2019年底，全国ETC客户累积超过2亿人，全路网、全时段、全天候监测以及信息发布能力不断增强。北斗系统在交通运输全领域广泛应用，据中国卫星导航系统管理办公室统计，至2021年，全国超过700万辆道路运营车辆、3.63万辆邮政和快递车辆、约1400艘公务船舶、约350架通用飞行器已应用北斗系统，京张高铁成为世界上首条采用北斗卫星导航系统并实现自动驾驶等功能的智能高铁。智慧公路应用逐步深入，智慧港口、智能航运等技术广泛应用，沿海集装箱主要港口作业单证基本实现电子化，长江干线等重要航道电子航道图逐步建立完善。智能投递设施遍布全国主要城市，自动化分拣覆盖主要快递企业骨干分拨中心。出台《智能网联汽车道路测试与示范应用管理规范（试行）》和《自动驾驶封闭测试场地建设技术指南（暂行）》，颁布《智能船舶规范》，建立无人船海上测试场，推动无人机在快递等领域示范应用。

四是科技创新政策持续优化。强化科技规划引领，持续编制交通运输科技创新、信息化、标准化五年规划。加强与科技主管部门的协同联动，交通运输部、科学技术部联合发布《关于科技创新驱动加快建设交通强国的意见》（交科技发〔2021〕80号），引导科技资源配置。积极推动科技创新改革政策在交通运输领域落地，出台《交通运输部促进科技成果转化办法》（交科技发〔2022〕67号），鼓励支持科技成果转化应用，激发科研人员热情。实施交通运输行业重点科技项目清单管理，统筹行业优势资源，协同开展科技研发。建立交通运输重大科技创新成果库（包括项目、专利、论文、专著等成果），面向行业遴选、培育重大科技创新成果。组织实施交通运输科技示范工程，打造"区域战略的支撑、成果转化的枢纽、科技研发的平台、技术交流的渠道、科技普及的基地"，促进科技创新支撑交通运输重大工程项目。此外，建立交通运输技术创新联席会议制度，统筹推动交通运输部及部管国家局科技创新工作。

五是科技创新平台不断完善。围绕基础设施建养、交通装备、绿色低碳等领域系统布局，形成了国家、部两个层次，涵盖应用基础研究、技术创新与成果转化、基础支撑与条件保障等方面，包含重点实验室、研发中心（协同创新平台）、野外观测基地三个序列的交通运输科技创新平台体系。截至 2021 年底，各类平台共 197 家。这些平台聚集了 200 多家企业、100 多家科研院所和高校，涵盖铁路、公路、水路、民航、邮政等综合交通运输体系下的各方面科研资源，凝聚起了一支超过 1.4 万名固定人员的科研力量。

六是创新人才队伍加快建设。牢固树立人才是第一资源的理念，加快科技人才队伍建设，通过重大工程技术创新、重点项目研发锻炼人才，依托交通运输科技创新平台凝聚人才，并通过实施交通青年科技人才、交通运输行业科技创新人才推进计划等培养人才，鼓励行业各类用人主体建立完善科技创新领军人才和团队的支持保障机制，一支技术结构比较合理、门类基本齐全的科技创新人才队伍茁壮成长，大批优秀的科技人才脱颖而出，为行业科技创新增添了强大动力。

### （二）存在的问题

当前，交通运输科技创新工作还存在一些不足，主要表现在三个方面。

一是科技创新的总体水平不高。行业科技创新融入国家创新体系不够，支撑有余、引领不足，引领交通运输发展的能力有待增强，交通运输关键核心技术研究储备不足，特别是对于运输服务、安全应急、绿色环保、智能交通、现代化治理等研究不够，对重大核心装备、关键基础软件等储备不足、话语权不高。

二是基础性、前瞻性研究有待加强。行业"短、平、快"的具体技术研究占比高，对技术发展规律的把握不够深入。一方面，长期以来，行业科技创新服务于交通基础设施建设、实际工程多，对共性技术、应用基础性技术研究关注少。例如，在基础设施长期服役行为和耐久性方面，研究的连续性不够，没有形成系统性成果。另一方面，前瞻引领性技术布局不够，特别是当前新一代信息技术与交通运输加快融合，超级高铁、自动驾驶、无人船舶、智慧工地等颠覆性技术不断涌现，行业相关研究与应用有待深化。

三是科技创新体系有待完善。顶层设计系统性仍显不足，科技项目、创新平台、人才、成果推广、标准规范之间良性互动的机制亟待进一步健全，行业科技创新还存在一定程度上的重复和碎片化等问题。创新资源分散，高水平科技创新基地和创新平台缺乏，高端科技创新领军人才不足，与加快建设交通强国的要求相比还有差距。

## 二、发展重点

### （一）形势分析

习近平指出，"科技是国家强盛之基，创新是民族进步之魂。自古以来，科学技术就以一种不可逆转、不可抗拒的力量推动着人类社会向前发展"❶。交通运输的发展历程，充分印证了这一重要论述。

回溯历史，科技创新始终是交通运输发展的根本动力。人类文明史也是一部交通技术进步史，从藤溜索到石拱桥，从独木舟到风帆船，交通技术的进步不断拓展着人类的生产生活空间。以史为鉴，任何大国之崛起，强大的交通运输保障都是关键，先进的交通技术都是核心。正如亚当·斯密所言，"一切改良，以交通改良最有实效"。改革开放特别是党的十八大以来，我国交通运输取得了举世瞩目的成就，中国桥、中国路、中国港、中国高铁成为亮丽名片，创造了"当惊世界殊"的奇迹，其背后都离不开科技创新的有力支撑。

面向当前，科技创新是解决交通运输深层次问题的最佳选择。我国已进入高质量发展阶段，经济增长将更多依靠创新，科技创新的引领作用必然更加凸显。交通运输是经济社会发展的基础性、先导性、战略性产业和重要的服务性行业，是建设现代化经济体系的先行领域，必须依靠科技创新，集中攻克关键核心技术"卡脖子"难题，突破交通运输发展不平衡不充分问题，降低服务成本，提高服务质效，推动产业和产品向价值链中高端跃升，率先实现现代化，以"一流设施、一流技术、一流管理、一流服务"有效支撑经济社会高质量发展。

展望未来，科技创新是引领未来交通发展的关键变量。当今世界正经历百年未有之大变局，新一轮科技革命和产业变革突飞猛进，科技创新的广度、深度、速度、精度持续拓展，成为重塑

---

❶ 引自新华网发布的《习近平在中国科学院第十七次院士大会、中国工程院第十二次院士大会上的讲话》。

世界版图、改变国际力量对比的关键变量。未来，以新一代信息技术、新能源、新材料等为主导技术群的新一轮科技革命将深刻影响交通运输发展。加快建设交通强国使命在肩，必须以只争朝夕的紧迫感，抢抓新一轮科技革命机遇，在前沿关键技术领域占领先机、赢得优势，早日实现人民满意、保障有力、世界前列的宏伟目标。

### （二）工作重点

加快建设交通强国，要坚持把科技创新作为最根本、最可持续的竞争力，使科技创新成为推进各项工作的逻辑起点，以高水平科技自立自强支撑落实交通强国建设各项任务。

一是夯基础，继续支撑重大工程建设与维护。未来一段时期，在交通基础设施领域，科技创新要继续做好两个方面支撑。一方面，随着交通基础设施的不断完善，基础设施建设将向深远海和崇山峻岭延伸，工程建设难度和风险也越来越大，科技要发挥对国家关键通道和重大工程建设的支撑作用。为此，要统筹科技资源，引导广大科研人员面向工程实际需求，进一步提升基础设施建设、养护和运营技术水平，继续保持优势。另一方面，经过多年的建设与发展，我国已积累海量基础设施资源，大量工程已进入改扩建和大修阶段，科技要发挥对在役工程服役性能提升的支撑作用。为此，要依托已有交通基础设施，持续开展实际服役性能观测，通过对真实数据的分析研究，健全符合我国交通运行情况的工程设计理论和规范，为大规模工程养护、维修、改造奠定科学基础。

二是补短板，持续开展共性和关键技术攻关。要对标高水平科技自立自强，聚焦交通运输领域关键零部件、核心基础软件等，充分调动产、学、研各方积极性，持之以恒开展研发攻关。特别是对于专用设计软件、测绘、搜救、打捞、安全监管等基础性和公益性突出，或相对小众、企业自主投入意愿不强，但对交通运输高质量发展有重要支撑作用的关键技术与产品装备，需行业统筹创新资源着力攻关，提高交通装备自主化水平，夯实交通强国"科技之基"。

三是增优势，加快前沿技术产业的培育与发展。随着科技不断发展，多学科专业交叉群集、多领域技术融合集成的特征日益凸显。交通运输点多、线长、面广，是先进技术集成应用的重要场景，是对先进技术发展特别敏感的行业。加快建设交通强国，必须坚持开放包容的原则，大力促进信息、制造、能源、材料等领域先进技术集成创新应用，提升交通运输智能、安全、绿色发展水平。要大力推进交通"新基建"的实施、推广和应用，通过科技进步为交通基础设施提效能、扩功能、增动能。

四是提能力，加快提升创新能力建设水平。要坚持系统观念，进一步提升行业科技创新的全面性、协调性。一是要注重"建机制"，为科技创新提供制度保障。各级交通运输主管部门要健全部门协同、上下联动、政企合作的工作机制，凝聚各方力量；科研单位和企业要建立产、学、研、用协同的创新机制，打通科技研发、成果转化、推广应用全链条，让创新要素有机衔接、畅通流动。二是要注重"搭平台"，为科技创新拓展施展空间。夯实科研基础支撑和条件保障，建设一批具有国际影响力的科技创新平台，要以包容的心态推动资源开放共享，广聚社会各界力量。要加强标准规范的制定，为新技术的应用提供坚实的应用场景。要进一步发挥财政资金引导作用，利用好科研单位自有科研经费，加大企业研发投入力度，积极吸引社会资本，不断完善多元化、多渠道、多层次的交通运输科技投入体系。三是要注重"优环境"，最大限度激发科技作为第一生产力所蕴藏的巨大潜能。高校和科研单位要鼓励科研人员在原始创新、关键核心技术攻关上久久为功、持之以恒；企业要坚持以科技创新驱动产业转型升级的理念，为科研人员营造良好的工作和生活环境。

## 第五节 建设现代综合交通运输体系的资金保障

### 一、发展现状

资金保障是构建现代综合交通运输体系的重要依托和抓手，关系到交通强国建设目标的顺利实现。交通运输基础设施在推动经济社会发展、服务和改善民生以及促进生态文明建设方面，发挥着不可替代的基础性、先导性、服务性作用，具有显著的公益属性，应由政府为主进行投资建设和管理。在此基础上，为弥补政府投资能力的不足，在一定条件下，高速公路等有收益的交通基础设施可以通过特许经营等市场化方式吸引社会资本投入，以加快建设发展，但这并未改变交通基础设施的公益属性，也未削弱或替代政府在交通基础设施建设、管理中的主导地位。

（一）取得的成就

改革开放以来，在党中央、国务院的正确领导下，各级政府和交通运输部门不断改革创新、锐意进取，积极适应国家深化经济体制改革的要求，紧跟交通运输发展需求，过去单一的政府计划投资体制逐步发展演变成"中央投资、地方筹资、社会融资、利用外资"的投融资体制，支撑了交通运输基础设施的跨越式发展，改变了交通运输对国民经济的瓶颈制约，为促进我国经济社会健康稳定发展作出了重要贡献。2014年之后，交通运输行业贯彻落实国家关于防范化解重大风险，特别是关于地方政府债务风险的一系列重要文件精神和部署，积极深化交通运输投融资体制改革，转变传统的投融资模式，建立了地方政府收费公路专项债券制度，大力推广政府与社会资本合作（PPP）模式，取得了积极成效，有力支撑了交通运输高质量发展。具体来看，取得了以下方面成就。

一是建立了交通专项资金保障机制。遵循"使用者付费、受益者负担"原则，开征车辆购置附加费（后改为车辆购置税）、港口建设费（2021年起全面停征）、铁路建设基金、民航发展基金、养路费（后调整并入成品油消费税）等专项税费，为支持交通基础设施建设和养护提供了持续稳定的资金来源，并通过有限的资金撬动了大量社会资本投入，对扩大有效投资、推进交通基础设施快速发展发挥了关键作用。

二是充分发挥中央与地方两个积极性。交通基础设施具有点多、线长、面广的特点，既需要发挥中央资金支持引导、统筹区域城乡协调发展的作用，又需要充分调动地方的积极性和主动性。分领域来看，铁路以中国国家铁路集团有限公司为主体开展投融资工作，并与地方政府通过合资模式建设铁路；公路、水路实行以地方为主的分级管理体制，中央通过车辆购置税、港口建设费、成品油税费改革转移支付资金等对地方予以支持；民航运输实行集中统一管理，民航机场实行属地化为主管理，中央通过民航发展基金对地方机场建设予以支持；邮政领域自 2007 年起实施政企分开，分别成立国家邮政局和中国邮政集团公司后，逐步形成了目前政府与企业共担、中央与地方共管的邮政领域事权和支出责任划分格局。通过将交通基础设施建设和筹资责任下移，赋予地方更多的决策自主权、资金筹集权和改革先行先试权，我国形成了既集中统一又能充分发挥地方优势的交通投融资格局。

三是积极争取金融机构的支持。1984 年，国务院出台"贷款修路、收费还贷"政策后，公路建设投融资模式发生重大变化，打破了公路建设此前完全依靠政府投入的单一投资体制，市场化融资闸门得以打开，为公路跨越式发展奠定了坚实基础。在收费还贷政策的引导下，收费公路逐渐开始发展，银行贷款成为公路建设的重要资金来源，发挥了不可替代的作用。铁路、水路、民航、邮政等领域也积极争取金融机构的支持，通过利用商业银行贷款，同时引导政策性、开发性金融机构加大对交通基础设施的投入，有效缓解了建设资金紧张的状况。

四是探索设立产业投资基金。2014 年，国务院批复了铁路发展基金设立方案，国家发展和改革委员会、财政部、交通运输部注入中央预算内投资、铁路建设基金、车辆购置税作为国家资本金，中国国家铁路集团有限公司作为政府出资人代表及铁路发展基金主发起人，设立铁路发展基金，以财政性资金为引导，吸引社会投资，实行市场化运作。部分省结合地方实际，探索建立了公路、水路领域相关产业投资基金。

五是支持和鼓励各类社会资本参与交通运输基础设施建设和

运营。交通运输是我国最早开放也是开放程度较高的行业之一，通过不断深化铁路、公路、水路、民航、邮政等领域市场化进程，有效解放和发展了生产力。铁路领域，通过积极推进政企分开，破除市场准入壁垒，支持地方铁路投融资平台、社会资本参与重大铁路项目建设以及铁路客货站场经营开发等。公路领域，从较早得到广泛应用的特许经营（建设-运营-转让，BOT）模式起步，到如今PPP模式快速发展，大大提高了公路服务供给的质量和效率。道路运输服务主要由国有、民营等各类企业承担，特别是民营企业十分活跃。水路领域，港口投融资主要由港口企业通过市场化运作予以保障；内河、沿海、远洋等运输服务主要由国有、民营等各类企业承担。民航领域，主要由地方政府组建相关企业负责本地区机场建设运营；航空运输服务主要由国有、民营等各类企业承担。邮政领域，通过支持民营快递企业发展，邮政服务的广度和深度得到有效提升。

## （二）存在的问题

现行的交通运输投融资政策为促进交通基础设施投资、支持脱贫攻坚、保障重大工程建设、统筹区域协调发展发挥了重要作用。但随着国家深化财税体制、投融资体制改革以及加快建设交通强国的深入推进，交通运输投融资面临的内外部环境发生了深刻复杂变化。面对新形势新要求，交通运输投融资工作还存在以下一些问题：公共财政投入不足，政府投资主体作用有待进一步加强；交通基础设施融资能力有所下降，难以有效吸引社会资本；行业债务负担较重，交通运输基础设施融资难度加大；管理科学化精细化水平不足，资金使用效益有待进一步提高。

## 二、发展重点

新发展格局下，为支撑加快建设交通强国，需要以长远、系统的视角，紧紧抓住深化财税体制改革的契机，以及交通运输发展重要战略机遇期，推动有效市场和有为政府更好结合，做好交通发展资金政策的顶层设计，加快构建"政府主导、分级负责、多元筹资、风险可控"的交通运输投融资体制，支撑交通运输当好中国现代化的开路先锋。

### （一）完善政府主导的交通运输基础设施公共财政保障制度

一是明确和落实各级政府的交通运输财政事权和支出责任。要按照交通运输领域中央与地方财政事权和支出责任划分改革要求，落实各级政府交通运输财政事权和支出责任，并根据客观条件变化，建立财政事权划分动态调整机制。结合财政事权和支出责任划分、税制改革及地方税体系建设等进展，推动进一步理顺中央与地方的财政分配关系，推进省以下财政体制改革，建立各级政府财政事权与支出责任相适应的制度，加快形成中央领导、权责清晰、财力协调、区域均衡、监管有力、运转高效的交通运输领域财政事权和支出责任划分模式。

二是稳定和完善交通专项资金制度。要稳定车辆购置税、铁路建设基金、民航发展基金、成品油税费改革转移支付资金等交通专项资金，加大中央预算内资金投入力度。建立完善港口建设费取消后水运发展资金渠道和长效保障机制。研究推动建立基于公路、航道养护资金需求的成品油消费税税率动态调整机制，完善成品油税费改革转移支付政策。适应清洁能源发展利用的新要求，按照公平税负的原则，研究探索与交通基础设施使用相挂钩的交通税费制度，探索设立里程税（费）。

三是推动完善政府债券制度。要在风险可控的前提下，支持发行地方政府债券用于重大交通基础设施项目建设，对于符合条件的国家重点支持的铁路、国家高速公路和支持推进国家重大战略的地方高速公路，允许将部分专项债券作为一定比例的项目资本金，规范推进"专项债券+市场化融资"路径。完善地方政府收费公路专项债券制度，研究探索根据项目全生命周期预期收益、对应资产等因素来确定债券额度，持续增加收费公路专项债券规模，探索发行收费公路长期债券。研究开发长期融资工具，推动建立国家公路建设长期债券制度，为公路发展提供长期限、低成本、可持续的资金来源渠道。

### （二）完善市场化多元化融资机制

一是完善和创新政府与社会资本合作模式。要依法合规利用PPP模式推进交通基础设施建设，推动PPP模式由"重数量"向"重质量"发展。对于需要政府给予可行性缺口补助的项目，政府支出应纳入中长期财政预算管理，及时履约付费，保障社会资本合法权益。加强PPP项目全生命周期绩效管理，通过有效的绩效评价手段提升交通基础设施供给效率和服务品质。

二是加快交通融资平台转型升级。要推动融资平台转型发展，鼓励各类平台兼并重组，加快建立健全现代企业制度，增强"造血"能力。探索利用财政注资、股权投资等方式，研究设立各类交通运输产业投资基金，推进设立现代物流产业基金。发挥好铁路发展基金作用，积极引导社会资本参与铁路建设。

三是积极盘活存量资产资源。要探索将交通基础建设与土地开发、资源开发等有机结合,通过"肥瘦搭配"捆绑开发、"资源变资本"滚动开发等方式,以新的产业形态盘活存量交通资产,有效补充建设资金缺口。积极开展基础设施领域不动产投资信托基金(REITs)试点,形成投资良性循环。

四是加快《收费公路管理条例》修订。要加快《收费公路管理条例》修订,确立"收费"与"收税"长期并行的公路发展模式,稳定市场预期,进一步调动社会资本参与公路建设运营的积极性。

### (三)提高资金使用效益

一是调整优化中央交通资金支出结构。中央资金优先保障中央财政事权和共同财政事权的支出,适当补助地方财政事权事项,地方资金重点保障共同财政事权和地方财政事权的支出。要统筹安排财力,优先保障交通运输领域国家重大战略项目,加大对调结构、补短板等项目的支持力度,重点投向不具备市场化条件的基础设施领域,同时加大对交通运输领域新型基础设施以及交通科技创新领域的资金支持引导。

二是全面加强预算管理。要深入贯彻落实国家推进预算管理制度改革要求,健全"全面透明、标准科学、约束有力"的预算管理制度体系。加强预算项目库管理,健全项目预算审核机制,增强预算执行刚性约束。全面推动交通运输领域预算绩效管理工作,贯穿预算编制、执行、监督全过程,逐步实现全方位、全过程、全覆盖的预算绩效管理,做到"花钱必问效、无效必问责"。

### (四)加强债务风险防控

一是强化预算的宏观调控职能。要建立交通运输发展规划与资金保障协同机制,将交通运输发展建立在资金、资源、生态等生产要素可持续保障的基础之上，增强规划的刚性约束，充分开展财政承受能力和政府投资能力评估论证，合理安排交通运输基础设施建设规模和投资时序，防止脱离经济发展水平设定过高的建设规模和标准。

二是防范和化解地方政府隐性债务风险。要推动地方政府债券置换符合政策规定的政府收费公路存量债务，减轻债务利息负担，优化债务结构。兼顾发展导向与风险防控，严格执行固定资产投资项目资本金制度，将防范债务风险的要求落实到交通运输规划、审批、投资、建设、绩效考核全过程当中，防止过度举债。

交通运输事业的快速发展离不开资金的保障支持，也得益于投融资政策的不断创新完善。未来，交通运输投融资面临的机遇与挑战并存，需要积极应对，努力化危为机，不断深化交通运输投融资改革创新，加快构建与交通强国建设相适应的资金保障体系。

## 第六节 建设现代综合交通运输体系的标准化保障

### 一、发展现状

推动交通运输高质量发展是建设现代综合交通运输体系的内在要求，也是建设交通强国的目标之一。习近平指出，"标准决定质量，有什么样的标准就有什么样的质量，只有高标准才有高质量"❶。质量是标准的体现，标准是衡量质量的尺度，标准已成

---

❶ 引自人民网发布的《习近平：弘扬焦裕禄精神　继续推动教育实践活动取得实效》。

为推动交通运输高质量发展的重要抓手。建设现代综合交通运输体系，需要围绕标准化工作的全链条与各环节，建成适应交通强国建设的高质量标准体系，推动交通运输向形态更高级、结构更合理、效益更优化的阶段演进。

### （一）取得的成就

党的十八大以来，交通运输行业认真贯彻落实党中央、国务院决策部署，深入推进标准化工作改革，发布加强和改进交通运输标准化工作的意见，构建综合交通运输标准化体制机制，交通运输标准化迈入了铁路、公路、水路、民航、邮政标准化融合发展的新阶段。

一是标准化顶层设计不断加强。成立交通运输部标准化管理委员会，统筹推进综合交通运输标准化管理工作。组建全国综合交通运输标准化技术委员会，推进货物多式联运、旅客联程运输、综合客货运枢纽和综合运输通道标准制定，有力支撑了现代综合交通运输体系建设。2017年4月，交通运输部、国家标准化管理委员会联合印发《交通运输标准化体系》（交科技发〔2017〕48号），从政策制度、技术标准、标准国际化、实施监督和支撑保障五个方面建立健全工作体系，梳理出6489项综合交通运输、铁路、公路、水路、民航和邮政标准项目，实现了各领域、各层级、各环节标准化工作的全覆盖（图7-2）。2019年，交通运输部发布《交通运输标准化管理办法》，确立了综合交通运输标准化全过程管理要求。以标准化部门规章为核心，交通运输部、国家铁路局、中国民用航空局、国家邮政局印发或修订了铁路、公路、水路、民航、邮政标准管理办法以及配套政策制度，形成了"1+5+N"的交通运输标准化政策制度体系。

# 第七章 建设现代综合交通运输体系的支撑保障

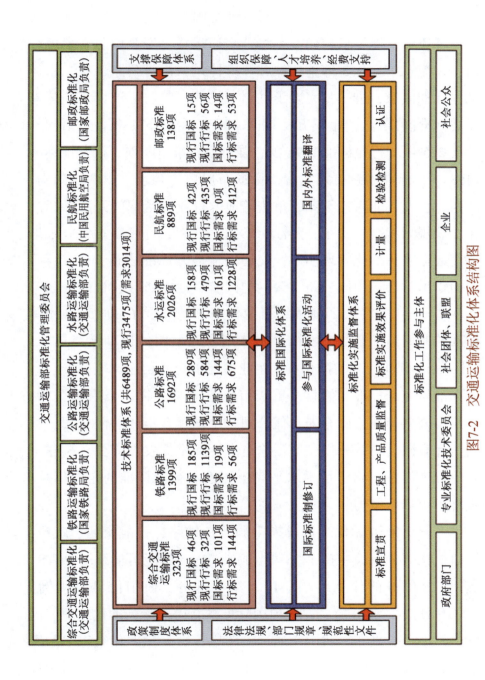

图7-2 交通运输标准化体系结构图

二是技术标准体系更加完善。围绕国家重大战略实施和交通运输高质量发展要求，印发了综合交通运输、安全应急、绿色交通、物流、信息化5部重点领域标准体系，修订公路工程、水运工程标准体系，进一步完善了铁路、民航、邮政标准体系，统筹规划标准制修订。"十三五"期间，发布标准1671项，包括国家标准275项、行业标准1396项；强制性标准203项、推荐性标准1468项，标准体系更加完善，标准布局更为合理。山西、湖南、广西、甘肃、北京、天津、重庆等地方行业主管部门开展了标准化专项规划编制，山东、浙江、广东、云南、青海等省建立了地方交通运输标准化管理体制，交通运输地方标准达到1100余项。中国铁道学会、中国公路学会、中国航空运输协会、智能交通产业联盟等14家社会团体围绕行业创新领域开展了800余项团体标准的制修订工作，5家社会团体列入国家团体标准试点单位。"十三五"期间，共有1016家企业参与了交通运输国家标准、行业标准研究与标准制修订，重庆市轨道交通（集团）有限公司、常州市公共交通集团有限责任公司、中国邮政集团有限公司、圆通速递有限公司等一批交通运输重点企业根据发展需要，构建了企业标准体系，制定技术水平高于国家和行业标准的企业标准，提升了市场竞争力。

三是标准国际化工作成果丰硕。在铁路、智能交通、疏浚、港口机械等领域，主持了28项国际标准。《智能运输系统（ITS）支持ITS服务的便携终端应用 第1部分：通用信息与用例》（ISO 13111-1：2017）等19项国际标准获得国际标准化组织、国际电工委员会发布，我国交通运输领域在国际标准化组织中的影响力和贡献度不断提高。截至"十三五"末，已发布交通运输标准外文版共计430项,其中"十三五"期间发布285项。《重载铁路设计规范》《公路工程技术标准》《水运工程施工通则》《国际道路货物运输车辆选型技术要求》等交通运输外文版标准发布实施,有力支撑了工程建设、产品、技术与服务等领域国际交流与合作。通过交通运输海外工程建设及技术合作,协助巴基斯坦等国家建立本国公路工程标准体系,积极推进了交通运输技术标准、产品标准海外应用与属地转化。肯尼亚蒙内铁路、埃塞俄比亚AA高速公路、乌干达坎帕拉—恩德培机场高速公路等工程项目全部采用中国标准设计、施工、试验。

四是标准实施效益有力提升。通过印发政策文件、召开新闻发布会、官网在线访谈、发布解读文章、组织培训等多种方式,对《铁路列车荷载图示》《铁路电力工程设计规范》《快递封装用品》《冷链快递服务》《营运客车安全技术条件》《城市公共汽电车客运服务规范》,以及综合客运枢纽、道路客运联网售票、交通一卡通移动支付系列标准等重要标准开展宣贯解读,推进了标准实施。围绕"平安百年品质工程"建设要求,组织开展公路水运工程建设重点项目质量安全综合督查,全面加强公路水运工程质量安全监督管理工作,提升了质量监督工作保障能力。加大产品质量监督抽查力度,组建了包括18家检测机构在内的"监督抽查检测机构信息库",以及包含全国152个公路工程项目、67家北斗终端生产企业涉及101个产品型号的"年度监督抽查对象信息库",重点产品抽样合格率保持在90%左右。

五是支撑保障体系更加有力。建成交通运输标准化信息平台、铁路技术标准信息服务平台,推动标准制修订业务全过程管理、标准化项目动态查询和信息共享,实现了2380余项行业标准文本在信息平台的免费公开查询，方便大众了解和使用。交通运输领域全国和行业性标准化技术委员会（以下简称"标委会"）共有22个，通过标委会秘书处年度考核、标准实施情况跟踪督察等方式，促进了标委会管理能力提升。组建了包括1000余人的标准化专家人才库，筑牢标准化工作高质量发展根基。将国家标准、行业标准研究与制修订等经费纳入部门预算予以保障，使基础公益类标准发展获得了稳定可靠的经费来源。地方行业主管部门、社会团体和企业对标准化工作投入加大，多元化经费投入机制逐步形成。

## （二）存在的问题

当前，交通运输标准化工作仍存在一些不平衡不充分的问题，主要表现在以下方面：一是适应交通运输高质量发展的标准体系仍不完善，强制性标准的系统性仍需提高，技术创新领域和新模式新业态领域标准供给不足，标准制定周期仍然较长。二是标准化政策制度体系还不健全，团体标准发展有待规范，企业作为创新主体的作用未能充分发挥。三是标准实施应用还需加强，标准宣贯不够充分，实施效果评估和反馈效果不够突出；四是标准国际化水平有待提升，国际标准技术储备不够丰富，国际领军人才比较缺乏。

## 二、发展重点

### （一）加强标准化管理体系建设

一是健全标准化政策制度。要加快构建涵盖标准制定、实施、监督等"全链条"的政策制度体系。完成铁路、民航、邮政行业标准管理办法修订，研究团体标准规范发展、标准实施效果评估、标准化人才培养与激励、标准国际交流与合作等方面政策措施。

二是强化支撑机构建设。要加强标准化专业研究机构建设，鼓励科研机构、企业、协会学会、标委会等建设交流合作平台和标准化联盟。推动国家技术标准创新基地和国家级标准验证点建设，支持地方交通运输标委会发展，打造高质量标准创新服务平台和人才聚集高地。

三是加强标准化科学管理。要加大技术创新活跃领域标准研究布局，同步部署技术研发、产业推广和标准研究等任务。建立科技创新计划与标准研制的联动机制。加大科研项目对重点标准研制的支持力度，鼓励成熟适用的创新成果及时转化为标准。健全标准立项评估制度，加强必要性和可行性审查。严格标准制修订程序，缩短标准制修订周期，强化标准研究验证，提高标准制修订工作的科学性、公开性和透明度。优化标准化信息平台服务功能，推进信息资源交换共享，健全基础信息采集和统计制度。

### （二）构建适应高质量发展的标准体系

一是完善各专业领域标准体系。要修订综合交通运输、安全应急、绿色交通、物流和信息化等重点领域标准体系，强化综合交通运输国家标准制修订工作进度，推动各专业领域标准体系协调衔接，强化标准体系实施情况评估与周期性动态调整。加强新兴领域标准体系建设，开展智能高铁、自动驾驶、智能航运、北斗导航系统应用等标准体系研究，部署交通基础设施网、运输服务网、能源网、信息网融合发展标准研究，促进新产业新技术发展。

二是健全强制性标准。要系统推进安全生产、职业健康与劳动保护、工程建设等方面强制性标准制修订，完成100项强制性标准制修订任务，研究国际公约加快转化为强制性标准的工作机制，强化强制性标准"保基本、兜底线"的作用和技术法规地位。

三是优化提升推荐性标准。要对现行有效推荐性国家标准、行业标准开展集中复审，形成"立、改、废"结论，强化标准公益属性，消除标准中不适应综合交通运输一体化、高质量发展的内容。指导地方交通运输主管部门加快完善本地区交通运输标准体系，注重地方标准与国家标准、行业标准的衔接配套。

四是加强团体和企业标准化建设。要规范交通运输团体标准发展，引导社会团体聚焦5G、人工智能、区块链，以及新基建、新业态、新模式等领域，制定先进适用团体标准。推动企业落实标准"领跑者"制度，完善企业标准体系。畅通社会团体和企业参与标准国际交流与合作的渠道，鼓励参与国际标准制修订等工作。

### （三）加强高质量标准有效供给

一是服务国家重大战略实施。要围绕京津冀协同发展、长江经济带发展、粤港澳大湾区建设、长三角一体化发展、黄河流域生态保护和高质量发展以及成渝地区双城经济圈建设的需要，以实现区域交通运输一体化、高质量发展为重点，推动与区域内地方交通运输主管部门加强合作、创新机制，加快构建区域发展标准体系，协同推动地方标准制定和实施，加强地方标准与行业标准的协调。加快推动适应海南自由贸易港建设要求的标准体系建设。围绕促进城乡融合发展、建设美丽乡村需要，加快农村客货运站点、"四好农村路"建设、城乡客运一体化、农村快递物流等标准制定，为打造便捷高效的城乡交通运输体系提供标准支撑。

二是支撑基础设施建设。要以加快建设国家综合立体交通网为着力点，推进铁路、公路、水路、民航、邮政基础设施，以及涉及两种或两种以上运输方式协调衔接的综合交通运输基础设施的规划、设计、建设、运营和养护标准制修订。重点包括客货共线铁路设计规范和综合交通通道交叉段、并行段建设技术要求等综合立体交通网络标准；综合交通枢纽建设规范、综合客运枢纽无障碍环境建设、综合货运枢纽换装设施设备配置要求等客货运枢纽系统标准；农村公路技术状况评定标准、农村公路数字化管理技术要求等农村交通基础设施标准。

三是推动交通装备技术升级。要推进以数字化、绿色化为主要特点的重大成套装备技术标准制修订，促进多式联运装备、载运工具、交通特种装备和新型装备技术在行业广泛推广应用。重点包括智能集装箱、交换箱、公铁两用挂车、航空集装器运输车等多式联运装备标准；铁路机车车辆整车试验、冷藏保温车选型技术要求等载运工具标准；高速铁路箱梁架桥机、运梁车，水面智能救援机器人、深潜水装备、大型溢油回收船舶等交通特种装备标准；无人车、智能仓储和分拣系统技术要求，自动驾驶营运车辆安全技术要求等新型装备技术标准。

四是提升运输服务品质效率。要加快基础条件、作业程序、装备技术和服务质量等方面标准制修订，加强适老化服务标准研制，规范引导新业态新模式健康发展，提升旅客出行服务品质，推动现代物流转型升级。重点包括旅客联程运输服务质量要求、农村客运出行信息服务平台、航空旅客差异化安检等旅客出行服务标准；农产品寄递服务及包装要求、物联网航空货物跟踪技术要求、多式联运信息交换规范等现代物流服务标准；城市出行即服务、快递高铁运输交接服务标准、网络货运运营服务规范等新业态与新模式标准。

五是引领新型基础设施建设。要加快智慧交通技术、数据资源融合、北斗导航系统应用等方面关键技术和共性基础标准制修订，提升交通运输信息化水平。重点包括交通基础设施数字化率标准，智慧公路建设、评价标准，自动驾驶封闭测试场地建设技术规范等智慧交通技术标准；综合交通大数据中心建设及互联互通技术规范、海道测量众源测深技术规范、邮政业区块链技术应用指南等数据资源融合标准；智能船闸北斗高精度定位导航技术要求、沿海北斗地基增强系统、通用寄递地址编码规则等北斗定位导航系统应用标准。

六是提升安全应急保障能力。要加快交通基础设施安全技术、安全生产预防控制、自然灾害交通防治和突发事件应急处置等标准制修订，提升交通设施设备本质安全水平，增强安全生产治理、应急救援和应急运输能力。重点包括铁路隧道运营通风技术规范、公路水运工程智能监测与健康诊断技术规范等设施设备本质安全标准；交通运输重特大突发事件监测预警总体技术要求、铁路危险货物运输技术要求、邮政业安全生产设备及操作等安全生产治理标准；交通运输突发事件应急预案编制、道路运输应急运力储备要求、危化品船舶事故应急救援技术要求、航空集装箱生化隔离系统技术要求等应急救援和应急运输标准。

七是推进绿色低碳交通发展。要加快有关新技术、新设备、新材料、新工艺标准制修订，促进资源节约集约利用，强化节能减排、污染防治和生态环境保护修复。重点包括交通运输碳排放量值核算方法、港口与船舶能耗与排放智能监测规程、民航机场动力能源技术要求等节能降碳标准；建筑垃圾再生料、新能源营运车辆退役动力蓄电池环保处理、邮政业限制过度包装要求等资源节约集约利用标准；内河港口污染防治设施设备配置要求、机场大气污染物排放清单编制指南、快递包装重金属和特定物质限量要求等污染防治标准；公路环境保护设计规范、公路生态保护与修复技术规范等生态环境保护修复标准。

根据交通运输部印发的《综合交通运输标准体系（2022年）》，我国综合交通运输标准体系结构图如图7-3所示。

**（四）推进国际标准共建共享**

一是深化标准国际交流与合作。要在工程建设、铁路装备、疏浚装备、自动化码头等领域，推动与"一带一路"共建国家有关机构开展标准国际交流与合作。要依托亚太港口服务组织（APSN）等平台，以区块链港航应用为重点，推动港航数字化标准国际合作。支持有关企业和科研单位举办标准国际化论坛，开展国际合作研究和援外培训，提升国际影响力。

二是提升标准国际化水平。要建立国际标准提案库，加强铁路装备、智能集装箱、自动驾驶、疏浚装备、起重装备、快递物流等领域国际标准技术储备，推动将我国技术纳入国际标准。建立常态化的国际国外标准动态跟踪、对比研究机制，加快推动成熟适用国际标准转化应用。成体系开展标准外文版翻译与出版，推动重点标准中外文版同步立项、同步制定、同步发布。发挥沿边地区的区位优势和辐射带动作用，促进我国标准在"一带一路"共建国家地区推广应用,推动我国标准属地转化。

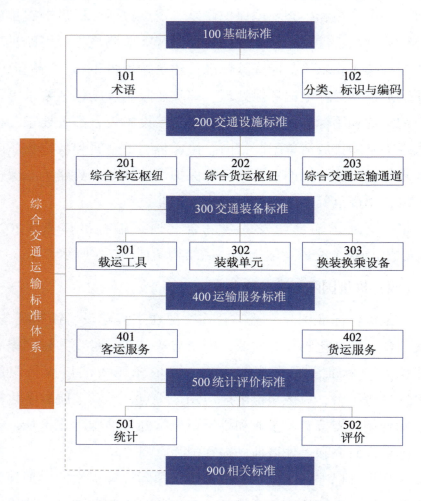

图 7-3　综合交通运输标准体系结构图

三是夯实标准国际化发展基础。要建立政府引导、企业主体、各方参与的标准国际化工作机制,培育一批国际标准化活动能力突出的企业。鼓励和支持企业、学会协会、科研单位等建立国际标准研究机构,加强技术研发与交流合作。建立标准国际化人才库管理机制,强化国际标准专家管理,支持国内专家担任国际标准化技术机构职务，支持相关机构承担工作。

### (五) 创新标准实施应用和监督管理机制

一是建立健全标准实施监督机制。要推进以标准为依据的产业推广、行业管理、市场准入和质量监管。开展重点标准宣贯与实施监督检查，加强标准实施反馈信息的采集应用，完善标准实施效果第三方评估机制，强化实施效果评估与标准制定、复审等工作的联动。开展重点领域标准化试点。规范和引导团体标准和企业标准发展，鼓励第三方评估机构开展标准比对和评价。

二是加强工程、产品和服务质量监督。要完善工程质量监督制度，开展重点工程质量监督专项行动，健全质量安全事故技术调查分析机制，加强重大工程项目、农村公路安全质量监督检查，建设"平安百年品质工程"创建示范项目。加强产品质量监督，研究建立重点产品质量安全监测预警机制，完善公路水路行业产品质量监督抽查工作机制，修订重点产品监督管理目录，健全产品质量监督抽查实施规范体系。

三是完善计量技术体系。要加快公路水路行业计量基础设施和数据服务平台建设，推进国家水运监测装备产业计量测试中心建设，在公路工程、水运工程、船舶舱容积、能源监测等方面建立一批部门最高计量标准，完善新型信息化、自动化检测监测设备计量校准标准。

四是提升检验检测和认证认可服务能力。要加强检验检测机构能力建设，开展城市轨道交通运行维护、邮政快递包装、汽车检测、超载超限检测设备、智能化装备等检测方法研究，推动公路水路行业工程建设原材料、节能环保等产品认证，健全自愿性认证产品采信制度。

# 第七节 建设现代综合交通运输体系的人才支撑保障

## 一、发展现状

人才是实现民族振兴、赢得国际竞争主动的战略资源。《交通强国建设纲要》提出要加强三支队伍建设：一是培育高水平交通科技人才；二是打造素质优良的交通劳动者大军；三是建设高素质专业化交通干部队伍。

党的十八大以来，全行业坚持"发展是第一要务、创新是第一动力、人才是第一资源"理念，确立人才引领发展的战略地位，深化人才发展体制机制改革，激发各类人才创新活力，推动新时代人才工作取得了重大进展。

伴随多年经济社会的飞速发展，我国各种交通运输方式快速发展，交通运输从业人员人数持续增长，截至2020年底，全行业从业人员总数约4200万人。其中，公路、水路行业从业人员基本保持稳定，邮政快递从业人员明显增长。

"十二五"以来，交通运输行业以专业技术人才、行业技能人才、管理人才三支队伍为重点，分类施策、整体推进，促使行业人才队伍建设迈上了新台阶。

## (一) 专业技术人才队伍建设取得的成就

专业技术人才作为行业发展的重要支撑,出现了总量、结构、素质的整体提升。

一是突出"高精尖缺"导向,高层次专业技术人才队伍建设取得新突破。多名科技专家先后当选中国工程院院士,实现了公路、水路领域科技领军人才的重大突破。"十二五"以来,全行业共有22人次获国家级人才称号,68人次享受国务院政府特殊津贴,高层次人才数量大幅增加。

二是科技领军人才队伍结构不断优化。交通运输行业在各层面加强对科技领军人才工作的重视和支持,在行业科技发展规划以及行业人才发展规划中都对科技人才的发展进行了重要部署。"十二五"以来,交通运输行业科技人才队伍总量不断增长、人才队伍结构明显优化、素质显著提升。交通运输部先后评选了一批中青年科技创新领军人才、重点领域创新团队和科技人才培养示范基地。通过发挥骨干人才的示范引领作用,着力培育科技领军人才队伍,一批年富力强的创新领军人才加快涌现,为行业科技创新增添了动力活力。

三是青年英才后备力量充足。"交通运输青年科技英才"是交通运输部主导评选的行业人才称号,在行业具有较高的知名度和影响力。2010年以来,交通运输部评选产生了555名青年科技英才,全行业获得青年英才称号的人才达到近千人。通过这一评选工作,大批优秀青年英才脱颖而出,一支技术结构比较合理、门类基本齐全的青年人才队伍茁壮成长,为交通运输领域科技攻关提供了坚强的人才支撑。

### (二) 行业技能人才队伍建设取得的成就

交通运输行业技能人才是在交通运输生产与服务等领域岗位一线，掌握着专业知识与技术，具备一定操作技能，并将其技能应用于工作实操的人员，是行业大规模建设、运维的重要力量。2017年9月，国家职业资格目录公布后，交通运输行业由原来的25个职业、75个工种可进行职业技能鉴定和高级技术综合评审调整为目前包括筑路工、机动车驾驶教练员、汽车维修工等在内的8个职业、37个工种（还在不断更新）。近年来，以"知识型、技能型、创新型"为导向，全行业高技能人才队伍建设取得了新成就。截至2021年底，全国共有41家交通运输职业技能鉴定站，获得职业技能鉴定初、中、高级职业资格证书人数达67万人，获得技师和高级技师职业资格证书人数约6万人。

通过落实交通运输部《关于提升交通运输从业人员素质的指导意见》（交人教发〔2015〕180号），制定《交通运输从业人员安全素质提升实施方案》（交办安监〔2016〕184号）、《道路运输从业人员素质提升工程工作方案》（交运发〔2015〕195号）等，交通运输行业以点带面推动提升从业人员素质。发挥职业技能竞赛引领作用，在公路、水路等领域大力举办职业技能竞赛，成功举办了9届全国交通运输行业职业技能大赛，参赛规模达35万人次。组队参加第一届中华人民共和国职业技能大赛并取得优异成绩，组织申报的"轨道车辆技术"成为第46届世界技能大赛新增项目。经交通运输部推荐，多人获得"中国技能大奖""全国五一劳动奖章""全国技术能手""全国交通技术能手"等荣誉称号。随着新业态就业群体的不断壮大，交通运输生产服务一线岗位吸引了大批劳动者在交通运输行业就业，一支规模宏大的知识型、技能型、创新型交通劳动者大军为交通运输事业发展发挥了重要的基础作用。

### (三) 管理人才队伍建设取得的成就

管理人才队伍是一个国家执政主体和行政主体的重要组成部分，肩负着制定和实施国家战略、方针、政策、法规等的重要责任。管理人才队伍的素质和水平代表着国家形象，反映着党和政府的领导水平和执政能力，直接影响国家的发展和进步。当前，交通运输行业正处于转型发展的黄金时期，党的十九大立足新时代作出了建设交通强国的重大决策部署。发挥交通"先行官"作用，必须进一步提升行业管理水平，提升管理人才队伍素质，提高管理人才队伍管理交通、依法行政的能力。

"十二五"以来，交通运输行业突出以"政治过硬、本领高强"为导向，推动行业高素质管理人才队伍建设取得了新成效。行业坚决贯彻好干部标准和忠诚干净担当要求，坚持把政治标准放在首位，强化党组织领导和把关作用，努力精准科学选人用人，推进干部能上能下，不断改善干部队伍结构。制定出台《关于加强领导干部队伍本领建设的意见》（交办人教〔2018〕42号）等相关意见，强化本领导向、实干导向和担当导向，推进干部工作制度化、规范化。目前，行业管理人才队伍建设工作取得了明显成效，人才总量稳步增长，人才素质逐步提高，人才结构明显改善，人才体制机制不断完善，人才作用得到较好发挥，为交通运输事业快速健康发展奠定了坚实基础。

### (四) 人才队伍建设存在的问题

按照习近平总书记在中央人才工作会议上的重要讲话精神，

与交通强国建设对人才工作的更高要求相比,交通运输行业人才队伍建设还存在一些突出问题和明显不足:行业人才发展的结构性矛盾依旧存在,交通运输人才队伍素质仍待提升,行业人才发展的体制性障碍仍然存在,特殊就业群体的获得感、安全感、职业荣誉感需继续提升,人才工作思路不够开阔、措施不够有力。

## 二、发展重点

对标"人民满意、保障有力、世界前列"的交通强国建设目标,按照2021年9月中央人才工作会议提出的"坚持党管人才,坚持面向世界科技前沿、面向经济主战场、面向国家重大需求、面向人民生命健康,深入实施新时代人才强国战略,全方位培养、引进、用好人才,加快建设世界重要人才中心和创新高地,为2035年基本实现社会主义现代化提供人才支撑,为2050年全面建成社会主义现代化强国打好人才基础"要求,紧紧围绕《交通强国建设纲要》提出的"人才队伍精良专业、创新奉献"要求,人才工作要以素质能力建设为核心,着力优化人才发展格局,统筹推进不同类型交通运输人才队伍建设。

### (一)大力培育高水平创新型交通科技人才

要以交通强国建设的创新需求为导向,以创新能力建设为核心,以"高精尖缺"为重点,深入实施交通运输科技创新人才推进计划,培养造就一批高水平的行业科技创新人才和创新团队,引领和带动交通运输科技人才队伍发展,为持续提升交通运输科技创新能力提供强有力的人才支撑。加快培育一批熟练掌握智能技术、现代信息技术，以及深谙交通运输基础设施、运输装备、运输服务、现代管理等业务的专业技术人才，培养一批具有国际水平的战略科技人才、科技领军人才、青年科技人才和创新团队。力争到2030年，专业技术人才结构进一步优化，拥有高级及以上职称人才比重达到10%；打造出行业各类领军人才300名左右、交通运输青年科技英才600名左右的高层次科技人才梯队。

### （二）培养造就高质量技能型交通劳动者大军

要以推动交通运输高质量发展为导向，以实践能力和职业能力建设为重点，弘扬劳模精神和工匠精神，大力培养支撑中国制造、中国创造的交通技术技能人才队伍，造就一支素质优良的知识型、技能型、创新型交通运输劳动者大军。

要构建行业技能人才培养体系，充分发挥企业、院校、社会组织各方面积极性，形成企业自主培训、职业院校系统培养、社会力量参与培训的多元化技能人才培养体系。建立行业职业技能竞赛体系，组织行业企业和院校参与世界技能大赛。组织实施全国交通运输行业职业技能大赛项目。继续举办国家级技能大赛、行业性技能竞赛。支持行业企业、院校、系统单位开展各层级岗位练兵和技术技能大比武。加强技能竞赛成果转化工作，发挥竞赛激励导向作用，实现以赛促学、以赛促教、以赛促训、以赛促用。加强技能人才发展的人文环境建设。营造任人唯贤的人文氛围，实现交通运输技能人才队伍建设的良性循环。力争到2030年，交通运输行业技能型人才数量达到2000万人以上，其中技师及以上高技能人才占比达到3%以上。

要以支撑交通运输治理现代化为导向，以各级交通运输主管部门公务员和所属单位领导干部为重点，以提高政治能力和治理能力为核心，着力打造一支忠诚干净担当的高素质交通干部队伍。力争到2030年，基本建成一支德才兼备、结构优化、廉洁高效、人民满意的服务型交通运输党政管理人才队伍。

要切实提高政治能力，把政治建设摆在首位，不断增强"四个意识"、坚定"四个自信"、做到"两个维护"，坚持用习近平新时代中国特色社会主义思想武装干部，全面落实交通运输部办公厅《关于加强领导干部队伍本领建设的意见》（交办人教〔2018〕42号）。加强专业能力培养，围绕交通强国建设目标，针对不同需求分门别类开展教育培训，加强干部交流，开展干部挂职锻炼。全面提高综合本领，健全领导班子和领导干部考评体系，提高干部驾驭全局、推动科学发展、应对复杂局面的能力。实施新一轮干部集中轮训计划。加强优秀年轻干部队伍建设，对优秀年轻干部从严管理、动态跟踪、重点培养。

# 附 录

## 《交通强国建设纲要》

建设交通强国是以习近平同志为核心的党中央立足国情、着眼全局、面向未来作出的重大战略决策，是建设现代化经济体系的先行领域，是全面建成社会主义现代化强国的重要支撑，是新时代做好交通工作的总抓手。为统筹推进交通强国建设，制定本纲要。

### 一、总体要求

（一）指导思想。以习近平新时代中国特色社会主义思想为指导，深入贯彻党的十九大精神，紧紧围绕统筹推进"五位一体"总体布局和协调推进"四个全面"战略布局，坚持稳中求进工作总基调，坚持新发展理念，坚持推动高质量发展，坚持以供给侧结构性改革为主线，坚持以人民为中心的发展思想，牢牢把握交通"先行官"定位，适度超前，进一步解放思想、开拓进取，推动交通发展由追求速度规模向更加注重质量效益转变，由各种交通方式相对独立发展向更加注重一体化融合发展转变，由依靠传统要素驱动向更加注重创新驱动转变，构建安全、便捷、高效、绿色、经济的现代化综合交通体系，打造一流设施、一流技术、一流管理、一流服务，建成人民满意、保障有力、世界前列的交通强国，为全面建成社会主义现代化强国、实现中华民族伟大复兴中国梦提供坚强支撑。

（二）发展目标

到 2020 年，完成决胜全面建成小康社会交通建设任务和"十三五"现代综合交通运输体系发展规划各项任务，为交通强国建设奠定坚实基础。

从 2021 年到本世纪中叶，分两个阶段推进交通强国建设。

到 2035 年，基本建成交通强国。现代化综合交通体系基本形成，人民满意度明显提高，支撑国家现代化建设能力显著增强；拥有发达的快速网、完善的干线网、广泛的基础网，城乡区域交通协调发展达到新高度；基本形成"全国 123 出行交通圈"（都市区 1 小时通勤、城市群 2 小时通达、全国主要城市 3 小时覆盖）和"全球 123 快货物流圈"（国内 1 天送达、周边国家 2 天送达、全球主要城市 3 天送达），旅客联程运输便捷顺畅，货物多式联运高效经济；智能、平安、绿色、共享交通发展水平明显提高，城市交通拥堵基本缓解，无障碍出行服务体系基本完善；交通科技创新体系基本建成，交通关键装备先进安全，人才队伍精良，市场环境优良；基本实现交通治理体系和治理能力现代化；交通国际竞争力和影响力显著提升。

到本世纪中叶，全面建成人民满意、保障有力、世界前列的交通强国。基础设施规模质量、技术装备、科技创新能力、智能化与绿色化水平位居世界前列，交通安全水平、治理能力、文明程度、国际竞争力及影响力达到国际先进水平，全面服务和保障社会主义现代化强国建设，人民享有美好交通服务。

## 二、基础设施布局完善、立体互联

（一）建设现代化高质量综合立体交通网络。以国家发展规划为依据，发挥国土空间规划的指导和约束作用，统筹铁路、公路、水运、民航、管道、邮政等基础设施规划建设，以多中心、网络化为主形态，完善多层次网络布局，优化存量资源配置，扩大优质增量供给，实现立体互联，增强系统弹性。强化西部地区补短板，推进东北地区提质改造，推动中部地区大通道大枢纽建设，加速东部地区优化升级，形成区域交通协调发展新格局。

（二）构建便捷顺畅的城市（群）交通网。建设城市群一体化交通网，推进干线铁路、城际铁路、市域（郊）铁路、城市轨道交通融合发展，完善城市群快速公路网络，加强公路与城市道路衔接。尊重城市发展规律，立足促进城市的整体性、系统性、生长性，统筹安排城市功能和用地布局，科学制定和实施城市综合交通体系规划。推进城市公共交通设施建设，强化城市轨道交通与其他交通方式衔接，完善快速路、主次干路、支路级配和结构合理的城市道路网，打通道路微循环，提高道路通达性，完善城市步行和非机动车交通系统，提升步行、自行车等出行品质，完善无障碍设施。科学规划建设城市停车设施，加强充电、加氢、加气和公交站点等设施建设。全面提升城市交通基础设施智能化水平。

（三）形成广覆盖的农村交通基础设施网。全面推进"四好农村路"建设，加快实施通村组硬化路建设，建立规范化可持续管护机制。促进交通建设与农村地区资源开发、产业发展有机融合，加强特色农产品优势区与旅游资源富集区交通建设。大力推进革命老区、民族地区、边疆地区、贫困地区、垦区林区交通发展，实现以交通便利带动脱贫减贫，深度贫困地区交通建设项目尽量向进村入户倾斜。推动资源丰富和人口相对密集贫困地区开发性铁路建设，在有条件的地区推进具备旅游、农业作业、应急救援等功能的通用机场建设，加强农村邮政等基础设施建设。

（四）构筑多层级、一体化的综合交通枢纽体系。依托京津冀、长三角、粤港澳大湾区等世界级城市群，打造具有全球竞争力的国际海港枢纽、航空枢纽和邮政快递核心枢纽，建设一批全国性、区域性交通枢纽，推进综合交通枢纽一体化规划建设，提高换乘换装水平，完善集疏运体系。大力发展枢纽经济。

## 三、交通装备先进适用、完备可控

（一）加强新型载运工具研发。实现3万吨级重载列车、时速250公里级高速轮轨货运列车等方面的重大突破。加强智能网联汽车（智能汽车、自动驾驶、车路协同）研发，形成自主可控完整的产业链。强化大中型邮轮、大型液化天然气船、极地航行船舶、智能船舶、新能源船舶等自主设计建造能力。完善民用飞机产品谱系，在大型民用飞机、重型直升机、通用航空器等方面取得显著进展。

（二）加强特种装备研发。推进隧道工程、整跨吊运安装设备等工程机械装备研发。研发水下机器人、深潜水装备、大型溢油回收船、大型深远海多功能救助船等新型装备。

（三）推进装备技术升级。推广新能源、清洁能源、智能化、数字化、轻量化、环保型交通装备及成套技术装备。广泛应用智能高铁、智能道路、智能航运、自动化码头、数字管网、智能仓储和分拣系统等新型装备设施，开发新一代智能交通管理系统。提升国产飞机和发动机技术水平，加强民用航空器、发动机研发制造和适航审定体系建设。推广应用交通装备的智能检测监测和运维技术。加速淘汰落后技术和高耗低效交通装备。

## 四、运输服务便捷舒适、经济高效

（一）推进出行服务快速化、便捷化。构筑以高铁、航空为主体的大容量、高效率区际快速客运服务，提升主要通道旅客运输能力。完善航空服务网络，逐步加密机场网建设，大力发展支线航空，推进干支有效衔接，提高航空服务能力和品质。提高城市群内轨道交通通勤化水平，推广城际道路客运公交化运行模式，打造旅客联程运输系统。加强城市交通拥堵综合治理，优先发展城市公共交通，鼓励引导绿色公交出行，合理引导个体机动化出行。推进城乡客运服务一体化，提升公共服务均等化水平，保障城乡居民行有所乘。

**（二）打造绿色高效的现代物流系统。** 优化运输结构，加快推进港口集疏运铁路、物流园区及大型工矿企业铁路专用线等"公转铁"重点项目建设，推进大宗货物及中长距离货物运输向铁路和水运有序转移。推动铁水、公铁、公水、空陆等联运发展，推广跨方式快速换装转运标准化设施设备，形成统一的多式联运标准和规则。发挥公路货运"门到门"优势。完善航空物流网络，提升航空货运效率。推进电商物流、冷链物流、大件运输、危险品物流等专业化物流发展，促进城际干线运输和城市末端配送有机衔接，鼓励发展集约化配送模式。综合利用多种资源，完善农村配送网络，促进城乡双向流通。落实减税降费政策，优化物流组织模式，提高物流效率，降低物流成本。

**（三）加速新业态新模式发展。** 深化交通运输与旅游融合发展，推动旅游专列、旅游风景道、旅游航道、自驾车房车营地、游艇旅游、低空飞行旅游等发展，完善客运枢纽、高速公路服务区等交通设施旅游服务功能。大力发展共享交通，打造基于移动智能终端技术的服务系统，实现出行即服务。发展"互联网＋"高效物流，创新智慧物流营运模式。培育充满活力的通用航空及市域（郊）铁路市场，完善政府购买服务政策，稳步扩大短途运输、公益服务、航空消费等市场规模。建立通达全球的寄递服务体系，推动邮政普遍服务升级换代。加快快递扩容增效和数字化转型，壮大供应链服务、冷链快递、即时直递等新业态新模式，推进智能收投终端和末端公共服务平台建设。积极发展无人机（车）物流递送、城市地下物流配送等。

## 五、科技创新富有活力、智慧引领

（一）**强化前沿关键科技研发**。瞄准新一代信息技术、人工智能、智能制造、新材料、新能源等世界科技前沿，加强对可能引发交通产业变革的前瞻性、颠覆性技术研究。强化汽车、民用飞行器、船舶等装备动力传动系统研发，突破高效率、大推力/大功率发动机装备设备关键技术。加强区域综合交通网络协调运营与服务技术、城市综合交通协同管控技术、基于船岸协同的内河航运安全管控与应急搜救技术等研发。合理统筹安排时速600公里级高速磁悬浮系统、时速400公里级高速轮轨（含可变轨距）客运列车系统、低真空管（隧）道高速列车等技术储备研发。

（二）**大力发展智慧交通**。推动大数据、互联网、人工智能、区块链、超级计算等新技术与交通行业深度融合。推进数据资源赋能交通发展，加速交通基础设施网、运输服务网、能源网与信息网络融合发展，构建泛在先进的交通信息基础设施。构建综合交通大数据中心体系，深化交通公共服务和电子政务发展。推进北斗卫星导航系统应用。

（三）**完善科技创新机制**。建立以企业为主体、产学研用深度融合的技术创新机制，鼓励交通行业各类创新主体建立创新联盟，建立关键核心技术攻关机制。建设一批具有国际影响力的实验室、试验基地、技术创新中心等创新平台，加大资源开放共享力度，优化科研资金投入机制。构建适应交通高质量发展的标准体系，加强重点领域标准有效供给。

## 六、安全保障完善可靠、反应快速

（一）**提升本质安全水平**。完善交通基础设施安全技术标准规范，持续加大基础设施安全防护投入，提升关键基础设施安全防护能力。构建现代化工程建设质量管理体系，推进精品建造和精细管理。强化交通基础设施养护，加强基础设施运行监测检测，提高养护专业化、信息化水平，增强设施耐久性和可靠性。强化载运工具质量治理，保障运输装备安全。

（二）**完善交通安全生产体系**。完善依法治理体系，健全交通安全生产法规制度和标准规范。完善安全责任体系，强化企业主体责任，明确部门监管责任。完善预防控制体系，有效防控系统性风险，建立交通装备、工程第三方认证制度。强化安全生产事故调查评估。完善网络安全保障体系，增强科技兴安能力，加强交通信息基础设施安全保护。完善支撑保障体系，加强安全设施建设。建立自然灾害交通防治体系，提高交通防灾抗灾能力。加强交通安全综合治理，切实提高交通安全水平。

（三）**强化交通应急救援能力**。建立健全综合交通应急管理体制机制、法规制度和预案体系，加强应急救援专业装备、设施、队伍建设，积极参与国际应急救援合作。强化应急救援社会协同能力，完善征用补偿机制。

## 七、绿色发展节约集约、低碳环保

（一）**促进资源节约集约利用**。加强土地、海域、无居民海岛、岸线、空域等资源节约集约利用，提升用地用海用岛效率。加强老旧设施更新利用，推广施工材料、废旧材料再生和综合利用，推进邮件快件包装绿色化、减量化，提高资源再利用和循环利用水平，推进交通资源循环利用产业发展。

（二）**强化节能减排和污染防治**。优化交通能源结构，推进新能源、清洁能源应用，促进公路货运节能减排，推动城市公共交通工具和城市物流配送车辆全部实现电动化、新能源化和清洁化。打好柴油货车污染治理攻坚战，统筹油、路、车治理，有效防治公路运输大气污染。严格执行国家和地方污染物控制标准及船舶排放区要求，推进船舶、港口污染防治。降低交通沿线噪声、振动，妥善处理好大型机场噪声影响。开展绿色出行行动，倡导绿色低碳出行理念。

（三）**强化交通生态环境保护修复**。严守生态保护红线，严格落实生态保护和水土保持措施，严格实施生态修复、地质环境治理恢复与土地复垦，将生态环保理念贯穿交通基础设施规划、建设、运营和养护全过程。推进生态选线选址，强化生态环保设计，避让耕地、林地、湿地等具有重要生态功能的国土空间。建设绿色交通廊道。

## 八、开放合作面向全球、互利共赢

（一）**构建互联互通、面向全球的交通网络**。以丝绸之路经济带六大国际经济合作走廊为主体，推进与周边国家铁路、公路、航道、油气管道等基础设施互联互通。提高海运、民航的全球连接度，建设世界一流的国际航运中心，推进21世纪海上丝绸之路建设。拓展国际航运物流，发展铁路国际班列，推进跨境道路运输便利化，大力发展航空物流枢纽，构建国际寄递物流供应链体系，打造陆海新通道。维护国际海运重要通道安全与畅通。

（二）**加大对外开放力度**。吸引外资进入交通领域，全面落实准入前国民待遇加负面清单管理制度。协同推进自由贸易试验区、中国特色自由贸易港建设。鼓励国内交通企业积极参与"一带一路"沿线交通基础设施建设和国际运输市场合作，打造世界一流交通企业。

（三）**深化交通国际合作**。提升国际合作深度与广度，形成国家、社会、企业多层次合作渠道。拓展国际合作平台，积极打造交通新平台，吸引重要交通国际组织来华落驻。积极推动全球交通治理体系建设与变革，促进交通运输政策、规则、制度、技术、标准"引进来"和"走出去"，积极参与交通国际组织事务框架下规则、标准制定修订。提升交通国际话语权和影响力。

## 九、人才队伍精良专业、创新奉献

（一）**培育高水平交通科技人才**。坚持高精尖缺导向，培养一批具有国际水平的战略科技人才、科技领军人才、青年科技人才和创新团队，培养交通一线创新人才，支持各领域各学科人才进入交通相关产业行业。推进交通高端智库建设，完善专家工作体系。

（二）**打造素质优良的交通劳动者大军**。弘扬劳模精神和工匠精神，造就一支素质优良的知识型、技能型、创新型劳动者大军。大力培养支撑中国制造、中国创造的交通技术技能人才队伍，构建适应交通发展需要的现代职业教育体系。

（三）**建设高素质专业化交通干部队伍**。落实建设高素质专业化干部队伍要求，打造一支忠诚干净担当的高素质干部队伍。注重专业能力培养，增强干部队伍适应现代综合交通运输发展要求的能力。加强优秀年轻干部队伍建设，加强国际交通组织人才培养。

## 十、完善治理体系，提升治理能力

（一）**深化行业改革**。坚持法治引领，完善综合交通法规体系，推动重点领域法律法规制定修订。不断深化铁路、公路、航道、空域管理体制改革，建立健全适应综合交通一体化发展的体制机制。推动国家铁路企业股份制改造、邮政企业混合所有制改革，支持民营企业健康发展。统筹制定交通发展战略、规划和政策，加快建设现代化综合交通体系。强化规划协同，实现"多规合一"、"多规融合"。

（二）**优化营商环境**。健全市场治理规则，深入推进简政放权，破除区域壁垒，防止市场垄断，完善运输价格形成机制，构建统一开放、竞争有序的现代交通市场体系。全面实施市场准入负面清单制度，构建以信用为基础的新型监管机制。

（三）**扩大社会参与**。健全公共决策机制，实行依法决策、民主决策。鼓励交通行业组织积极参与行业治理，引导社会组织依法自治、规范自律，拓宽公众参与交通治理渠道。推动政府信息公开，建立健全公共监督机制。

（四）培育交通文明。推进优秀交通文化传承创新，加强重要交通遗迹遗存、现代交通重大工程的保护利用和精神挖掘，讲好中国交通故事。弘扬以"两路"精神、青藏铁路精神、民航英雄机组等为代表的交通精神，增强行业凝聚力和战斗力。全方位提升交通参与者文明素养，引导文明出行，营造文明交通环境，推动全社会交通文明程度大幅提升。

## 十一、保障措施

（一）加强党的领导。坚持党的全面领导，充分发挥党总揽全局、协调各方的作用。建立统筹协调的交通强国建设实施工作机制，强化部门协同、上下联动、军地互动，整体有序推进交通强国建设工作。

（二）加强资金保障。深化交通投融资改革，增强可持续发展能力，完善政府主导、分级负责、多元筹资、风险可控的资金保障和运行管理体制。建立健全中央和地方各级财政投入保障制度，鼓励采用多元化市场融资方式拓宽融资渠道，积极引导社会资本参与交通强国建设，强化风险防控机制建设。

（三）加强实施管理。各地区各部门要提高对交通强国建设重大意义的认识，科学制定配套政策和配置公共资源，促进自然资源、环保、财税、金融、投资、产业、贸易等政策与交通强国建设相关政策协同，部署若干重大工程、重大项目，合理规划交通强国建设进程。鼓励有条件的地方和企业在交通强国建设中先行先试。交通运输部要会同有关部门加强跟踪分析和督促指导，建立交通强国评价指标体系，重大事项及时向党中央、国务院报告。

# 《国家综合立体交通网规划纲要》

为加快建设交通强国，构建现代化高质量国家综合立体交通网，支撑现代化经济体系和社会主义现代化强国建设，编制本规划纲要。规划期为 2021 至 2035 年，远景展望到本世纪中叶。

## 一、规划基础

### （一）发展现状

改革开放特别是党的十八大以来，在以习近平同志为核心的党中央坚强领导下，我国交通运输发展取得了举世瞩目的成就。基础设施网络基本形成，综合交通运输体系不断完善；运输服务能力和水平大幅提升，人民群众获得感明显增强；科技创新成效显著，设施建造、运输装备技术水平大幅提升；交通运输建设现代化加快推进，安全智慧绿色发展水平持续提高；交通运输对外开放持续扩大，走出去步伐不断加快。交通运输发展有效促进国土空间开发保护、城乡区域协调发展、生产力布局优化，为经济社会发展充分发挥基础性、先导性、战略性和服务性作用，为决胜全面建成小康社会提供了有力支撑。

与此同时，我国交通运输发展还存在一些短板，不平衡不充分问题仍然突出。综合交通网络布局仍需完善，结构有待优化，互联互通和网络韧性还需增强；综合交通统筹融合亟待加强，资源集约利用水平有待提高，交通运输与相关产业协同融合尚需深化，全产业链支撑能力仍需提升；综合交通发展质量效率和服务水平不高，现代物流体系有待完善，科技创新能力、安全智慧绿色发展水平还要进一步提高；交通运输重点领域关键环节改革任务仍然艰巨。

### （二）形势要求

当前和今后一个时期，我国发展仍处于重要战略机遇期，但机遇和挑战都有新的发展变化。当今世界正经历百年未有之大变局，新一轮科技革命和产业变革深入发展，国际力量对比深刻调整，和平与发展仍是时代主题，人类命运共同体理念深入人心。同时国际环境日趋复杂，不稳定性不确定性明显增加，新冠肺炎疫情影响广泛深远，经济全球化遭遇逆流，世界进入动荡变革期。我国已转向高质量发展阶段，制度优势显著，经济长期向好，市场空间广阔，发展韧性增强，社会大局稳定，全面建设社会主义现代化国家新征程开启，但发展不平衡不充分问题仍然突出。

国内国际新形势对加快建设交通强国、构建现代化高质量国家综合立体交通网提出了新的更高要求，必须更加突出创新的核心地位，注重交通运输创新驱动和智慧发展；更加突出统筹协调，注重各种运输方式融合发展和城乡区域交通运输协调发展；更加突出绿色发展，注重国土空间开发和生态环境保护；更加突出高水平对外开放，注重对外互联互通和国际供应链开放、安全、稳定；更加突出共享发展，注重建设人民满意交通，满足人民日益增长的美好生活需要。要着力推动交通运输更高质量、更有效率、更加公平、更可持续、更为安全的发展，发挥交通运输在国民经济扩大循环规模、提高循环效率、增强循环动能、降低循环成本、保障循环安全中的重要作用，为全面建设社会主义现代化国家提供有力支撑。

### （三）运输需求

旅客出行需求稳步增长，高品质、多样化、个性化的需求不断增强。预计 2021 至 2035 年旅客出行量（含小汽车出行量）年均增速为 3.2% 左右。高铁、民航、小汽车出行占比不断提升，国际旅客出行以及城市群旅客出行需求更加旺盛。东部地区仍将是我国出行需求最为集中的区域，中西部地区出行需求增速加快。

货物运输需求稳中有升，高价值、小批量、时效强的需求快速攀升。预计 2021 至 2035 年全社会货运量年均增速为 2% 左右，邮政快递业务量年均增速为 6.3% 左右。外贸货物运输保持长期增长态势，大宗散货运量未来一段时期保持高位运行状态。东部地区货运需求仍保持较大规模，中西部地区增速将快于东部地区。

## 二、总体要求

### （一）指导思想

以习近平新时代中国特色社会主义思想为指导，深入贯彻党的十九大和十九届二中、三中、四中、五中全会精神，统筹推进"五位一体"总体布局，协调推进"四个全面"战略布局，坚持稳中求进工作总基调，立足新发展阶段，贯彻新发展理念，构建新发展格局，以推动高质量发展为主题，以深化供给侧结构性改革为主线，以改革创新为根本动力，以满足人民日益增长的美好生活需要为根本目的，统筹发展和安全，充分发挥中央和地方两个积极性，更加注重质量效益、一体化融合、创新驱动，打造一流设施、技术、管理、服务，构建便捷顺畅、经济高效、绿色集约、智能先进、安全可靠的现代化高质量国家综合立体交通网，加快建设交通强国，为全面建设社会主义现代化国家当好先行。

**（二）工作原则**

——服务大局、服务人民。立足全面建设社会主义现代化国家大局，坚持适度超前，推进交通与国土空间开发保护、产业发展、新型城镇化协调发展，促进军民融合发展，有效支撑国家重大战略。立足扩大内需战略基点，拓展投资空间，有效促进国民经济良性循环。坚持以人民为中心，建设人民满意交通，不断增强人民群众的获得感、幸福感、安全感。

——立足国情、改革开放。准确把握新发展阶段要求和资源禀赋气候特征，加强资源节约集约利用，探索中国特色交通运输现代化发展模式和路径。充分发挥市场在资源配置中的决定性作用，更好发挥政府作用，深化交通运输体系改革，破除制约高质量发展的体制机制障碍，构建统一开放竞争有序的交通运输市场。服务"一带一路"建设，加强国际互联互通，深化交通运输开放合作，提高全球运输网络和物流供应链体系安全性、开放性、可靠性。

——优化结构、统筹融合。坚持系统观念，加强前瞻性思考、全局性谋划、战略性布局、整体性推进。加强规划统筹，优化网络布局，创新运输组织，调整运输结构，实现供给和需求更高水平的动态平衡。推动融合发展，加强交通运输资源整合和集约利用，促进交通运输与相关产业深度融合。强化衔接联通，提升设施网络化和运输服务一体化水平，提升综合交通运输整体效率。

——创新智慧、安全绿色。坚持创新核心地位，注重科技赋能，促进交通运输提效能、扩功能、增动能。推进交通基础设施数字化、网联化，提升交通运输智慧发展水平。统筹发展和安全，加强交通运输安全与应急保障能力建设。加快推进绿色低碳发展，交通领域二氧化碳排放尽早达峰，降低污染物及温室气体排放强度，注重生态环境保护修复，促进交通与自然和谐发展。

**（三）发展目标**

到 2035 年，基本建成便捷顺畅、经济高效、绿色集约、智能先进、安全可靠的现代化高质量国家综合立体交通网，实现国际国内互联互通、全国主要城市立体畅达、县级节点有效覆盖，有力支撑"全国 123 出行交通圈"（都市区 1 小时通勤、城市群 2 小时通达、全国主要城市 3 小时覆盖）和"全球 123 快货物流圈"（国内 1 天送达、周边国家 2 天送达、全球主要城市 3 天送达）。交通基础设施质量、智能化与绿色化水平居世界前列。交通运输全面适应人民日益增长的美好生活需要，有力保障国家安全，支撑我国基本实现社会主义现代化。（见专栏一和国家综合立体交通网 2035 年主要指标表）

到本世纪中叶，全面建成现代化高质量国家综合立体交通网，拥有世界一流的交通基础设施体系，交通运输供需有效平衡、服务优质均等、安全有力保障。新技术广泛应用，实现数字化、网络化、智能化、绿色化。出行安全便捷舒适，物流高效经济可靠，实现"人享其行、物优其流"，全面建成交通强国，为全面建成社会主义现代化强国当好先行。

## 三、优化国家综合立体交通布局

### （一）构建完善的国家综合立体交通网

国家综合立体交通网连接全国所有县级及以上行政区、边境口岸、国防设施、主要景区等。以统筹融合为导向，着力补短板、重衔接、优网络、提效能，更加注重存量资源优化利用和增量供给质量提升。完善铁路、公路、水运、民航、邮政快递等基础设施网络，构建以铁路为主干，以公路为基础，水运、民航比较优势充分发挥的国家综合立体交通网。

到 2035 年，国家综合立体交通网实体线网总规模合计 70 万公里左右（不含国际陆路通道境外段、空中及海上航路、邮路里程）。其中铁路 20 万公里左右，公路 46 万公里左右，高等级航道 2.5 万公里左右。沿海主要港口 27 个，内河主要港口 36 个，民用运输机场 400 个左右，邮政快递枢纽 80 个左右。（见专栏二）

### （二）加快建设高效率国家综合立体交通网主骨架

国家综合立体交通网主骨架由国家综合立体交通网中最为关键的线网构成，是我国区域间、城市群间、省际间以及连通国际运输的主动脉，是支撑国土空间开发保护的主轴线，也是各种运输方式资源配置效率最高、运输强度最大的骨干网络。

依据国家区域发展战略和国土空间开发保护格局，结合未来交通运输发展和空间分布特点，将重点区域按照交通运输需求量级划分为 3 类。京津冀、长三角、粤港澳大湾区和成渝地区双城经济圈 4 个地区作为极，长江中游、山东半岛、海峡西岸、中原地区、哈长、辽中南、北部湾和关中平原 8 个地区作为组群，呼包鄂榆、黔中、滇中、山西中部、天山北坡、兰西、宁夏沿黄、拉萨和喀什 9 个地区作为组团。按照极、组群、组团之间交通联系强度，打造由主轴、走廊、通道组成的国家综合立体交通网主骨架。国家综合立体交通网主骨架实体线网里程 29 万公里左右，其中国家高速铁路 5.6 万公里、普速铁路 7.1 万公里；国家高速公路 6.1 万公里、普通国道 7.2 万公里；国家高等级航道 2.5 万公里。

加快构建 6 条主轴。加强京津冀、长三角、粤港澳大湾区、成渝地区双城经济圈 4 极之间联系，建设综合性、多通道、立体化、大容量、快速化的交通主轴。拓展 4 极辐射空间和交通资源配置能力，打造我国综合立体交通协同发展和国内国际交通衔接转换的关键平台，充分发挥促进全国区域发展南北互动、东西交融的重要作用。

加快构建 7 条走廊。强化京津冀、长三角、粤港澳大湾区、成渝地区双城经济圈 4 极的辐射作用，加强极与组群和组团之间联系，建设京哈、京藏、大陆桥、西部陆海、沪昆、成渝昆、广昆等多方式、多通道、便捷化的交通走廊，优化完善多中心、网络化的主骨架结构。

加快构建 8 条通道。强化主轴与走廊之间的衔接协调，加强组群与组团之间、组团与组团之间联系，加强资源产业集聚地、重要口岸的连接覆盖，建设绥满、京延、沿边、福银、二湛、川藏、湘桂、厦蓉等交通通道，促进内外连通、通边达海，扩大中西部和东北地区交通网络覆盖。(见专栏三)

### (三)建设多层级一体化国家综合交通枢纽系统

建设综合交通枢纽集群、枢纽城市及枢纽港站"三位一体"的国家综合交通枢纽系统。建设面向世界的京津冀、长三角、粤港澳大湾区、成渝地区双城经济圈4大国际性综合交通枢纽集群。加快建设20个左右国际性综合交通枢纽城市以及80个左右全国性综合交通枢纽城市。推进一批国际性枢纽港站、全国性枢纽港站建设。(见专栏四)

### (四)完善面向全球的运输网络

围绕陆海内外联动、东西双向互济的开放格局,着力形成功能完备、立体互联、陆海空统筹的运输网络。发展多元化国际运输通道,重点打造新亚欧大陆桥、中蒙俄、中国—中亚—西亚、中国—中南半岛、中巴、中尼印和孟中印缅等7条陆路国际运输通道。发展以中欧班列为重点的国际货运班列,促进国际道路运输便利化。强化国际航运中心辐射能力,完善经日韩跨太平洋至美洲,经东南亚至大洋洲,经东南亚、南亚跨印度洋至欧洲和非洲,跨北冰洋的冰上丝绸之路等4条海上国际运输通道,保障原油、铁矿石、粮食、液化天然气等国家重点物资国际运输,拓展国际海运物流网络,加快发展邮轮经济。依托国际航空枢纽,构建四通八达、覆盖全球的空中客货运输网络。建设覆盖五洲、连通全球、互利共赢、协同高效的国际干线邮路网。

## 四、推进综合交通统筹融合发展

### (一)推进各种运输方式统筹融合发展

统筹综合交通通道规划建设。强化国土空间规划对基础设规划建设的指导约束作用,加强与相关规划的衔接协调。节约集约利用通道线位资源、岸线资源、土地资源、空域资源、水域资源,促进交通通道由单一向综合、由平面向立体发展,减少对空间的分割,提高国土空间利用效率。统筹考虑多种运输方式规划建设协同和新型运输方式探索应用,实现陆水空多种运输方式相互协同、深度融合。用好用足既有交通通道,加强过江、跨海、穿越环境敏感区通道基础设施建设方案论证,推动铁路、公路等线性基础设施的线位统筹和断面空间整合。加强综合交通通道与通信、能源、水利等基础设施统筹,提高通道资源利用效率。

推进综合交通枢纽一体化规划建设。推进综合交通枢纽及邮政快递枢纽统一规划、统一设计、统一建设、协同管理。推动新建综合客运枢纽各种运输方式集中布局,实现空间共享、立体或同台换乘,打造全天候、一体化换乘环境。推动既有综合客运枢纽整合交通设施、共享服务功能空间。加快综合货运枢纽多式联运换装设施与集疏运体系建设,统筹转运、口岸、保税、邮政快递等功能,提升多式联运效率与物流综合服务水平。按照站城一体、产城融合、开放共享原则,做好枢纽发展空间预留、用地功能管控、开发时序协调。(见专栏五)

推动城市内外交通有效衔接。推动干线铁路、城际铁路、市域(郊)铁路融合建设,并做好与城市轨道交通衔接协调,构建运营管理和服务"一张网",实现设施互联、票制互通、安检互认、信息共享、支付兼容。加强城市周边区域公路与城市道路高效对接,系统优化进出城道路网络,推动规划建设统筹和管理协同,减少对城市的分割和干扰。完善城市物流配送系统,加强城际干线运输与城市末端配送有机衔接。加强铁路、公路客运枢纽及机场与城市公交网络系统有机整合，引导城市沿大容量公共交通廊道合理、有序发展。

## （二）推进交通基础设施网与运输服务网、信息网、能源网融合发展

推进交通基础设施网与运输服务网融合发展。推进基础设施、装备、标准、信息与管理的有机衔接，提高交通运输网动态运行管理服务智能化水平，打造以全链条快速化为导向的便捷运输服务网，构建空中、水上、地面与地下融合协同的多式联运网络，完善供应链服务体系。

推进交通基础设施网与信息网融合发展。加强交通基础设施与信息基础设施统筹布局、协同建设，推动车联网部署和应用，强化与新型基础设施建设统筹，加强载运工具、通信、智能交通、交通管理相关标准跨行业协同。

推进交通基础设施网与能源网融合发展。推进交通基础设施与能源设施统筹布局规划建设，充分考虑煤炭、油气、电力等各种能源输送特点，强化交通与能源基础设施共建共享，提高设施利用效率，减少能源资源消耗。促进交通基础设施网与智能电网融合，适应新能源发展要求。

## （三）推进区域交通运输协调发展

推进重点区域交通运输统筹发展。建设"轨道上的京津冀"，加快推进京津冀地区交通一体化，建设世界一流交通体系，高标准、高质量建设雄安新区综合交通运输体系。建设"轨道上的长三角"、辐射全球的航运枢纽，打造交通高质量发展先行区，提升整体竞争力和影响力。粤港澳大湾区实现高水平互联互通，打造西江黄金水道，巩固提升港口群、机场群的国际竞争力和辐射

带动力，建成具有全球影响力的交通枢纽集群。成渝地区双城经济圈以提升对外连通水平为导向，强化门户枢纽功能，构建一体化综合交通运输体系。建设东西畅通、南北辐射、有效覆盖、立体互联的长江经济带现代化综合立体交通走廊。支持海南自由贸易港建设，推动西部陆海新通道国际航运枢纽和航空枢纽建设，加快构建现代综合交通运输体系。统筹黄河流域生态环境保护与交通运输高质量发展，优化交通基础设施空间布局。

推进东部、中部、西部和东北地区交通运输协调发展。加速东部地区优化升级，提高人口、经济密集地区交通承载力，强化对外开放国际运输服务功能。推进中部地区大通道大枢纽建设，更好发挥承东启西、连南接北功能。强化西部地区交通基础设施布局，推进西部陆海新通道建设，打造东西双向互济对外开放通道网络。优化枢纽布局，完善枢纽体系，发展通用航空，改善偏远地区居民出行条件。推动东北地区交通运输发展提质增效，强化与京津冀等地区通道能力建设，打造面向东北亚对外开放的交通枢纽。支持革命老区、民族地区、边疆地区交通运输发展，推进沿边沿江沿海交通建设。

推进城市群内部交通运输一体化发展。构建便捷高效的城际交通网，加快城市群轨道交通网络化，完善城市群快速公路网络，加强城市交界地区道路和轨道顺畅连通，基本实现城市群内部2小时交通圈。加强城市群内部重要港口、站场、机场的路网连通性，促进城市群内港口群、机场群统筹资源利用、信息共享、分工协作、互利共赢，提高城市群交通枢纽体系整体效率和国际竞争力。统筹城际网络、运力与运输组织，提高运输服务效率。研究布局综合性通用机场，疏解繁忙机场的通用航空活动，发展城市直升机运输服务，构建城市群内部快速空中交通网络。建立健全城市群内交通运输协同发展体制机制，推动相关政策、法规、标准等一体化。

推进都市圈交通运输一体化发展。建设中心城区连接卫星城、新城的大容量、快速化轨道交通网络，推进公交化运营，加强道路交通衔接，打造1小时"门到门"通勤圈。推动城市道路网结构优化，形成级配合理、接入顺畅的路网系统。有序发展共享交通，加强城市步行和自行车等慢行交通系统建设，合理配置停车设施，开展人行道净化行动，因地制宜建设自行车专用道，鼓励公众绿色出行。深入实施公交优先发展战略，构建以城市轨道交通为骨干、常规公交为主体的城市公共交通系统，推进以公共交通为导向的城市土地开发模式，提高城市绿色交通分担率。超大城市充分利用轨道交通地下空间和建筑，优化客流疏散。

推进城乡交通运输一体化发展。统筹规划地方高速公路网，加强与国道、农村公路以及其他运输方式的衔接协调，构建功能明确、布局合理、规模适当的省道网。加快推动乡村交通基础设施提档升级，全面推进"四好农村路"建设，实现城乡交通基础设施一体化规划、建设、管护。畅通城乡交通运输连接，推进县乡村（户）道路连通、城乡客运一体化，解决好群众出行"最后一公里"问题。提高城乡交通运输公共服务均等化水平，巩固拓展交通运输脱贫攻坚成果同乡村振兴有效衔接。

### （四）推进交通与相关产业融合发展

推进交通与邮政快递融合发展。推动在铁路、机场、城市轨道等交通场站建设邮政快递专用处理场所、运输通道、装卸设施。在重要交通枢纽实现邮件快件集中安检、集中上机（车），发展航空、铁路、水运快递专用运载设施设备。推动不同运输方式之间邮件快件装卸标准、跟踪数据等有效衔接，实现信息共享。发展航空快递、高铁快递，推动邮件快件多式联运，实现跨领域、跨区域和跨运输方式顺畅衔接，推进全程运输透明化。推进乡村邮政快递网点、综合服务站、汽车站等设施资源整合共享。

推进交通与现代物流融合发展。加强现代物流体系建设，优化国家物流大通道和枢纽布局，加强国家物流枢纽应急、冷链、分拣处理等功能区建设，完善与口岸衔接，畅通物流大通道与城市配送网络交通线网连接，提高干支衔接能力和转运分拨效率。加快构建农村物流基础设施骨干网络和末端网络。发展高铁快运，推动双层集装箱铁路运输发展。加快航空物流发展，加强国际航空货运能力建设。培育壮大一批具有国际竞争力的现代物流企业，鼓励企业积极参与全球供应链重构与升级，依托综合交通枢纽城市建设全球供应链服务中心，打造开放、安全、稳定的全球物流供应链体系。

推进交通与旅游融合发展。充分发挥交通促进全域旅游发展的基础性作用，加快国家旅游风景道、旅游交通体系等规划建设，打造具有广泛影响力的自然风景线。强化交通网"快进慢游"功能，加强交通干线与重要旅游景区衔接。完善公路沿线、服务区、客运枢纽、邮轮游轮游艇码头等旅游服务设施功能，支持红色旅游、乡村旅游、度假休闲旅游、自驾游等相关交通基础设施建设，推进通用航空与旅游融合发展。健全重点旅游景区交通集散体系，鼓励发展定制化旅游运输服务，丰富邮轮旅游服务，形成交通带动旅游、旅游促进交通发展的良性互动格局。

推进交通与装备制造等相关产业融合发展。加强交通运输与现代农业、生产制造、商贸金融等跨行业合作，发展交通运输平台经济、枢纽经济、通道经济、低空经济。支持交通装备制造业延伸服务链条，促进现代装备在交通运输领域应用，带动国产航空装备的产业化、商业化应用，强化交通运输与现代装备制造业的相互支撑。推动交通运输与生产制造、流通环节资源整合，鼓励物流组织模式与业态创新。推进智能交通产业化。

## 五、推进综合交通高质量发展

### （一）推进安全发展

提升安全保障能力。加强交通运输安全风险预警、防控机制和能力建设。加快推进城市群、重点地区、重要口岸、主要产业及能源基地、自然灾害多发地区多通道、多方式、多路径建设，提升交通网络系统韧性和安全性。健全粮食、能源等战略物资运输保障体系，提升产业链、供应链安全保障水平。加强通道安全保障、海上巡航搜救打捞、远洋深海极地救援能力建设，健全交通安全监管体系和搜寻救助系统。健全关键信息基础设施安全保护体系，提升车联网、船联网等重要融合基础设施安全保障能力，加强交通信息系统安全防护，加强关键技术创新力度，提升自主可控能力。提升交通运输装备安全水平。健全安全宣传教育体系，强化全民安全意识和法治意识。

提高交通基础设施安全水平。建立完善现代化工程建设和运行质量全寿命周期安全管理体系，健全交通安全生产法规制度和标准规范。强化交通基础设施预防性养护维护、安全评估，加强长期性能观测，完善数据采集、检测诊断、维修处治技术体系，加大病害治理力度，及时消除安全隐患。推广使用新材料新技术新工艺，提高交通基础设施质量和使用寿命。完善安全责任体系，创新安全管理模式，强化重点交通基础设施建设、运行安全风险防控，全面改善交通设施安全水平。

完善交通运输应急保障体系。建立健全多部门联动、多方式协同、多主体参与的综合交通应急运输管理协调机制，完善科学协调的综合交通应急运输保障预案体系。构建应急运输大数据中心，推动信息互联共享。构建快速通达、衔接有力、功能适配、安全可靠的综合交通应急运输网络。提升应急运输装备现代化、专业化和智能化水平，推动应急运输标准化、模块化和高效化。统筹陆域、水域和航空应急救援能力建设，建设多层级的综合运输应急装备物资和运力储备体系。科学规划布局应急救援基地、消防救援站等，加强重要通道应急装备、应急通信、物资储运、防灾防疫、污染应急处置等配套设施建设，提高设施快速修复能力和应对突发事件能力。建立健全行业系统安全风险和重点安全风险监测防控体系，强化危险货物运输全过程、全网络监测预警。

## （二）推进智慧发展

提升智慧发展水平。加快提升交通运输科技创新能力，推进交通基础设施数字化、网联化。推动卫星通信技术、新一代通信技术、高分遥感卫星、人工智能等行业应用，打造全覆盖、可替代、保安全的行业北斗高精度基础服务网，推动行业北斗终端规模化应用。构建高精度交通地理信息平台，加快各领域建筑信息模型技术自主创新应用。全方位布局交通感知系统，与交通基础设施同步规划建设，部署关键部位主动预警设施，提升多维监测、精准管控、协同服务能力。加强智能化载运工具和关键专用装备研发，推进智能网联汽车（智能汽车、自动驾驶、车路协同）、智能化通用航空器应用。鼓励物流园区、港口、机场、货运场站广泛应用物联网、自动化等技术，推广应用自动化立体仓库、引导运输车、智能输送分拣和装卸设备。构建综合交通大数据中心体系，完善综合交通运输信息平台。完善科技资源开放共享机制，建设一批具有国际影响力的创新平台。

加快既有设施智能化。利用新技术赋能交通基础设施发展，加强既有交通基础设施提质升级，提高设施利用效率和服务水平。运用现代控制技术提升铁路全路网列车调度指挥和运输管理智能化水平。推动公路路网管理和出行信息服务智能化，完善道路交通监控设备及配套网络。加强内河高等级航道运行状态在线监测，推动船岸协同、自动化码头和堆场发展。发展新一代空管系统，推进空中交通服务、流量管理和空域管理智能化，推进各方信息共享。推动智能网联汽车与智慧城市协同发展，建设城市道路、建筑、公共设施融合感知体系，打造基于城市信息模型平台、集城市动态静态数据于一体的智慧出行平台。

## （三）推进绿色发展和人文建设

推进绿色低碳发展。促进交通基础设施与生态空间协调，最大限度保护重要生态功能区、避让生态环境敏感区，加强永久基本农田保护。实施交通生态修复提升工程，构建生态化交通网络。加强科研攻关，改进施工工艺，从源头减少交通噪声、污染物、二氧化碳等排放。加大交通污染监测和综合治理力度，加强交通环境风险防控，落实生态补偿机制。优化调整运输结构，推进多式联运型物流园区、铁路专用线建设,形成以铁路、水运为主的大宗货物和集装箱中长距离运输格局。加强可再生能源、新能源、清洁能源装备设施更新利用和废旧建材再生利用,促进交通能源动力系统清洁化、低碳化、高效化发展,推进快递包装绿色化、减量化、可循环。

加强交通运输人文建设。完善交通基础设施、运输装备功能配置和运输服务标准规范体系,满足不同群体出行多样化、个性化要求。加强无障碍设施建设,完善无障碍装备设备,提高特殊人群出行便利程度和服务水平。健全老年人交通运输服务体系,满足老龄化社会交通需求。创新服务模式,提升运输服务人性化、精细化水平。加强交通文明宣传教育,弘扬优秀交通文化,提高交通参与者守法意识和道德水平。

**(四) 提升治理能力**

深化交通运输行业改革。深化简政放权、放管结合、优化服务改革,持续优化营商环境,形成统一开放竞争有序的交通运输市场。建立健全适应国家综合立体交通高质量发展的体制机制,完善综合交通运输发展战略规划政策体系。推进铁路行业竞争性环节市场化改革,深化国家空管体制改革,实现邮政普遍服务业务与竞争性业务分业经营。完善交通运输与国土空间开发、城乡建设、生态环境保护等政策协商机制,推进多规融合,提高政策统一性、规则一致性和执行协同性。加快制定综合交通枢纽、多式联运、新业态新模式等标准规范,加强不同运输方式标准统筹协调,构建符合高质量发展的标准体系。加强交通国际交流合作,积极参与国际交通组织,推动标准国际互认,提升中国标准的国际化水平。以大数据、信用信息共享为基础,构建综合交通运输新型治理机制。

加强交通运输法治建设。坚持法治引领，深化交通运输法治政府部门建设。推动综合交通等重点立法项目制定修订进程，促进不同运输方式法律制度的有效衔接，完善综合交通法规体系。全面加强规范化建设，提升交通运输执法队伍能力和水平，严格规范公正文明执法。落实普法责任制，营造行业良好法治环境，把法治要求贯穿于综合交通运输规划、建设、管理、运营服务、安全生产各环节全过程。

加强交通运输人才队伍建设。优化人才队伍结构，加强跨学科科研队伍建设，造就一批有影响力的交通科技领军人才和创新团队。弘扬劳模精神、工匠精神，完善人才引进、培养、使用、评价、流动、激励体制机制和以社会主义核心价值观引领行业文化建设的治理机制。加强创新型、应用型、技能型人才培养，建设忠诚干净担当的高素质干部队伍，造就一支素质优良的劳动者大军。

## 六、保障措施

### （一）加强党的领导

坚持和加强党的全面领导，增强"四个意识"、坚定"四个自信"、做到"两个维护"，充分发挥党总揽全局、协调各方的领导核心作用，始终把党的领导贯穿到加快建设交通强国全过程，充分发挥各级党组织在推进国家综合立体交通网建设发展中的作用，激励干部担当作为，全面调动各级干部干事创业的积极性、主动性和创造性，不断提高贯彻新发展理念、构建新发展格局、推动高质量发展能力和水平，为实现本规划纲要目标任务提供根本保证。

### (二) 加强组织协调

加强本规划纲要实施组织保障体系建设，建立健全实施协调推进机制，强化部门协同和上下联动，推动各类交通基础设施统筹规划、协同建设。财政、自然资源、住房城乡建设、生态环境等部门要细化完善财政、用地、用海、城乡建设、环保等配套政策及标准规范。健全本规划纲要与各类各级规划衔接机制。

### (三) 加强资源支撑

加强国家综合立体交通网规划项目土地等资源供给，规划、建设过程严格用地控制，突出立体、集约、节约思维，提高交通用地复合程度，盘活闲置交通用地资源，完善公共交通引导土地开发的相关政策。建立国土空间规划等相关规划与交通规划协调机制和动态调整管理政策。

### (四) 加强资金保障

建立完善与交通运输发展阶段特征相适应的资金保障制度，落实中央与地方在交通运输领域的财政事权和支出责任，确保各交通专项资金支持交通发展。创新投融资政策，健全与项目资金需求和期限相匹配的长期资金筹措渠道。构建形成效益增长与风险防控可持续发展的投资机制，防范化解债务风险。健全公益性基础设施建设运营支持政策体系，加大对欠发达地区和边境地区支持力度。进一步调整完善支持邮政、水运等发展的资金政策。支持各类金融机构依法合规为市场化运作的交通发展提供融资，引导社会资本积极参与交通基础设施建设。

## （五）加强实施管理

建立综合交通规划管理制度。本规划纲要实施过程中要加强与国民经济和社会发展、国土空间、区域发展、流域等相关规划衔接，与城乡建设发展相统筹。各地在编制交通运输相关规划中，要与本规划纲要做好衔接，有关项目纳入国土空间规划和相关专项规划。交通运输部要会同有关部门加强本规划纲要实施动态监测与评估，组织开展交通强国建设试点工作，在通道、枢纽、技术创新、安全绿色低碳等方面科学论证并组织实施一批重大工程，强化本规划纲要实施进展统计与监测工作，定期开展规划评估，依据国家发展规划进行动态调整或修订。重大事项及时向党中央、国务院报告。

### 专栏一：2035年发展目标

便捷顺畅。享受快速交通服务的人口比重大幅提升，除部分边远地区外，基本实现全国县级行政中心15分钟上国道、30分钟上高速公路、60分钟上铁路，市地级行政中心45分钟上高速铁路、60分钟到机场。基本实现地级市之间当天可达。中心城区至综合客运枢纽半小时到达，中心城区综合客运枢纽之间公共交通转换时间不超过1小时。交通基础设施无障碍化率大幅提升，旅客出行全链条便捷程度显著提高，基本实现"全国123出行交通圈"。

经济高效。国家综合立体交通网设施利用更加高效，多式联运占比、换装效率显著提高，运输结构更加优化，物流成本进一步降低，交通枢纽基本具备寄递功能，实现与寄递枢纽的无缝衔接，基本实现"全球123快货物流圈"。

绿色集约。综合运输通道资源利用的集约化、综合化水平大幅提高。基本实现交通基础设施建设全过程、全周期绿色化。单位运输周转量能耗不断降低，二氧化碳排放强度比 2020 年显著下降，交通污染防治达到世界先进水平。

智能先进。基本实现国家综合立体交通网基础设施全要素全周期数字化。基本建成泛在先进的交通信息基础设施，实现北斗时空信息服务、交通运输感知全覆盖。智能列车、智能网联汽车（智能汽车、自动驾驶、车路协同）、智能化通用航空器、智能船舶及邮政快递设施的技术达到世界先进水平。

安全可靠。交通基础设施耐久性和有效性显著增强，设施安全隐患防治能力大幅提升。交通网络韧性和应对各类重大风险能力显著提升，重要物资运输高效可靠。基本建成陆海空天立体协同的交通安全监管和救助体系。交通安全水平达到世界前列，有效保障人民生命财产和国家总体安全。

## 国家综合立体交通网 2035 年主要指标表

| 序号 | 指　　标 | | 目标值 |
|---|---|---|---|
| 1 | 便捷顺畅 | 享受 1 小时内快速交通服务的人口占比 | 80% 以上 |
| 2 | | 中心城区至综合客运枢纽半小时可达率 | 90% 以上 |
| 3 | 经济高效 | 多式联运换装 1 小时完成率 | 90% 以上 |
| 4 | | 国家综合立体交通网主骨架能力利用率 | 60%～85% |
| 5 | 绿色集约 | 主要通道新增交通基础设施多方式国土空间综合利用率提高比例 | 80% |
| 6 | | 交通基础设施绿色化建设比例 | 95% |
| 7 | 智能先进 | 交通基础设施数字化率 | 90% |
| 8 | 安全可靠 | 重点区域多路径连接比率 | 95% 以上 |
| 9 | | 国家综合立体交通网安全设施完好率 | 95% 以上 |

## 专栏二：国家综合立体交通网布局

1. 铁路。国家铁路网包括高速铁路、普速铁路。其中，高速铁路 7 万公里（含部分城际铁路），普速铁路 13 万公里（含部分市域铁路），合计 20 万公里左右。形成由"八纵八横"高速铁路主通道为骨架、区域性高速铁路衔接的高速铁路网；由若干条纵横普速铁路主通道为骨架、区域性普速铁路衔接的普速铁路网；京津冀、长三角、粤港澳大湾区、成渝地区双城经济圈等重点城市群率先建成城际铁路网，其他城市群城际铁路逐步成网。研究推进超大城市间高速磁悬浮通道布局和试验线路建设。

2. 公路。包括国家高速公路网、普通国道网，合计 46 万公里左右。其中，国家高速公路网 16 万公里左右，由 7 条首都放射线、11 条纵线、18 条横线及若干条地区环线、都市圈环线、城市绕城环线、联络线、并行线组成；普通国道网 30 万公里左右，由 12 条首都放射线、47 条纵线、60 条横线及若干条联络线组成。

3. 水运。包括国家航道网和全国主要港口。国家航道网由国家高等级航道和国境国际通航河流航道组成。其中，"四纵四横两网"的国家高等级航道 2.5 万公里左右；国境国际通航河流主要包括黑龙江、额尔古纳河、鸭绿江、图们江、瑞丽江、澜沧江、红河等。全国主要港口合计 63 个，其中沿海主要港口 27 个、内河主要港口 36 个。

4. 民航。包括国家民用运输机场和国家航路网。国家民用运输机场合计 400 个左右，基本建成以世界级机场群、国际航空（货运）枢纽为核心，区域枢纽为骨干，非枢纽机场和通用机场为重要补充的国家综合机场体系。按照突出枢纽、辐射区域、分层衔接、立体布局，先进导航技术为主、传统导航技术为辅的要求，加快繁忙地区终端管制区建设，加快构建结构清晰、衔接顺畅的国际航路航线网络；构建基于大容量通道、平行航路、单向循环等先进运行方式的高空航路航线网络；构建基于性能导航为主、传统导航为辅的适应各类航空用户需求的中低空航路航线网络。

5. 邮政快递。包括国家邮政快递枢纽和邮路。国家邮政快递枢纽主要由北京天津雄安、上海南京杭州、武汉（鄂州）郑州长沙、广州深圳、成都重庆西安等 5 个全球性国际邮政快递枢纽集群、20 个左右区域性国际邮政快递枢纽、45 个左右全国性邮政快递枢纽组成。依托国家综合立体交通网，布局航空邮路、铁路邮路、公路邮路、水运邮路。

### 专栏三：国家综合立体交通网主骨架布局

6 条主轴：

京津冀—长三角主轴。路径 1：北京经天津、沧州、青岛至杭州。路径 2：北京经天津、沧州、济南、蚌埠至上海。路径 3：北京经天津、潍坊、淮安至上海。路径 4：天津港至上海港沿海海上路径。

京津冀—粤港澳主轴。路径 1：北京经雄安、衡水、阜阳、九江、赣州至香港（澳门）。支线：阜阳经黄山、福州至台北。路径 2：北京经石家庄、郑州、武汉、长沙、广州至深圳。

京津冀—成渝主轴。路径 1：北京经石家庄、太原、西安至成都。路径 2：北京经太原、延安、西安至重庆。

长三角—粤港澳主轴。路径 1：上海经宁波、福州至深圳。路径 2：上海经杭州、南平至广州。路径 3：上海港至湛江港沿海海上路径。

长三角—成渝主轴。路径 1：上海经南京、合肥、武汉、万州至重庆。路径 2：上海经九江、武汉、重庆至成都。

粤港澳—成渝主轴。路径1：广州经桂林、贵阳至成都。路径2：广州经永州、怀化至重庆。

7条走廊：

京哈走廊。路径1：北京经沈阳、长春至哈尔滨。路径2：北京经承德、沈阳、长春至哈尔滨。支线1：沈阳经大连至青岛。支线2：沈阳至丹东。

京藏走廊。路径1：北京经呼和浩特、包头、银川、兰州、格尔木、拉萨至亚东。支线：秦皇岛经大同至鄂尔多斯。路径2：青岛经济南、石家庄、太原、银川、西宁至拉萨。支线：黄骅经忻州至包头。

大陆桥走廊。路径1：连云港经郑州、西安、西宁、乌鲁木齐至霍尔果斯/阿拉山口。路径2：上海经南京、合肥、南阳至西安。支线：南京经平顶山至洛阳。

西部陆海走廊。路径1：西宁经兰州、成都/重庆、贵阳、南宁、湛江至三亚。路径2：甘其毛都经银川、宝鸡、重庆、毕节、百色至南宁。

沪昆走廊。路径1：上海经杭州、上饶、南昌、长沙、怀化、贵阳、昆明至瑞丽。路径2：上海经杭州、景德镇、南昌、长沙、吉首、遵义至昆明。

成渝昆走廊。路径1：成都经攀枝花、昆明至磨憨/河口。路径2：重庆经昭通至昆明。

广昆走廊。路径1：深圳经广州、梧州、南宁、兴义、昆明至瑞丽。路径2：深圳经湛江、南宁、文山至昆明。

8条通道：

绥满通道。绥芬河经哈尔滨至满洲里。支线1：哈尔滨至同江。支线2：哈尔滨至黑河。

京延通道。北京经承德、通辽、长春至珲春。

沿边通道。黑河经齐齐哈尔、乌兰浩特、呼和浩特、临河、哈密、乌鲁木齐、库尔勒、喀什、阿里至拉萨。支线1：喀什至红其拉甫。支线2：喀什至吐尔尕特。

福银通道。福州经南昌、武汉、西安至银川。支线：西安经延安至包头。

二湛通道。二连浩特经大同、太原、洛阳、南阳、宜昌、怀化、桂林至湛江。

川藏通道。成都经林芝至樟木。

湘桂通道。长沙经桂林、南宁至凭祥。

厦蓉通道。厦门经赣州、长沙、黔江、重庆至成都。

### 专栏四：国际性综合交通枢纽

1. 国际性综合交通枢纽集群

形成以北京、天津为中心联动石家庄、雄安等城市的京津冀枢纽集群，以上海、杭州、南京为中心联动合肥、宁波等城市的长三角枢纽集群，以广州、深圳、香港为核心联动珠海、澳门等城市的粤港澳大湾区枢纽集群，以成都、重庆为中心的成渝地区双城经济圈枢纽集群。

2. 国际性综合交通枢纽城市

建设北京、天津、上海、南京、杭州、广州、深圳、成都、重庆、沈阳、大连、哈尔滨、青岛、厦门、郑州、武汉、海口、昆明、西安、乌鲁木齐等20个左右国际性综合交通枢纽城市。

3. 国际性综合交通枢纽港站

——国际铁路枢纽和场站：在北京、上海、广州、重庆、成都、西安、郑州、武汉、长沙、乌鲁木齐、义乌、苏州、哈尔滨等城市以及满洲里、绥芬河、二连浩特、阿拉山口、霍尔果斯等口岸建设具有较强国际运输服务功能的铁路枢纽场站。

——国际枢纽海港：发挥上海港、大连港、天津港、青岛港、连云港港、宁波舟山港、厦门港、深圳港、广州港、北部湾港、洋浦港等国际枢纽海港作用，巩固提升上海国际航运中心地位，加快建设辐射全球的航运枢纽，推进天津北方、厦门东南、大连东北亚等国际航运中心建设。

——国际航空（货运）枢纽：巩固北京、上海、广州、成都、昆明、深圳、重庆、西安、乌鲁木齐、哈尔滨等国际航空枢纽地位，推进郑州、天津、合肥、鄂州等国际航空货运枢纽建设。

——国际邮政快递处理中心：在国际邮政快递枢纽城市和口岸城市，依托国际航空枢纽、国际铁路枢纽、国际枢纽海港、公路口岸等建设40个左右国际邮政快递处理中心。

### 专栏五：综合交通枢纽一体化规划建设要求

1. 综合客运枢纽

综合客运枢纽内各种运输方式间换乘便捷、公共换乘设施完备，客流量大的客运枢纽应考虑安全缓冲。加强干线铁路、城际铁路、市域（郊）铁路、城市轨道交通规划与机场布局规划的衔接，国际航空枢纽基本实现2条以上轨道交通衔接。全国性铁路综合客运枢纽基本实现2条以上市域（郊）铁路或城市轨道衔接。国际性和全国性综合交通枢纽城市内轨道交通规划建设优先衔接贯通所在城市的综合客运枢纽，不同综合客运枢纽间换乘次数不超过2次。铁路综合客运枢纽与城市轨道交通站点应一体设计、同步建设、同期运营。

2. 综合货运枢纽

综合货运枢纽与国家综合立体交通网顺畅衔接。千万标箱港口规划建设综合货运通道与内陆港系统。全国沿海、内河主要港口的集装箱、大宗干散货规模化港区积极推动铁路直通港区，重要港区新建集装箱、大宗干散货作业区原则上同步规划建设进港铁路，推进港铁协同管理。提高机场的航空快件保障能力和处理效率，国际航空货运枢纽在更大空间范围内统筹集疏运体系规划，建设快速货运通道。

# 《"十四五"现代综合交通运输体系发展规划》

交通运输是国民经济中具有基础性、先导性、战略性的产业，是重要的服务性行业和现代化经济体系的重要组成部分，是构建新发展格局的重要支撑和服务人民美好生活、促进共同富裕的坚实保障。为加快建设交通强国，构建现代综合交通运输体系，根据《中华人民共和国国民经济和社会发展第十四个五年规划和2035年远景目标纲要》、《交通强国建设纲要》、《国家综合立体交通网规划纲要》，制定本规划。

## 第一章 发展环境

"十三五"时期，我国综合交通运输体系建设取得了历史性成就，基本能够适应经济社会发展要求，人民获得感和满意度明显提升，为取得脱贫攻坚全面胜利、实现第一个百年奋斗目标提供了基础保障，在应对新冠肺炎疫情、加强交通运输保障、促进复工复产等方面发挥了重要作用。五年里，我国交通运输基础设施网络日趋完善，综合交通网络总里程突破600万公里，"十纵十横"综合运输大通道基本贯通，高速铁路运营里程翻一番、对百万人口以上城市覆盖率超过95%，高速公路对20万人口以上城市覆盖率超过98%，民用运输机场覆盖92%左右的地级市，超大特大城市轨道交通加快成网，港珠澳大桥、北京大兴国际机场、上海洋山港自动化码头、京张高速铁路等超大型交通工程建成投运。战略支撑能力不断增强，中欧班列开行列数快速增长，京津冀一体化交通网、长江经济带综合立体交通走廊加快建设，交通扶贫百项骨干通道基本建成，新建、改建农村公路超过147万公里，新增通客车建制村超过3.3万个，具备条件的乡镇和建制村全部通硬化路、通客车，快递网点基本覆盖全部乡镇，建制村实现直接通邮。运输服务质量持续提升，旅客高品质出行比例不断提高，航班正常率大幅上升，集装箱铁水联运量年均增长超过20%，快递业务量翻两番、稳居世界第一。新技术新业态蓬勃发展，具有完全自主知识产权的全系列复兴号动车组上线运行，C919客机成功试飞，ARJ21支线客机规模化运营，跨海桥隧、深水航道、自动化码头等成套技术水平跻身世界前列，船舶建造水平持续提升，网约车、共享单车、网络货运平台等新业态快速发展、治理能力不断增强。"放管服"改革持续深化，铁路、空域、油气管网等领域重点改革任务扎实推进，高速公路省界收费站全面取消，交通物流降本增效成效显著。绿色交通、平安交通建设稳步推进，新能源汽车占全球总量一半以上，营运货车、营运船舶二氧化碳排放强度分别下降8.4%和7.1%左右，民航、铁路安全水平保持世界领先，道路运输重大事故数量和死亡人数分别下降75%和69%左右。

与此同时，我国综合交通运输发展不平衡、不充分问题仍然突出。综合交通网络布局不够均衡、结构不尽合理、衔接不够顺畅，重点城市群、都市圈的城际和市域（郊）铁路存在较明显短板。货物多式联运、旅客联程联运比重偏低，定制化、个性化、专业化运输服务产品供给与快速增长的需求不匹配。智能交通技术应用深度和广度有待拓展，部分关键核心产品和技术自主创新能力不强。交通运输安全形势仍然严峻，产业链供应链保障能力不足。绿色低碳发展任务艰巨，清洁能源推广应用仍需加快。综合交通运输管理体制机制有待健全完善，制约要素自由流动的体制机制障碍依然存在。

"十四五"时期，我国综合交通运输发展面临的形势更加复杂多变。从国际看，当今世界正经历百年未有之大变局，新一轮科技革命和产业变革深入发展，新冠肺炎疫情冲击全球产业链供应链和国际物流体系，经济全球化遭遇逆流。从国内看，我国开启全面建设社会主义现代化国家的新征程，区域经济布局、国土开发保护格局、人口结构分布、消费需求特征、要素供给模式等发生深刻变化，对综合交通运输体系发展提出新要求，交通运输行业进入完善设施网络、精准补齐短板的关键期，促进一体融合、提升服务质效的机遇期，深化改革创新、转变发展方式的攻坚期。要适应国土空间开发保护、新型城镇化建设、全面推进乡村振兴的要求，优化发展布局，强化衔接融合，因地制宜完善区域城乡综合交通网络；要坚持以创新为核心，增强发展动力，推动新科技赋能提升交通运输发展质量效率；要增强综合交通运输体系韧性，调整发展模式，将绿色发展理念、低碳发展要求贯穿发展全过程，提高自身运行安全水平和对国家战略安全的保障能力；要将满足人民对美好生活的向往、促进共同富裕作为着力点，转变发展路径，促进建管养运并重、设施服务均衡协同、交通运输与经济社会发展深度融合，以全方位转型推动交通运输高质量发展。

## 第二章 总体要求

### 第一节 指导思想

以习近平新时代中国特色社会主义思想为指导，全面贯彻落实党的十九大和十九届历次全会精神，立足新发展阶段，完整、准确、全面贯彻新发展理念，构建新发展格局，坚持以人民为中心的发展思想，以推动高质量发展为主题，以深化供给侧结构性改革为主线，以改革创新为根本动力，以满足人民日益增长的美好生活需要为根本目的，以加快建设交通强国为目标，统筹发展和安全，完善结构优化、一体衔接的设施网络，扩大多样化高品质的服务供给，培育创新驱动、融合高效的发展动能，强化绿色安全、开放合作的发展模式，构建现代综合交通运输体系，为全面建设社会主义现代化国家提供战略支撑。

### 第二节 基本原则

服务大局，当好先锋。坚持人民交通为人民，充分发挥交通作为中国现代化开路先锋的作用，不断增强对经济社会发展全局和国家重大战略的保障能力，有效支撑引领区域协调发展、乡村振兴和新型城镇化，提供能够更好满足人民群众需要的交通运输服务。

系统推进，衔接融合。坚持系统观念，合理确定交通运输基础设施网络规模、技术标准、建设时序，补齐西部地区路网空白，优化网络结构功能，科学合理挖掘既有设施潜力，精准补齐联通衔接短板，提升运输资源配置效率，促进跨领域、跨区域、跨行业协调融合发展。

创新驱动，深化改革。注重新科技深度赋能应用，提升交通运输数字化智能化发展水平，破除制约交通运输高质量发展的体制机制障碍，推动交通运输市场统一开放、有序竞争，促进交通运输提效能、扩功能、增动能。

绿色转型，安全发展。落实碳达峰、碳中和目标要求，贯彻总体国家安全观，强化资源要素节约集约利用，推动交通运输绿色低碳转型，加强运行安全和应急处置能力建设，提升国际互联互通和运输保障水平，保障产业链供应链安全。

## 第三节 发 展 目 标

到2025年，综合交通运输基本实现一体化融合发展，智能化、绿色化取得实质性突破，综合能力、服务品质、运行效率和整体效益显著提升，交通运输发展向世界一流水平迈进。

设施网络更加完善。国家综合立体交通网主骨架能力利用率显著提高。以"八纵八横"高速铁路主通道为主骨架，以高速铁路区域连接线衔接，以部分兼顾干线功能的城际铁路为补充，主要采用250公里及以上时速标准的高速铁路网对50万人口以上城市覆盖率达到95%以上，普速铁路瓶颈路段基本消除。7条首都放射线、11条北南纵线、18条东西横线，以及地区环线、并行线、联络线等组成的国家高速公路网的主线基本贯通，普通公路质量进一步提高。布局完善、功能完备的现代化机场体系基本形成。港口码头专业化、现代化水平显著提升，内河高等级航道网络建设取得重要进展。综合交通枢纽换乘换装效率进一步提高。重点城市群一体化交通网络、都市圈1小时通勤网加快形成，沿边国道基本贯通。

运输服务更加高效。运输服务质量稳步提升，客运"一站式"、货运"一单制"服务更加普及，定制化、个性化、专业化运输服务产品更加丰富，城市交通拥堵和"停车难"问题持续缓解，农村和边境地区运输服务更有保障，具备条件的建制村实现快递服务全覆盖。面向全球的国际运输服务网络更加完善，中欧班列发展质量稳步提高。

技术装备更加先进。第五代移动通信（5G）、物联网、大数据、云计算、人工智能等技术与交通运输深度融合，交通运输领域新型基础设施建设取得重要进展，交通基础设施数字化率显著提高，数据开放共享和平台整合优化取得实质性突破。自主化先进技术装备加快推广应用，实现北斗系统对交通运输重点领域全面覆盖，运输装备标准化率大幅提升。

安全保障更加可靠。交通设施耐久可靠、运行安全可控、防范措施到位，安全设施完好率持续提高。跨部门、跨领域的安全风险防控体系和应急救援体系进一步健全，重特大事故发生率进一步降低。主要通道运输安全和粮食、能源、矿石等物资运输安全更有保障，国际物流供应链安全保障能力持续提升。

发展模式更可持续。交通运输领域绿色生产生活方式逐步形成，铁路、水运承担大宗货物和中长距离货物运输比例稳步上升，绿色出行比例明显提高，清洁低碳运输工具广泛应用，单位周转量能源消耗明显降低，交通基础设施绿色化建设比例显著提升，资源要素利用效率持续提高，碳排放强度稳步下降。

治理能力更加完备。各种运输方式一体融合发展、交通基础设施投融资和管理运营养护等领域法律法规和标准规范更加完善，综合交通运输一体化融合发展程度不断提高，市场化改革持续深化，多元化投融资体制更加健全，以信用为基础的新型监管机制加快形成。

展望 2035 年，便捷顺畅、经济高效、安全可靠、绿色集约、智能先进的现代化高质量国家综合立体交通网基本建成，"全国 123 出行交通圈"（都市区 1 小时通勤、城市群 2 小时通达、全国主要城市 3 小时覆盖）和"全球 123 快货物流圈"（快货国内 1 天送达、周边国家 2 天送达、全球主要城市 3 天送达）基本形成，基本建成交通强国。（见专栏 1）

## 第三章　构建高质量综合立体交通网

按照国家综合立体交通网"6 轴 7 廊 8 通道"主骨架布局，构建完善以"十纵十横"综合运输大通道为骨干，以综合交通枢纽为支点，以快速网、干线网、基础网多层次网络为依托的综合交通网络，加快推进存量网络提质增效，聚焦中西部地区精准补齐网络短板，稳步提高通达深度，畅通网络微循环，勾画好美丽中国的"交通工笔画"。

### 第一节　完善综合运输大通道

优化综合运输通道布局。建设综合性、立体化、大容量、快速化的交通主轴，构建多方式、多通道、便捷化交通走廊，强化主轴与走廊间的协调衔接。提升京沪、沪昆、广昆、陆桥以及北京至港澳台、黑河至港澳、额济纳至广州、青岛至拉萨、厦门至喀什等通道功能，推进待贯通段建设和瓶颈段扩容改造，畅通沿海与内陆地区通道。推动通道内各种运输方式资源优化配置和有机衔接。

加强战略骨干通道建设。推进出疆入藏通道建设，扩大甘新、青新、青藏、川藏四条内联主通道通行能力，稳步推进川藏铁路建设，加快推进新藏铁路和田至日喀则段前期工作、适时启动重点路段建设，有序推进滇藏铁路前期工作，密实优化航空航线网络布局，构建多向联通的通道布局。畅通沿江通道，加快建设沿江高铁，优化以高等级航道和干线铁路、高速公路为骨干的沿江综合运输大通道功能。升级沿海通道，提高铁路通道能力，推进高速公路繁忙路段扩容改造，提升港口航道整体效能，构建大容量、高品质的运输走廊。贯通沿边通道，提级改造普通国省干线，推进重点方向沿边铁路建设，提高安全保障水平。建设西部陆海新通道，发挥铁路在陆路运输中的骨干作用和港口在海上运输中的门户作用，强化东、中、西三条通路，形成大能力主通道，衔接国际运输通道。（见专栏2）

## 第二节  建设多层级一体化综合交通枢纽

打造综合交通枢纽集群。建设京津冀、长三角、粤港澳大湾区、成渝地区双城经济圈等国际性综合交通枢纽集群，提升全球互联互通水平和辐射能级。培育一批辐射区域、连通全国的综合交通枢纽集群，合理组织集群服务网络，提高集群内枢纽城市协同效率。

优化综合交通枢纽城市功能。提升国际性综合交通枢纽的全球联通水平和资源要素配置能力，增强部分枢纽国际门户功能。

优化全国性综合交通枢纽客货中转设施、集疏运网络及客运场站间快速连接系统。增强区域性综合交通枢纽的衔接转运能力，发展口岸枢纽。强化不同层级综合交通枢纽城市之间功能互补、设施连通、运行协同。

完善综合客运枢纽系统。优化客运场站和城市公共交通枢纽布局，鼓励同站布设，加强与城市交通系统有效衔接。对换乘潜在需求大的综合客运枢纽，做好衔接通道用地和空间预留。推动新建综合客运枢纽布局立体换乘设施，鼓励同台换乘，实施既有枢纽换乘设施便捷化改造，推动主要运输方式间便捷换乘。整合接入综合客运枢纽的不同运输方式信息资源，加强数据、时刻、运力等对接。促进综合客运枢纽站城融合，探索建立枢纽开发利益共享机制，推动枢纽与周边区域统一规划、综合开发，加强开发时序协调、服务功能共享。

建设综合货运枢纽系统。优先利用现有物流园区以及货运场站等设施，规划建设多种运输方式高效融合的综合货运枢纽，引导冷链物流、邮政快递、分拨配送等功能设施集中布局。完善货运枢纽的集疏运铁路、公路网络，加快建设多式联运设施，推进口岸换装转运设施扩能改造。实施邮政快递枢纽能力提升工程，加强邮政普遍服务和快递处理中心等设施建设，与铁路、公路、民航等枢纽加强统筹。推进120个左右国家物流枢纽建设。（见专栏3）

## 第三节  优化综合立体交通网络

构建以高速铁路、国家高速公路、民用航空等为主体的快速网，完善以普速铁路、普通国省道、港口航道等为主体的干线网，提高基础网保障能力。

建设现代化铁路网。坚持客货并重、新建改建并举、高速普速协调发展，加快普速铁路建设和既有铁路扩能改造，着力消除干线瓶颈，推进既有铁路运能紧张路段能力补强，加快提高中西部地区铁路网覆盖水平。加强资源富集区、人口相对密集脱贫地区的开发性铁路和支线铁路建设。推进高速铁路主通道建设，提升沿江、沿海、呼南、京昆等重要通道以及京沪高铁辅助通道运输能力，有序建设区域连接线。综合运用新技术手段，改革创新经营管理模式，提高铁路网整体运营效率。统筹考虑运输需求和效益，合理规划建设铁路项目，严控高速铁路平行线路建设。（见专栏4）

完善公路网结构功能。提升国家高速公路网络质量，实施京沪、京港澳、京昆、长深、沪昆、连霍、包茂、福银、泉南、广昆等国家高速公路主线繁忙拥挤路段扩容改造，加快推进并行线、联络线以及待贯通路段建设。合理引导地方高速公路有序发展。加快普通国省道低等级路段提质升级，将西部地区普通国道二级及以上公路比重提高到70%，实现对重要口岸、枢纽、产业园区、旅游景区有效覆盖，强化安全设施配置。完善"四好农村路"高质量发展体系，深入开展示范创建，实现通三级及以上公路的乡镇比重达到85%左右，推动较大人口规模自然村（组）通硬化路，因地制宜推进建制村双车道公路建设和农村过窄公路拓宽改造，强化农村公路与干线公路、村内主干道衔接。推进渡改桥等便民设施建设。（见专栏5）

优化畅通水运设施网络。建设京津冀、长三角、粤港澳大湾区世界级港口群，支持山东打造世界一流的海洋港口，推进东北地区沿海港口一体化发展，优化港口功能布局，推动资源整合和共享共用。有序推进沿海港口专业化码头及进出港航道等公共设施建设。适度超前建设粮食、能源、矿产资源的接卸、储存、中转设施，推进沿海沿江液化天然气码头规划建设。提升内河港口专业化、规模化水平，合理集中布局集装箱、煤炭、铁矿石、商品汽车等专业化码头。加强内河高等级航道扩能升级与畅通攻坚建设，完善长江、珠江、京杭运河和淮河等水系内河高等级航道网络，进一步提升珠三角高等级航道网出海能力，全面加强长三角、珠江—西江高等级航道网未达标段建设。推动重要支流航道和库湖区航道、内河旅游航道、便民码头建设。(见专栏6)

扩大航空网络覆盖。推动区域机场群协同发展，建设京津冀、长三角、粤港澳大湾区、成渝等世界级机场群。适时启动能力紧张枢纽机场改扩建工程，强化枢纽机场综合保障能力。合理加密机场布局，稳步建设支线机场和专业性货运枢纽机场，提升综合性机场货运能力和利用率。有序推进通用机场规划建设，构建区域短途运输网络，探索通用航空与低空旅游、应急救援、医疗救护、警务航空等融合发展。优化航路航线网络，加强军民航空管基础设施建设，推广应用空管新技术。(见专栏7)

加强油气管网高效互联。完善东北、西北、西南和海上四大油气进口通道。加快全国干线天然气管道建设，完善原油、成品油管网布局，推进东北、西北、西南等地区老旧管道隐患治理。推进油气管网互联互通和支线管道建设，扩大市县天然气管道覆盖范围并向具备条件的沿线乡镇辐射。

## 第四节　强化一体融合衔接

加快解决制约人民美好出行、货物高效流通的瓶颈，强化综合交通网络有机衔接。打通公路省际待贯通路段，加强干线公路与城市道路有效衔接，推进城镇密集地区干线公路过境段、进出城瓶颈路段升级改造。加强枢纽机场与轨道交通高效衔接，使换乘更加便捷。强化进港区、进园区、进厂区、进规模化农产品基地等集疏运设施建设，加快推动铁路进港口重点港区和大型工矿企业、物流园区、重点物资储备库。统筹考虑资源高效利用、生态环境保护和防洪航运安全，有序建设各种运输方式共享通道资源的过江跨海通道。推动超大特大城市的大型综合客运枢纽间通过轨道交通互连。加快实现联系紧密的综合货运枢纽间通过联络线或专用通道互连。（见专栏8）

## 第五节　加强基础设施养护

推动落实全生命周期养护，强化常态化预防性养护，科学实施养护作业，加强养护工程质量检验评定，强化养护管理监管考核，提高基础设施使用寿命。加强桥梁隧道、通航建筑物、港口锚地、跑道停机坪等公共设施养护管理。加大养护新技术推广力度，建设交通基础设施长期性能科学观测网，鼓励自动化、信息化巡查，提高管理养护科学决策水平，推进养护机械化和标准化。加强铁路综合维修养护一体化管理。发展和规范公路养护市场，逐步增加向社会购买养护服务。深化农村公路管理养护体制改革，全面实施农村公路路长制。健全桥梁养护管理责任体系和工作机制。完善航道常态化养护机制，推动航道养护基地及配套设施设备建设。

# 第四章　夯实城乡区域协调发展基础支撑

充分发挥交通运输对国土空间开发保护的支撑引领作用，增强对实施区域重大战略、推动区域协调发展、全面推进乡村振兴的服务保障能力。

## 第一节　有力服务区域重大战略

建设多节点、网格状、全覆盖的京津冀一体化综合交通网络，基本建成轨道上的京津冀，高标准、高质量打造雄安新区对外交通网络，加强北京城市副中心与中心城区、廊坊北三县交通基础设施互联互通，强化北京冬奥会、冬残奥会交通保障。依托长江黄金水道，整体设计推进长江经济带综合交通运输体系建设，补强沿江高铁和铁路货运能力，全力打通公路省际待贯通路段，提升江海联运、铁水联运发展水平。推进粤港澳大湾区基础设施互联互通，优化航运和航空资源配置，加强港澳与内地的交通联系，支持香港提升国际航运、国际航空枢纽地位。推动长三角地区交通运输更高质量一体化发展，加快对外交通、城际交通、都市圈交通高效衔接和有机融合，协同推进港航、海事一体化发展，推动上海市、江苏省、浙江省、安徽省共建辐射全球的航运枢纽，加快提升江苏通州湾江海联动示范区功能，打造长江集装箱运输新出海口。构建海南岛内畅通、陆岛连通、全球通达的现代综合交通运输体系，建设现代化综合交通枢纽，稳步推进自由贸易港建设。构建黄河流域绿色安全便捷综合交通网络，强化跨区域大通道建设。

## 第二节　支撑引领区域协调发展

补齐西部地区交通基础设施网络短板，提升干线铁路覆盖度、干线公路通畅性和农村公路均等化水平，打造成渝地区双城经济圈1小时交通网，畅通多向出川出渝综合运输通道。提升东北地区交通基础设施网络整体效能，进一步畅通对外通道，推动沿海内陆沿边一体开放。推进中部地区内陆开放大通道建设，增强承东启西、连南接北功能，进一步巩固提升综合交通枢纽地位。构建东部地区现代化综合交通运输体系，加快区域一体化交通网络建设，提升重点运输通道能力和综合交通枢纽辐射能级，实现交通运输优化升级。提升欠发达地区、革命老区、边境地区对外通道能力，拓展网络通达深度，补齐生态退化地区基础设施短板，加强建设保障资源型地区转型发展、老工业基地产业转型升级的交通基础设施。

## 第三节　夯实乡村振兴交通基础

统筹新型城镇化和乡村振兴发展需要，逐步提升城乡交通运输一体化水平。巩固拓展具备条件的乡镇、建制村通硬化路成果，推动交通建设项目更多进村入户，鼓励农村公路与产业园区、旅游景区、乡村旅游重点村等一体开发。推动农村客货邮融合发展，持续推进乡镇运输服务站建设，整合交通、邮政、快递、供销、电商等资源，构建功能集约、便利高效的农村运输发展新模式。巩固建制村通客车成果，提升农村客运运营安全和服务水平，加强农村客运安全监管，推动构建农村客运长效稳定发展机制。推动农村物流融入现代流通体系，加快贯通县乡村电子商务体系和快递物流配送体系，建设便捷高效的工业品下乡、农产品出村双向渠道，打造农村物流服务品牌。

## 第四节 强化边境交通设施建设

服务沿边城镇体系建设，以公路、机场为重点，大力改善边境地区交通出行条件，提升边境城镇人口集聚能力。统筹推进边境地区国省干线公路、农村公路等建设，全面完善国道干线主骨架，推进沿边公路并行线建设和低等级公路提质改造，加快抵边公路建设，尽快形成层次清晰、结构合理的沿边公路网。稳步推进边境地区机场建设，构建多层级航空网，扩大航空运输服务覆盖面。补强同江、二连浩特、阿拉山口、霍尔果斯、瑞丽、磨憨等口岸后方铁路通道能力。加强抵边自然村邮政设施建设，实现邮政服务普遍覆盖。（见专栏9）

# 第五章 推进城市群和都市圈交通现代化

深入推进以人为核心的新型城镇化，分层分类完善交通网络，加强互联互通和一体衔接，促进城市群、都市圈和城市内交通运输协同运行，推动城市群和都市圈交通运输率先实现现代化，提升城镇化发展质量。

## 第一节 建设城市群一体化交通网

强化重点城市群城际交通建设。围绕京津冀、长三角、粤港澳大湾区、成渝、长江中游等城市群，以轨道交通、高速公路为骨干，提升城际运输通道功能，加强核心城市快速直连，构建多节点、网络化的城际交通网，实现城市群内主要城市间 2 小时通达。整体推进京津冀、长三角、粤港澳大湾区城际铁路和市域（郊）铁路建设，有序推动成渝地区双城经济圈城际铁路和市域（郊）铁路建设，加强与高速铁路、普速铁路一体衔接，扩大对 5 万人口以上城镇的有效覆盖。

有序推进其他城市群城际交通建设。提升山东半岛、粤闽浙沿海、中原、关中平原、北部湾等城市群内的城际主通道功能，推进哈尔滨—长春、辽中南、山西中部、黔中、滇中、呼包鄂榆、兰州—西宁、宁夏沿黄、天山北坡等城市群内的城际主通道建设。建设有效衔接大中小城市和小城镇的多层次快速交通网络，积极推进利用既有铁路富余运力开行城际列车。

## 第二节　构建都市圈通勤交通网

打造轨道上的都市圈。建设都市圈多层次轨道交通网络，推进干线铁路、城际铁路、市域（郊）铁路、城市轨道交通融合衔接，合理推动轨道交通跨线运营。积极利用干线铁路、城际铁路提供通勤服务，充分利用既有铁路富余运力开行市域（郊）列车，增加列车停站数量和在重要客流集散地的停站频率，鼓励高峰时段公交化运营，提高通勤服务质量。探索将重点都市圈中心城区轨道交通以合理制式适当向周边城市（镇）延伸。

完善多层次道路交通网。合理加密快速路通道，因地制宜规划建设都市圈环线和城市绕城环线。科学布局建设加油加气站、公交场站、停车设施。积极推动城市公交线路向周边城镇、功能节点延伸，鼓励都市圈内毗邻城市（镇）开行公交，开展客运班线公交化改造。（见专栏 10）

# 第三节　打造城市现代交通系统

完善城市交通基础设施。科学规划建设城市综合交通系统，加快发展快速干线交通、生活性集散交通、绿色慢行交通，实现顺畅衔接。加强大城市微循环和支路网建设，优化快速、主干、次干、支路比例，加快城市支路街巷建设改造和畸形交叉口改造，分类分区优化停车设施供给，提高停车资源利用效率和精细化服务水平，加强资源共享和错时开放。合理提高中小城市路网密度，用好用足停车资源，适度增加停车设施，规范停车秩序。补齐县城、县级市、特大镇的城市道路和公路客运站设施等短板，稳步推进老旧小区、医院、学校、商业聚集区等区域公共停车设施建设，适度增加灵活便捷的道路班车配客站点。建设安全、连续、舒适的城市慢行交通系统，提高非机动车道和步道的连续性、通畅性，在商业办公区域、公共交通站点、旅游景区等场所增加非机动车停放设施，改善行人过街设施条件。

打造多模式便捷公共交通系统。深入实施公交优先发展战略，持续深化国家公交都市建设。超大特大城市构建以轨道交通为骨干的快速公交网络，科学有序发展城市轨道交通，推动轨道交通、常规公交、慢行交通网络融合发展。大城市形成以地面公交为主体的城市公共交通系统，发展重要客流走廊快速公交。中小城市提高城区公共交通运营效率，逐步提升站点覆盖率和服务水平。推广城市道路交通信号灯联动控制，保障公交优先通行；推广在电子公交站牌、互联网信息平台等发布公共交通实时运营信息，优化换乘引导标识，普及交通一卡通、移动支付等服务，提高公共交通吸引力。

## 第六章　扩大优质运输服务供给

顺应人民美好生活新期待，统筹考虑旅客运输和货物运输的不同发展趋势及阶段性特征，兼顾基本需求和多样化需求，推动运输服务多元化、品质化发展，扩大经济高效安全的运输服务产品供给，逐步实现人享其行、物畅其流。

### 第一节　提升旅客出行服务品质

加快发展旅客联程运输。稳妥推动交通运输票务系统信息共享和对外开放，提高道路客运联网售票水平，普及电子客票，到2025年，二级及以上道路客运站的电子客票覆盖率达到99%、省际和城际客运线路的电子客票覆盖率达到80%，努力实现一站购票、一票（证）通行。优化跨运输方式安检流程，推动安检互认。加强干线运输方式间、城市交通与干线运输方式间的运营信息、班次时刻、运力安排等协同衔接，做好首末班车"兜底"服务。推进城市候机楼建设，推行行李直挂服务。培育旅客联程运输经营主体，创新一体化联运产品，丰富综合交通运输信息服务产品。

发展高品质客运服务。优化高速铁路运输组织，扩大复兴号动车组上线运行范围，逐步实现高速铁路达速运行，提高普速铁路服务质量，鼓励开行夕发朝至列车。加强监管，鼓励和规范发展道路客运定制服务。促进航空服务网络干支有效衔接，优化航班时刻资源配置，持续提高航班正常率，增加航空运输服务品类。积极培育邮轮市场，拓展旅游产品，促进邮轮服务升级，推动游艇、游船、房车旅游发展，优化完善自驾车旅行服务设施，依托汽车客运站发展旅游集散业务，培育交通消费新模式。

提高客运服务普惠均等水平。持续开好公益性"慢火车"，优化开行方案，改善站车条件。推动有条件的地区实施农村客运公交化改造，保障好群众出行。发展边远地区基本航空服务，改善轮渡通行条件，方便边远地区群众日常出行。提升客运场站无障碍设施服务水平，推广应用低地板公交车、无障碍出租汽车，规范老年及残疾人代步车使用，强化对困难群体和特殊人群的服务保障。

## 第二节　构建高效货运服务系统

建设高效货运服务网络。完善与产业布局、消费格局相适应的大宗货物、集装箱物流网络，建设大容量、低成本、高效率物流骨干通道，保障化肥等重要农资季节性运输。有序发展铁路双层集装箱运输，探索开行定制化的铁路直达货运班列，充分利用富余运力和设施能力发展高铁快运等铁路快捷货运产品。推动道路货运高质量发展，提升规模化、集约化水平。加强航空货运能力建设，培育壮大专业货运机队，优化航线和时刻配置，提升机场物流组织效率和服务品质。完善以物流园区、配送中心、末端配送站为支撑的城市三级物流配送网络，加强与干线运输、区域分拨有效衔接。完善县乡村三级物流服务体系，提升产供销一体化服务能力。提升口岸通关能力和便利化水平。

大力发展货物多式联运。推进大宗货物和集装箱铁水联运系统建设，扩大铁水联运规模。以长江干线、西江航运干线为重点，提升江海联运组织水平。加快推进多式联运"一单制"，创新运单互认标准与规范，推动国际货运单证信息交换，探索国际铁路电子提单，逐步普及集装箱多式联运电子运单。加快多式联运信息共享，强化不同运输方式标准和规则的衔接。深入推广甩挂运输，创新货车租赁、挂车共享、定制化服务等模式。推动集装箱、标准化托盘、周转箱（筐）等在不同运输方式间共享共用，提高多式联运换装效率，发展单元化物流。鼓励铁路、港航、道路运输等企业成为多式联运经营人。

发展专业化物流服务。强化国家骨干冷链物流基地功能，完善综合货运枢纽冷链物流服务设施，加强不同运输方式冷链设施衔接，补齐集配装备和仓储设施短板，推动铁路集装箱冷链服务模式创新，强化分级分类质量监管，提升冷链物流服务品质。推动大宗货物储运一体化，推广大客户定制服务。统一货物危险特性分类标准，加强货物包装、运输作业和运输工具标准化建设，推广智能化储运监控、风险监测与预警系统应用。优化重点制造业供应链物流组织，提升交通运输对智能制造、柔性制造的服务支撑能力。

持续推动降低物流成本。降低物流制度成本，优化证照和许可办理程序，完善铁路货运价格市场化灵活调整机制。降低物流要素成本，保障重大物流基础设施建设用地需求。落实物流减税降费措施，规范和降低港口航运、公路铁路运输等物流收费，全面清理规范涉企收费。

## 第三节 发展现代邮政快递服务

提升寄递服务质效。创新邮政普遍服务，实现邮件全程跟踪查询。开展快递服务质量品牌创建行动，发展航空快递、高铁快递等差异化产品。推进快递进村，强化县乡村寄递物流资源共享，推动共同分拣、共同运输、共同收投，基本实现建制村直接收投邮件快件。推进快递进厂，深度嵌入产业链价值链，发展入厂物流、线边物流等业务。推动快递出海，加快建设邮政国际寄递中心，建设南昌、长沙、成都、郑州、南宁、南京、大连、义乌等邮政处理中心和国际邮件互换局（交换站），构建国际快件运输网络，推动国际寄递服务便利化。

完善寄递末端服务。建设多元化、智能化末端服务网络，推进城乡快递服务站、智能收投终端和末端服务平台等布局建设和资源共享。推动城市居住社区配建邮政快递服务场所和设施。建设集邮政、快递、电商、商贸等功能于一体的寄递物流综合服务站。推广无人车、无人机运输投递，稳步发展无接触递送服务。支持即时寄递、仓递一体化等新业态新模式发展。（见专栏11）

## 第七章 加快智能技术深度推广应用

坚持创新驱动发展，推动互联网、大数据、人工智能、区块链等新技术与交通行业深度融合，推进先进技术装备应用，构建泛在互联、柔性协同、具有全球竞争力的智能交通系统，加强科技自立自强，夯实创新发展基础，增强综合交通运输发展新动能。

### 第一节 推进基础设施智能化升级

完善设施数字化感知系统。推动既有设施数字化改造升级，加强新建设施与感知网络同步规划建设。构建设施运行状态感知系统，加强重要通道和枢纽数字化感知监测覆盖，增强关键路段和重要节点全天候、全周期运行状态监测和主动预警能力。

构建设施设备信息交互网络。稳步推进5G等网络通信设施覆盖，提升交通运输领域信息传输覆盖度、实时性和可靠性。在智能交通领域开展基于5G的应用场景和产业生态试点示范。推动车联网部署和应用，支持构建"车-路-交通管理"一体化协作的智能管理系统。打造新一代轨道交通移动通信和航空通信系统，研究推动多层次轨道交通信号系统兼容互通，同步优化列车、航空器等移动互联网接入条件。提升邮政机要通信信息化水平。

整合优化综合交通运输信息平台。完善综合交通运输信息平台监管服务功能，推动在具备条件地区建设自动驾驶监管平台。建设基于区块链技术的全球航运服务网络。优化整合民航数据信息平台。提升物流信息平台运力整合能力，加强智慧云供应链管理和智慧物流大数据应用，精准匹配供给需求。有序建设城市交通智慧管理平台，加强城市交通精细化管理。(见专栏12)

## 第二节 推动先进交通装备应用

促进北斗系统推广应用。完善交通运输北斗系统基础设施，健全北斗地基增强网络，提升北斗短报文服务水平。稳步推进北斗系统在铁路、公路、水路、通用航空、城市公共交通以及全球海上航运、国际道路运输等领域应用，推动布局建设融合北斗技术的列车运行控制系统，开展民航业北斗产业化应用示范。

推广先进适用运输装备。开展CR450高速度等级中国标准动车组、谱系化中国标准地铁列车研发应用，推广铁路重载运输技术装备。提升大型液化天然气运输船、极地船舶、大型邮轮等研发能力，推进水下机器人、深潜水装备、深远海半潜式打捞起重船、大型深远海多功能救助船等新型装备研发。推广绿色智能船舶，推进船舶自主航行等单项智能船舶技术应用，推动船舶智能航行的岸基协同系统、安保系统和远程操控系统整体技术应用。加强适航审定能力建设，推动C919客机示范运营和ARJ21支线客机系列化发展，推广应用新舟700支线客机、AG600水陆两栖飞机、重型直升机、高原型大载重无人机等。推进智能仓储配送设施设备发展。

提高装备标准化水平。推广应用轻量化挂车，开展常压液体危险货物罐车专项治理，稳步开展超长平板半挂车、超长集装箱半挂车治理工作。推进内河船型标准化，推广江海直达船型、三峡船型、节能环保船型，研发长江游轮运输标准船型。推动车载快速安检设备研发。巩固提升高铁、船舶等领域全产业链竞争力，在轨道交通、航空航天等技术装备领域创建中国标准、中国品牌。

## 第三节 创新运营管理模式

以满足个性化、高品质出行需求为导向，推进服务全程数字化，支持市场主体整合资源，提供"一站式"出行服务，打造顺畅衔接的服务链。稳妥发展自动驾驶和车路协同等出行服务，鼓励自动驾驶在港口、物流园区等限定区域测试应用，推动发展智能公交、智慧停车、智慧安检等。引导和规范网约车、共享单车、汽车分时租赁和网络货运平台等健康发展，防止无序扩张。加快发展"互联网+"高效物流新模式、新业态。加强深远海目标高清晰观测、海上高精度时空服务。提高交通运输政务服务和监管能力，完善数字化、信息化监管手段，加强非现场监管、信用监管、联合监管，实现监管系统全国联网运行。

## 第四节 夯实创新发展基础

推动交通科技自立自强。强化交通运输领域关键核心技术研发，加快研发轴承、线控底盘、基础技术平台及软硬件系统等关键部件，推动实现自主可控和产业化。加强交通运输领域前瞻性、战略性技术研究储备，加强智能网联汽车、自动驾驶、车路协同、船舶自主航行、船岸协同等领域技术研发，开展高速磁悬浮技术研究论证。强化复杂环境条件下线路、大跨度桥梁、超长隧道等建造技术研发以及高性能工程材料研发。加强高升程、大吨位升船机关键技术研发。

培育交通科技创新生态圈。促进政产学研用在交通运输领域深度融合。鼓励优势企业整合交通科技产业链资源，通过开放数据、开放平台、开放场景，培育交通科技产业生态圈，建设交通科技产业孵化基地。强化行业重点科研平台建设，推进重点实验室、技术创新中心等建设，培育国家级科技创新基地。

强化数据开放共享。加强交通运输数据分级分类管理。进一步完善交通运输数据资源开放共享机制和交换渠道，制定数据资源开放制度规范，推动条件成熟的数据资源合规开放和共享利用。加强交通运输数据安全管控，完善数据分级分类安全保护制度，制定智能交通数据应用安全标准，规范数据源采集和处理使用等活动，加强重要数据和个人信息保护。

# 第八章　全面推进绿色低碳转型

坚持绿水青山就是金山银山理念，坚持生态优先，全面推动交通运输规划、设计、建设、运营、养护全生命周期绿色低碳转型，协同推进减污降碳，形成绿色低碳发展长效机制，让交通更加环保、出行更加低碳。

## 第一节　优化调整运输结构

深入推进运输结构调整，逐步构建以铁路、船舶为主的中长途货运系统。加快铁路专用线建设，推动大宗货物和中长途货物运输"公转铁"、"公转水"。优化"门到门"物流服务网络，鼓励发展城乡物流共同配送、统一配送、集中配送、分时配送等集约化配送模式，提高工矿企业绿色运输比例，扩大城市生产生活物资公铁联运服务供给。

## 第二节　推广低碳设施设备

规划建设便利高效、适度超前的充换电网络，重点推进交通枢纽场站、停车设施、公路服务区等区域充电设施设备建设，鼓励在交通枢纽场站以及公路、铁路等沿线合理布局光伏发电及储能设施。推动交通用能低碳多元发展，积极推广新能源和清洁能源运输车辆，稳步推进铁路电气化改造，推动内河船舶更多使用清洁能源，进一步降低交通工具能耗。持续推进港口码头岸电设施、机场飞机辅助动力装置替代设施建设，推进船舶受电设施改造，不断提高岸电使用率。

### 第三节 加强重点领域污染防治

落实船舶大气污染物排放控制区制度。推动船舶污染物港口接收设施与城市公共转运处置设施有效衔接，健全电子联单监管制度。完善长江经济带船舶和港口污染防治长效机制。开展港区污水、粉尘综合治理，推进生产生活污水、雨污水循环利用，完善干散货码头堆场防风抑尘设施。开展交通运输噪声污染治理，妥善处理大型机场噪声影响，积极消除现有噪声污染。

### 第四节 全面提高资源利用效率

推动交通与其他基础设施协同发展，打造复合型基础设施走廊。统筹集约利用综合运输通道线位、桥位、土地、岸线等资源，提高国土空间综合利用率。推进科学选线选址，推广节地技术，强化水土流失防护和生态保护设计，优先避让具有重要生态功能或者生态环境敏感脆弱的国土空间，尽量避让噪声敏感建筑物集中区域。推进快递包装减量化、标准化、循环化。推动废旧设施材料等资源化利用。

### 第五节 完善碳排放控制政策

实施交通运输绿色低碳转型行动。研究制定交通运输领域碳排放统计方法和核算规则，加强碳排放基础统计核算，建立交通运输碳排放监测平台，推动近零碳交通示范区建设。建立绿色低碳交通激励约束机制，分类完善通行管理、停车管理等措施。（见专栏13）

# 第九章 提升安全应急保障能力

坚持总体国家安全观,落实国家安全战略,维护和塑造国家安全,将安全发展贯穿于综合交通运输各领域、各环节,牢牢守住安全底线,夯实安全发展基础,提升突发事件应急保障能力,筑牢国家安全屏障。

## 第一节 提高交通网络抗风险能力

强化交通基础设施安全风险评估和分级分类管控,加强重大风险源识别和全过程动态监测分析、预测预警,在重要通道、枢纽、航运区域建设气象监测预警系统,提高交通基础设施适应气候变化的能力。稳定提升多灾易灾地区、主要产业及能源基地等重点区域的多路径连接比率,完善紧急交通疏散、救援和避难通道系统,增强交通运输网络韧性。加强交通运输领域关键信息基础设施、重要信息系统的网络安全防护,推进信息系统设施设备自主可控。

## 第二节 维护设施设备本质安全

建立健全基础设施资产管理体系,严把设施设备产品源头质量关,合理安排建设周期,推进精品建设和精细管理。加强交通安全设施建设,推动安全配套设施、重点目标防范设施与主体工程同步设计建设运营。加强高速铁路人防、物防、技防相结合的预警防护监测,强化铁路防灾抗险等设施建设。规范设置城市道路交通安全设施和交通管理设施。以临水临崖、隐患路口路段、交通标志标线等为重点,加强农村公路、桥梁隧道隐患排查整治和安全设施配套。完善水运工程安全配套设施和桥梁防船舶碰撞设施。

## 第三节　加强安全生产管理

健全企业安全风险分级管控、隐患排查治理、事故和重大险情技术调查等工作机制,加强生产安全事故统计分析,强化监督检查执法。综合利用科技手段,开展风险动态监测预警和分析研判。落实企业安全生产主体责任,强化安全生产监督管理责任。加强铁路沿线安全环境整治,夯实民航运行安全全链条管理,强化城市轨道交通运营保护区安全管理,加强寄递渠道安全监管和应急管理。强化设施设备运行安全,完善货车生产改装监管机制,杜绝非法改装货运车辆出厂上路。加大货物装载源头监管力度,禁止超限超载车辆出场(站)上路行驶。完善危险化学品运输网络,优化运输通行管控措施,强化港口、隧道、闸坝等重点部位通行管理。优化职业驾驶员、快递员、船员等从业环境,强化机动车驾驶员培训质量管理。

## 第四节　强化安全应急保障

健全综合交通运输应急管理体制机制,完善应急协调机制和应急预案体系,加强交通运输调度与应急指挥平台建设。推进区域性公路应急装备物资储备中心建设。加强水上交通安全监管、航海保障和救助打捞能力建设,完善沿海和内河溢油应急设备库,构建陆海空天一体化水上交通运输安全保障体系。建设城市轨道交通应急演练中心。以骨干航空物流企业为主体构建航空应急服务网络。建设海事监管指挥系统。在开展城市交通基础设施地下空间、低洼区域、重点区段、重要点位、关键设施等隐患排查基础上，建立健全风险台账和灾害隐患清单，补齐设施设备、应急抢险物资等短板，持续完善应急处置预案，健全应急响应机制，提升应对极端天气能力。加强应急专业队伍和志愿者队伍建设，充实国家应急运输储备力量。健全应对重大疫情、防范应对恐怖袭击、保障信息安全等非传统安全应急指挥体系和应急交通组织。(见专栏 14)

## 第十章 推动高水平对外开放合作

坚持开放合作，推进互联互通，加强基础设施"硬联通"、制度规则"软联通"，保障国际物流供应链安全，提升国内大循环效率和水平，塑造参与国际合作竞争新优势。

### 第一节 推进基础设施互联互通

打造全方位、多层次、复合型的"一带一路"基础设施网络，积极推动与周边国家基础设施互联互通，推进口岸铁路、口岸公路、界河航道建设。强化面向俄蒙、东南亚、南亚、中亚等重点方向的陆路运输大通道建设，支持西藏打造面向南亚开放的重要通道。进一步完善海上战略通道，谋划建设亚欧陆海贸易通道、东北陆海贸易通道，补齐沿线基础设施短板。

### 第二节 进一步畅通国际运输

发挥中国—新加坡互联互通项目示范效应，加强与周边国家协商合作，持续推动西部陆海新通道铁海联运提质增效，促进跨境班列班车发展。优化国际海运航线网络布局，提高中韩陆海联运效率，推动中欧陆海快线健康发展，扩大"丝路海运"品牌影响。稳固东南亚、东北亚等周边航空运输市场，有序拓展欧洲、北美洲、大洋洲等洲际航线网络，建设"空中丝绸之路"。稳步扩大国际道路运输便利化协定签署实施范围。优化国际联程联运组织和中转服务，完善海外转运服务网络。

## 第三节 推动中欧班列高质量发展

升级改造中欧班列铁路口岸和后方"卡脖子"路段，加快技术装备升级和信息化建设。加快建设中欧班列集结中心，推广中欧班列统一运单和内外贸货物混编运输，提高货源集结与班列运行效率，扩大图定铁路货运班列开行范围。健全中欧班列考核评价体系，健全行业自律机制，巩固维护品牌形象，强化风险防控。推动国际铁路联运规则衔接统一，探索建立与贸易、金融联动发展新规则，推动建立中欧班列政府间合作机制。

## 第四节 深化多领域交流合作

主动与国际规则标准接轨，协调推动运输工具、装载单元、换装转运设备、作业流程、安全规则、服务规范、信息数据等标准对接。支持企业参与"一带一路"沿线交通基础设施建设和国际运输市场合作，推广交通与产业园区、城市一体开发建设的国际产能合作新模式。建立中国国际可持续交通创新和知识中心。加强深远海航行保障、搜救打捞、自动驾驶、科技人才等领域交流合作，打造国际一流船检机构，积极参与国际航空、海运业减排全球治理。

## 第五节　保障国际物流供应链安全

着力形成陆海空统筹的运输网络，加强供需对接和运力协调，提升国家物流供应链保障能力。务实推动与东盟国家及重要海运通道沿线国家的合作，加强海事国际合作，与海上丝绸之路沿线国家合作推进海外港口建设经营，建设现代化远洋运输船队，维护国际海运重要通道安全畅通。增强国际航空货运能力，提高航权、时刻等关键资源配置效率，支持航空公司构建国际货运航线网络，打造具有全球竞争力的航空物流企业，提升航空物流全球响应能力。培育壮大具有国际竞争力的物流企业，稳步推进建设海外分拨中心和末端寄递配送网络。提升国际物流供应链信息服务水平，做好与外贸企业的物流信息对接。(见专栏15)

# 第十一章　加强现代化治理能力建设

坚定不移推进改革，聚焦制约综合交通运输高质量发展的深层次矛盾问题，优化完善管理体制、运行机制、法律法规和标准体系，建设高水平人才队伍，推进治理能力现代化，持续增强综合交通运输发展动力和活力。

## 第一节　深化重点领域改革

进一步厘清铁路行业政府和企业关系，推进铁路行业竞争性环节市场化改革，推动具备条件的地方自主建设运营城际铁路、市域（郊）铁路，推进国家铁路企业股份制改造和优质资产上市，完善铁路费用清算和收益分配规则。推进公路收费制度和养护体制改革，推广高速公路差异化收费。持续推进空管体制改革，完善军民航空管联合运行机制，实施空域资源分类精细化管理，优化全国航路航线网，深化低空空域管理改革。实现邮政普遍服务业务与竞争性业务分业经营。研究完善西江航运干线、界河航运管理体制机制。深化交通运输综合行政执法改革。构建全要素水上交通管理体制，优化完善海事监管机制和模式。

### 第二节 促进形成统一开放市场

建立健全城市群交通运输一体化发展机制。落实公平竞争审查制度，规范中欧班列、港航、民航国际航线等补贴政策。建立以信用为基础的新型监管机制，加强信用信息共享公开、风险监测和安全管理，推进事前信用承诺、事中信用评价和分级分类监管、事后奖惩和信用修复。探索建立交通运输创新发展容错制度。规范交通运输新业态、新模式价格管理，健全巡游出租汽车价格形成机制，深化道路客运价格市场化改革。

### 第三节 创新投融资体制机制

全面落实交通运输领域中央与地方财政事权和支出责任划分改革方案，优化债务结构，防范化解地方政府隐性债务风险。完善与项目资金需求和期限相匹配的长期资金筹措渠道。稳定并完善交通专项资金政策，继续通过成品油税费改革转移支付等渠道支持交通基础设施养护，优化完善支持邮政、水运等发展的资金政策。完善收费公路专项债券制度。支持符合条件的项目实施主体通过发行企业债券等途径开展市场化融资，稳妥推进基础设施领域不动产投资信托基金（REITs）试点，规范发展政府和社会资本合作模式，支持开发性金融、政策性金融、社会资本依法依规参与交通基础设施建设，鼓励社会资本设立多式联运等产业投资基金。依托全国投资项目在线审批监管平台，加强事中事后监管。

## 第四节　完善法律法规和标准规范

加快构建适应现代综合交通运输体系的法律法规和标准体系。研究制修订公路、铁路、民用航空以及综合交通有关法律法规，促进各项制度有效衔接。构建综合交通运输高质量发展标准体系和统计体系，完善综合交通枢纽、旅客联程运输、货物多式联运、智能交通、绿色交通、交通安全应急、无障碍交通、新业态新模式等技术标准，强化各类标准衔接。推动危险品多式联运服务规则一体衔接和检测结果互认。加强计量、标准、认证认可和检验检测等质量技术基础建设，强化质量监督管理。

## 第五节　强化人才队伍和交通文明建设

建设交通运输新型智库联盟，优化领军人才发现机制和项目团队遴选机制，深化科研经费管理改革，完善人才评价体系，大力培养使用战略科学家，造就规模宏大的青年科技人才队伍。加强创新型、应用型、技能型人才培养，壮大高技能人才队伍，培养大批卓越工程师。加强交通运输文化软实力建设，推动交通文化精品工程建设，深化交通文博工程建设，提高交通参与者文明素养。加强交通运输全媒体传播能力建设，提升交通运输政务媒体的传播力、引导力、影响力、公信力。进一步严明纪律、改进作风，提高交通运输执法队伍能力和水平，严格规范公正文明执法。创新法治宣传教育新机制新方法，落实普法责任制，培育交通法治文化。

## 第十二章 强化规划实施保障

坚持党对交通运输发展的全面领导，加强组织协调、要素支撑和督促指导，发挥试点示范带动作用，确保规划有力有序有效实施。

### 第一节 加强党的全面领导

坚持用习近平新时代中国特色社会主义思想武装党员干部头脑，认真贯彻落实党中央、国务院决策部署，增强"四个意识"，坚定"四个自信"，做到"两个维护"。充分发挥党总揽全局、协调各方的领导核心作用，加强党对交通运输发展各领域、各方面、各环节的领导。加强交通运输行业基层党组织建设，引导广大党员发挥先锋模范作用，把基层党组织建设成为交通强国发展的坚强战斗堡垒。

### 第二节 加强组织协调

各有关部门要提高思想认识，按照职责分工，完善配套政策措施，加强部门协同，强化上下联动，做好本规划与国民经济和社会发展规划纲要及国土空间、流域综合等规划的衔接，做好铁路、公路、水运、民航、邮政等专项规划与本规划的衔接落实，扎实推进重大工程项目建设。地方各级人民政府要紧密结合发展实际，细化本规划确定的主要目标和重点任务，做好地方综合交通运输发展规划与本规划的衔接落实。

## 第三节　推进试点示范

围绕一流设施、一流技术、一流管理、一流服务，在跨区域综合运输大通道资源优化配置、交通运输领域新基建、国际性综合交通枢纽集群、城市群和城乡交通一体化、"四好农村路"高质量发展、交通旅游融合发展、设施设备服务管理标准化、投融资体制改革和模式创新、国际物流供应链建设、绿色低碳交通发展等方面，有序推进交通强国建设试点示范，建立健全试点成果总结和系统推广机制，依托车购税等资金加大对试点示范项目的支持力度。

## 第四节　强化要素保障

加强资金政策保障，安排政府投资积极支持交通基础设施建设，将符合条件的项目纳入地方政府债券支持范围。加大养护资金投入，充分引导多元化资本参与交通运输发展，形成建养并重、可持续的资金投入机制。探索枢纽土地综合开发等多样化支持政策。完善跨部门、跨区域重大项目协同推进机制。用好跨区域补充耕地统筹机制，强化重点项目用地、用海、用能等资源要素保障，做好资源要素预留和供应。

## 第五节　做好督促指导

建立健全交通运输领域重大规划、重大政策、重大工程评估制度，按要求开展重大决策社会稳定风险评估。加强规划实施事中事后监管和动态监测分析，适时开展中期评估和建设项目后评估，督促指导规划落实，必要时动态调整，确保规划落地见效。

## 专栏1　"十四五"时期综合交通运输发展主要指标

| 类别 | 指　标 | 2020年 | 2025年① | 属性 |
|---|---|---|---|---|
| 设施网络 | 1. 铁路营业里程（万公里） | 14.6 | 16.5 | 预期性 |
| | 其中：高速铁路营业里程 | 3.8 | 5 | 预期性 |
| | 2. 公路通车里程（万公里） | 519.8 | 550 | 预期性 |
| | 其中：高速公路建成里程 | 16.1 | 19 | 预期性 |
| | 3. 内河高等级航道里程（万公里） | 1.61 | 1.85 | 预期性 |
| | 4. 民用运输机场数（个） | 241 | >270 | 预期性 |
| | 5. 城市轨道交通②运营里程（公里） | 6600 | 10000 | 预期性 |
| 衔接融合 | 6. 沿海港口重要港区铁路进港率（%） | 59.5 | >70 | 预期性 |
| | 7. 枢纽机场轨道交通接入率③（%） | 68 | 80 | 预期性 |
| | 8. 集装箱铁水联运量年均增长率（%） | — | 15 | 预期性 |
| | 9. 建制村快递服务通达率（%） | 50 | >90 | 预期性 |
| 智能绿色 | 10. 重点领域④北斗系统应用率（%） | ≥60 | >95 | 预期性 |
| | 11. 城市新能源公交车辆占比⑤（%） | 66.2 | 72 | 预期性 |
| | 12. 交通运输二氧化碳排放强度⑥下降率（%） | — | 〔5〕 | 预期性 |
| 安全可靠 | 13. 道路运输较大及以上等级行车事故万车死亡人数下降率（%） | — | 〔12〕 | 约束性 |
| | 14. 民航运输飞行百万小时重大及以上事故率（次/百万小时） | 0 | 〔<0.11〕 | 约束性 |
| | 15. 铁路交通事故十亿吨公里死亡率（人/十亿吨公里） | 0.17 | <0.3 | 约束性 |

注：①〔　〕内为5年累计数。②指纳入国家批准的城市轨道交通建设规划中的大中运量城市轨道交通项目。③指国际枢纽机场和区域枢纽机场中连通轨道交通的机场数量占比。④指重点营运车辆、邮政快递自有干线运输车辆、应安装具备卫星定位功能船载设备的客船及危险品船等。⑤指新能源公交车辆占所有地面公交车辆的比重。⑥指按单位运输周转量计算的二氧化碳排放。

### 专栏2　战略骨干通道建设工程

1. 出疆通道。建设和田至若羌、伊宁至阿克苏、若羌至罗布泊、精河至阿拉山口增建二线等铁路，实施精河经伊宁至霍尔果斯铁路扩能改造。建成京新高速公路巴里坤至木垒段，完成国道315依吞布拉克—若羌—民丰段建设改造。

2. 入藏通道。建设川藏铁路雅安至林芝段，推进青藏铁路格尔木至拉萨段电气化改造、日喀则至吉隆铁路等项目前期工作，适时启动新藏铁路重点路段建设。建成京藏高速公路那曲至拉萨段、雅叶高速公路拉萨至日喀则机场段，提质改造川藏公路318线、滇藏新通道西藏段（丙察察），推动国道219米林至墨脱段建设，实施川藏铁路配套公路工程。

3. 沿江通道。建设成都重庆至上海沿江高铁。实施长江中上游干线航道等级提升工程，系统疏解三峡枢纽瓶颈制约，推进三峡翻坝转运、金沙江翻坝转运设施建设，深化三峡水运新通道前期论证。推动宁芜高速、沪渝高速武汉至黄石段、渝宜高速长寿至梁平段以及厦蓉高速、银昆高速成都至重庆段等高速公路扩容改造。

4. 沿海通道。建设上海经宁波至合浦沿海高速铁路。按二级及以上标准推动沿海国道228改造，推进沈海高速火村至龙山段、福鼎至诏安段等扩容改造。

5. 沿边通道。有序推进酒泉至额济纳等铁路建设，开展波密至然乌等铁路前期工作。推动沿边国道219、国道331待贯通和低等级路段建设改造，实现85%以上达到三级及以上标准。

6. 西部陆海新通道。建设黄桶至百色、黔桂增建二线、南防增建二线等铁路，实施隆黄铁路隆昌至叙永段扩能改造。推动呼北高速灌阳至平乐段等国家高速公路待贯通路段建设。研究建设平陆运河。推进广西北部湾国际门户港和洋浦区域国际集装箱枢纽港建设。

### 专栏3　综合交通枢纽建设重点工程

提升北京、天津、上海、广州、深圳、成都、重庆等枢纽城市的全球辐射能级。依托上海浦东、天津滨海、广州白云、成都天府等枢纽机场以及深圳西丽、重庆东站等铁路客运站，建设一批综合客运枢纽场站，推进综合客运枢纽场站间直接连通，实施北京、上海、广州、重庆等铁路枢纽优化工程，提升上海国际航运中心能级，建设天津国际航运中心，建设广州东部公铁联运枢纽、重庆陆港型物流枢纽等综合货运枢纽场站。

增强南京、杭州、沈阳、大连、哈尔滨、青岛、厦门、郑州、武汉、海口、昆明、西安、乌鲁木齐、宁波等枢纽城市的国际门户作用。完善杭州、宁波、厦门、郑州、武汉等枢纽规划，建设南京禄口、杭州萧山、厦门翔安、昆明长水、西安咸阳、武汉西站、宁波西站、海口新海港等综合客运枢纽场站，建设大连、厦门国际航运中心和宁波舟山国家大宗商品储运基地。

提升石家庄、太原、合肥、济南、长沙、南宁、兰州等枢纽城市全国集聚辐射功能。优化主要枢纽场站及集疏运设施布局，围绕济南遥墙、长沙黄花、南昌昌北、兰州中川等枢纽机场以及雄安站等铁路枢纽站，建设一批综合交通枢纽场站。

### 专栏4　铁路网建设重点工程

1. 普速铁路。建设柳州至广州、瑞金至梅州、温州经武夷山至吉安、定西经平凉至庆阳、太子城至锡林浩特、仙桃经洪湖至监利、太原至和顺、大理至攀枝花、乌北至准东增建二线等普速铁路，协调推进首都地区货运东、北环线铁路建设。推进富裕至加格达奇、南京至芜湖、鸦鹊岭至宜昌、天津至蓟县、汪清至图们、中卫至平凉等铁路扩能改造。

2. 高速铁路。建设北京经雄安新区至商丘、包头至银川、襄阳至常德、天津至新沂、西安至重庆、西安至十堰、长沙至赣州、雄安新区至忻州、太原至绥德、延安经榆林至鄂尔多斯、长春经辽源至通化、敦化至牡丹江、哈尔滨经绥化至铁力、上海经乍浦至杭州、宁波经台州经温州至福州、焦作经洛阳至平顶山、阜阳至黄冈、益阳至娄底、铜仁至吉首、邵阳至永州、南昌至九江、湛江至海安等高速铁路。

### 专栏5　公路网建设重点工程

1. 待贯通路段建设。推进京雄等雄安新区对外高速公路以及呼北高速炉红山至慈利段、德州至上饶高速安徽段、溧阳至宁德高速黄山至千岛湖段、上海至武汉高速无为至岳西段、集宁至阿荣旗高速白音查干至乌兰浩特段、杭州湾地区环线高速杭州至宁波支线等国家高速公路待贯通路段建设。

2. 瓶颈路段升级改造。推进京哈高速绥中（冀辽界）至盘锦段、青兰高速涉县至冀晋界段、连霍高速忠和至茅茨段、沪昆高速昌傅至金鱼石段、荣乌高速威海至烟台段、济广高速济南至菏泽段、京港澳高速耒阳大市至宜章（湘粤界）段等高速公路繁忙路段扩容改造。推进国道210白云鄂博至固阳段、国道217阿勒泰至布尔津段、国道227贵德至大武段、国道353巨甸至维西段等升级改造及国省干线穿越城区段改移工程。

### 专栏6　水运设施网络建设重点工程

1. 沿海港航设施。推进天津北疆与东疆、青岛董家口、南通通州湾、上海洋山、厦门翔安、深圳盐田、广州南沙、汕头广澳、湛江宝满、洋浦小铲滩、钦州大榄坪等集装箱码头工程。推进唐山京唐、黄骅散货港区、日照岚山、连云港连云、宁波舟山衢山、防城港企沙等矿石码头工程。推进营口仙人岛、黄骅散货港区、烟台西港区、青岛董家口、连云港徐圩、宁波舟山金塘、厦门古雷等原油码头工程。加快小洋山北侧综合开发。推进曹妃甸港区煤炭运能扩容、日照港转型升级工程。推进锦州港、唐山京唐、曹妃甸、日照岚山、连云港港、宁波舟山条帚门、深圳港西部、广州港、洋浦港、北部湾防城港和钦州等20万吨级及以上航道建设。

2. 内河港航设施。积极推进涪陵至丰都段航道整治,研究推进长江干线宜宾至重庆段、宜昌至武汉段航道整治,加快治理安庆至南京段重点航段,进一步改善南京以下12.5米深水航道条件,加快改善长江口北港航道条件,研究推进长江口南槽航道整治二期工程,推进大芦线东延线等河海直达航道工程。推进西江航运干线3000吨级航道整治和船闸扩能工程。开展京杭运河山东段航道整治,推进苏北段船闸、航道扩能工程,推进杭甬运河整治提升工程、常山江航运开发工程。推进引江济淮航运工程建设,开展淮河干线及沙颍河航道整治、船闸改扩建,推进淮河出海航道工程。推进右江百色、红水河龙滩等枢纽通航设施建设。推进京杭运河黄河以北段适宜河段通航。开展湘桂赣粤运河前期研究论证。

### 专栏7　民用运输机场建设重点工程

实施广州、深圳、昆明、西安、重庆、乌鲁木齐、哈尔滨等国际枢纽机场和太原、沈阳、福州、杭州、宁波、合肥、济南、武汉、长沙、南昌、南宁、拉萨、兰州、银川、西宁等区域枢纽机场改扩建工程,建设呼和浩特、厦门、大连、三亚新机场。建成鄂州专业性货运机场,提升天津、郑州等机场国际航空货运能力。建设嘉兴、瑞金、郴州、湘西、丽水、韶关、阆中、威宁、邢台、朔州、安阳、亳州、乐山、府谷、黔北（德江）、盘州、阿拉尔、和静等支线机场。

### 专栏8　综合交通网络衔接重点工程

1. 港口机场集疏运工程。完善上海港、唐山港、天津港、宁波舟山港、青岛港、深圳港、福州港、北部湾港等港口集疏运系统。推动杭州萧山机场、厦门翔安机场、长沙黄花机场、昆明长水机场等接入轨道交通。

2. 省际间待贯通路段畅通工程。有序实施丹锡高速克什克腾至承德联络线河北段、本溪至集安高速本溪至桓仁（辽吉界）段、赤峰至绥中高速凌源（蒙辽界）至绥中段、安康至来凤高速渝鄂界至建始段、都匀至香格里拉高速西昌至香格里拉段等省际高速公路建设。

3. 城市内外交通衔接改造工程。推进国道104、国道107、国道205、国道207、国道210、国道220、国道228、国道233、国道309、国道310、国道312、国道319、国道320、国道329、国道343、国道347等城镇过境路段升级改造。

4. 过江跨海关键性工程。建成深中、黄茅海等跨海通道。建设涪陵江北、伍家岗至点军山、枞阳至贵池、靖江至江阴、崇明至太仓等公铁两用过江通道以及隆叙铁路改造过江大桥。推动钦州市龙门大桥、钦州至北海大风江大桥等跨海大桥建设。适时启动珠江口狮子洋、莲花山通道建设。规划研究沪甬通道。

### 专栏9　边境地区交通基础设施建设工程

1. 沿边抵边公路。建设集安至桓仁、珲春至圈河、泸水至腾冲、米林经墨脱经察隅至滇藏界、青河经富蕴至阿勒泰、布伦口至红其拉甫、巴里坤至老爷庙、莎车至塔什库尔干、二连浩特至赛罕塔拉、大红山至霍勒扎德盖、云南界至那坡平孟、西畴至富宁等沿边抵边公路。推进麻扎至公珠、孟泽至嘎拉、萨玛达至扎日、边巴至加玉等沿边公路并行线待贯通路段建设和低等级路段改扩建。

2. 边境机场。建设塔什库尔干、普兰、定日、隆子、绥芬河、昭苏、准东（奇台）等机场，迁建延吉机场，建设札达、叶城等20个左右边境通用机场。

### 专栏10　重点城市群和都市圈交通网络建设工程

1. 重点城市群城际铁路。充分挖潜干线铁路城际功能，推进核心城市间城际铁路及区域联络线建设，建设雄安新区至石家庄、天津至承德、苏州经无锡至常州、衢州至丽水、深圳至惠州、佛山至东莞等城际铁路，基本建成京津冀、长三角、粤港澳大湾区等城市群城际铁路网。

2. 重点都市圈市域（郊）铁路。实施一批既有铁路的市域（郊）运输功能改造工程，利用既有萧甬铁路开行绍兴至上虞市域（郊）列车。推进北京东北环线等整体提升工程，建设上海嘉闵线及北延伸段、南京市域18号线、杭州至德清、宁波至象山、重庆至合川等市域（郊）铁路。

3. 高速公路环线。推动武汉、长春、西安等都市圈高速公路环线建设，实施部分高速公路拥挤路段改扩建工程，优化调整首都地区环线高速公路线路。

### 专栏11　运输服务品质提升行动

1. 客运服务提质升级。打造京张高速铁路客运服务示范线。推动具备条件的公路服务区向交通、生态、旅游、消费等复合型服务区转型，因地制宜打造一批特色公路服务区，建设普通国省干线公路服务区示范工程。鼓励建设多功能乡镇综合服务站。有序创建城乡交通运输一体化示范县。

2. 旅客联程运输发展。在50个城市组织开展旅客联程运输试点，开展行李直挂、安检互认等服务，创新空铁联运、公空联运、公铁联运服务模式，鼓励不同运输方式共建共享设施设备，加快推进联运票务一体化、行李服务便利化、信息资源共享化，加快空铁联运产品升级。

3. 多式联运提速。强化国家物流枢纽多式联运功能，组织开行一批铁水联运班列，发展公空衔接的卡车航班。引导多式联运经营人、各类运输企业开展跨行业信息互联互通、协同运作。推进舟山江海联运服务中心建设。深入实施多式联运示范工程。探索开行铁路双层集装箱班列。

4. 专业化货运系统培育。优化货运班列运输组织，逐步扩大班列运行范围，稳步推进班列开行成网，依托有条件的高铁客运列车开展高铁快运业务。提升航空货运枢纽中转效率，构建中枢轮辐式货运航线网络。

5. 城乡货运配送提质。完善城市配送节点网络，优化车辆便利通行政策，推进城市配送全链条信息交互共享和组织模式创新。在100个左右城市有序实施绿色货运配送示范工程。

## 专栏12　交通基础设施数字化网联化升级工程

1. 智能铁路。实施新一代铁路移动通信专网工程。选择高速铁路线路开展智能化升级。推进川藏铁路应用智能建造技术。实施铁路调度指挥系统智能化升级改造。

2. 智慧公路。建设京雄、杭绍甬等智慧高速公路工程。深化高速公路电子不停车收费系统（ETC）在多场景的拓展应用。建设智慧公路服务区。稳步推进集监测、调度、管控、应急、服务等功能于一体的智慧路网云控平台建设。

3. 智慧港口。推进大连港、天津港、青岛港、上海港、宁波舟山港、厦门港、深圳港、广州港等港口既有集装箱码头智能化改造。建设天津北疆C段、深圳海星、广州南沙四期、钦州等新一代自动化码头。在"洋山港区—东海大桥—临港物流园区"开展集疏运自动驾驶试点。

4. 智能航运。完善内河高等级航道电子航道图，实施长江干线、西江航运干线数字航道服务能力提升建设工程，试点建设应用智能航标，在三峡坝区河段等长江干线典型区段开展数字航道智慧服务集成。建设京杭运河数字航道。推进涪江、信江等智慧航道建设。推进船闸智能化升级，加强梯级船闸联合调度。完善船岸、船舶通信系统，增强船舶航行全过程船岸协同能力。开发应用电子海图和电子航道图的船载终端。

5. 智慧民航。围绕智慧出行、智慧物流、智慧运行和智慧监管，实施容量挖潜提升工程，推进枢纽机场智慧化升级，建设民航智慧化运营管理系统。

6. 智慧城市轨道交通。推进自主化列车运行控制系统研发，推动不同制式的轨道交通信号系统和有条件线路间的互联互通。构建智慧乘务服务、网络化智能运输组织调度、智慧能源管理、智能运维等系统。推广应用智能安检、移动支付等技术。

7. 综合交通运输信息平台。完善综合交通运输信息平台功能，推进地方交通大数据中心和综合交通运输信息平台一体化建设。实施铁路12306和95306平台优化提升工程。推广进口集装箱区块链电子放货平台应用。建设郑州等航空物流公共信息平台。研究建设无人驾驶航空器综合监管服务平台。

### 专栏13　交通运输绿色低碳发展行动

1. 充换电设施网络构建。完善城乡公共充换电网络布局，积极建设城际充电网络和高速公路服务区快充站配套设施，实现国家生态文明试验区、大气污染防治重点区域的高速公路服务区快充站覆盖率不低于80%、其他地区不低于60%。大力推进停车场与充电设施一体化建设，实现停车和充电数据信息互联互通。

2. 新能源和清洁能源运输装备推广。推动城市公共服务车辆和港口、机场场内车辆电动化替代，百万人口以上城市（严寒地区除外）

新增或更新地面公交、城市物流配送、邮政快递、出租、公务、环卫等车辆中电动车辆比例不低于80%。在长江干线、京杭运河和西江航运干线等开展液化天然气加注站建设。

3. 超标排放汽车船舶污染治理。建立健全汽车排放闭环管理机制。加快淘汰高耗能、高排放的老旧汽车，全面提升船舶设计能效和营运能效水平，鼓励购置低能耗、低排放运输装备。

4. 绿色交通基础设施建设。推动既有交通运输设施绿色化改造，加快港口船舶岸电设施和机场电动设施设备建设使用。推进京杭运河现代绿色航运综合整治工程。

5. 近零碳交通示范区建设。选择条件成熟的生态功能区、工矿区、城镇、港区、机场、公路服务区、交通枢纽场站等区域，建设近零碳交通示范区，优先发展公共交通，倡导绿色出行，推广新能源交通运输工具。

## 专栏14　综合交通运输安全应急能力提升重点工程

1. 关键基础设施安全防护。实施老旧铁路、老旧枢纽场站、航运枢纽、大型通航建筑物等设施安全检测和除险加固行动，持续推进危旧桥梁改造专项行动。建设交通基础设施结构健康监测系统，实施关键信息基础设施防护建设改造工程，建设网络安全风险监测和态势感知平台。开展青藏高原重大交通基础设施运行监测。

2. 应急保障能力建设。建设基于大数据的应急运输综合指挥调度平台。建设交通安全应急卫星系统工程，优化综合导航服务功能。以执法船艇、专业救助船舶以及国有航运企业远洋运输船舶、客滚船、客渡船为重点，稳步推广使用带有北斗卫星应急示位功能的救生衣、救生艇（筏）。组织开展综合和专项应急演练。建设邮政寄递渠道安全监管

"绿盾"工程（二期）、邮政机要通信工程。推动先进安全应急装备在交通运输领域应用。

3. 水上救助能力提升。加强水上巡航搜救打捞、远洋深海极地救援、防污染应急能力建设，完善沿海和南海海区应急救捞基地布局，建设长江干线、西江航运干线水上应急综合救助基地。

### 专栏15　国际运输竞争力提升行动

1. 促进国际互联互通。实施满洲里、二连浩特、阿拉山口、霍尔果斯等铁路口岸站扩能改造，建设大理至瑞丽、玉溪至磨憨等铁路，推进佳木斯至同江（抚远）等铁路扩能改造。建设乌恰至康苏、博乐至阿拉山口等高速公路，实施红山嘴、乌拉斯台等口岸公路建设改造。推进黑龙江、鸭绿江、图们江等国境国际河流航道建设。推进希腊比雷埃夫斯港、阿联酋哈利法港、印度尼西亚瓜拉丹戎港等海外港口建设经营合作。

2. 做优中欧班列品牌。建设成都、重庆、郑州、西安、乌鲁木齐等中欧班列集结中心示范工程，整合班列运行平台，强化中欧班列统一品牌，打造明星运输产品。推进中欧班列运输通道和口岸扩能改造，推进境外战略性中转场站建设。推广国际货协/国际货约运单，完善中国国际货运代理协会提单，逐步扩大应用范围。修订中欧班列高质量发展评价指标。

3. 拓展西部陆海新通道国际服务。打造西部陆海新通道班列运输品牌，制定班列高质量发展指标体系。推进重庆西部陆海新通道物流和运营组织中心、成都商贸物流中心、广西中国—东盟多式联运联盟基地和服务中心建设，布局建设沿线物流枢纽和口岸。做优做强北部湾港和洋浦港，加强国际船舶登记、保税燃油供应、航运金融等综合服务。推进国际铁路运单物权化和海铁联运"一单制"。

4. 提升国际物流供应链自主可控能力。支持国内航空公司加大全货机引进和改造力度，扩大货运机队规模，发展全货机运输。优化航空货运枢纽机场航班时刻资源配置。培育一批具有全球竞争力的物流供应链龙头企业，引导企业优化境内外物流节点布局，逐步构建安全可靠的国际物流设施网络，实现与生产制造、国际贸易等企业协同发展。

# 阅 读 材 料

1. 中华人民共和国国务院新闻办公室：中国交通的可持续发展白皮书。
2. 中华人民共和国交通运输部：公路"十四五"发展规划。
3. 中华人民共和国交通运输部：水运"十四五"发展规划。
4. 中国民用航空局、国家发展和改革委员会、交通运输部："十四五"民用航空发展规划。
5. 国家邮政局、国家发展和改革委员会、交通运输部："十四五"邮政业发展规划。
6. 交通运输部、国家标准化管理委员会、国家铁路局、中国民用航空局、国家邮政局：交通运输标准化"十四五"发展规划。
7. 交通运输部办公厅：交通运输"十四五"立法规划。
8. 交通运输部科学研究院：中国可持续交通发展报告（中文版）。

9. 《交通强国建设纲要学习读本》编写组：交通强国建设纲要学习读本，人民交通出版社股份有限公司2020年版。

10. 《国家综合立体交通网规划纲要学习读本》编写组：国家综合立体交通网规划纲要学习读本，人民交通出版社股份有限公司2021年版。

11. 《综合交通运输学》编委会：综合交通运输学，人民交通出版社股份有限公司2022年版。

12. 《综合交通运输导论》编委会：综合交通运输导论，人民交通出版社股份有限公司2021年版。

13. 中华人民共和国交通运输部：中国道路运输发展报告，人民交通出版社股份有限公司2021年版。

14. 《中国交通运输改革开放40年》丛书编委会：中国交通运输改革开放40年（综合卷），人民交通出版社股份有限公司2018年版。

15. 《城市客运枢纽布局规划及功能优化技术指南》编委会：城市客运枢纽布局规划及功能优化技术指南，人民交通出版社股份有限公司2018年版。

# 后　记

　　党中央、国务院高度重视现代综合交通运输体系建设。党的十九大作出建设交通强国的战略部署,党中央、国务院先后印发《交通强国建设纲要》和《国家综合立体交通网规划纲要》,明确了当前和今后一个时期现代综合交通运输体系建设的总体思路、主要目标和重点任务。习近平总书记强调,综合交通运输进入了新的发展阶段,在体制机制、方式方法、工作措施上都要勇于创新、敢于创新、善于创新,各种运输方式都要融合发展,提高效率和质量,支撑经济发展和民生不断改善;要做立体的规划,整体设计综合交通运输;要加快形成安全、便捷、高效、绿色、经济的综合交通体系。习近平总书记的一系列重要指示,为现代综合交通运输体系的发展指明了方向、提供了根本遵循。为帮助广大干部深刻理解和全面掌握综合交通运输的理论、现状和任务，交通运输部组织编写了本教材。

　　本书编写工作由交通运输部科技司组织，交通运输部管理干部学院牵头，交通运输部政策研究室、同济大学、交通运输部规划研究院、东南大学、交通运输部科学研究院、北京交通大学、交通运输部公路科学研究院等单位共同参与。全书由张柱庭提出大纲，周伟、石宝林、金敬东、刘占山、李爱民、李斌等受邀参与本书审读。人民交通出版社股份有限公司对本书的编写出版给予了大力支持。在此，一并表示衷心感谢。

　　由于水平所限，书中难免有疏漏和不足之处，敬请广大读者提出宝贵意见。

《综合交通运输理论干部学习培训教材》编委会
2022年9月10日